中国传统文化概论

主　编　彭文忠
副主编　胡军利
编　委　潘沅汶　王佩良　谢志远　李卫京
　　　　聂春梅　刘　娟　彭娇娟　张铁军
音频诵读及审核　聂春梅　王书鸿　程煜倩

图书在版编目（CIP）数据

中国传统文化概论 / 彭文忠主编；胡军利副主编. —西安：西安交通大学出版社，2023.8
ISBN 978-7-5693-3095-3

I.①中… II.①彭… ②胡… III.①中华文化－概论 IV.①K203

中国国家版本馆CIP数据核字（2023）第034602号

中国传统文化概论
ZHONGGUO CHUANTONG WENHUA GAILUN

主　　编	彭文忠
策划编辑	王斌会
责任编辑	张　娟
责任校对	牛瑞鑫
装帧设计	朗宁文化

出版发行	西安交通大学出版社
	（西安市兴庆南路1号 邮政编码710048）
网　　址	http://www.xjtupress.com
电　　话	（029）82668357　82667874（市场营销中心）
	（029）82668315（总编办）
传　　真	（029）82668280
印　　刷	陕西奇彩印务有限责任公司
开　　本	710mm×1000mm　1/16　印张 15.5　字数 270千字
版次印次	2023年8月第1版　2023年8月第1次印刷
书　　号	ISBN 978-7-5693-3095-3
定　　价	48.00元

如发现印装质量问题，请与本社市场营销中心联系调换。
订购热线：（029）82665248　（029）82667874
投稿热线：（029）82668525

版权所有，侵权必究

前　言

《中国传统文化概论》着重讲解中国传统文化产生的基础条件、发展历程与基本精神，重点介绍汉语汉字、文学、艺术、史学及哲学等各领域具体丰富的文化现象，及其文化生成机制、表现形式和总体特征。全书旨在帮助学习者掌握中国传统文化的植根基础与发展历程，认识中国传统文化的基本精神与价值体系，理解文化表达坚持中国特色、中国风格、中国气派的价值，形成文化自信，并学习运用辩证唯物主义的观点，历史地、科学地分析中国传统文化，准确而深刻地认识中华民族、认识中国的国情，以理性态度和务实精神去继承传统，创造新的先进文化。基于此，本书编写特别注意突出以下特点：

1. 教材内容点面结合，强调基础性和综合性

绪论部分介绍文化与中国传统文化的概念，以及中国文化的生成背景。

第二章与第三章是对中国传统文化的整体描述，包括中国传统文化的发生机制、发展历程，以及中国传统文化的基本精神，力图让读者对中国传统文化有一个总体的印象。"中国传统文化的基本精神"不仅有专章讲述，并且如一根血脉，贯穿课程的每个章节。

第四章至第十二章主要讲述中国传统文化的表现形式，或曰文化的表现载体。从物态文化、制度文化、行为文化和思想文化四个方面入手，对中国传统文化作了简明介绍。主要包括中国古代哲学、科技、文学、史学、艺术、传统伦理道德等方面的基础知识和基础理论，多维度地介绍中国传统文化的各个组成部分，从而使学习者了解和认识中国文化的博大精深，源远流长，增强文化自信。

2. 创新编写体例

本书创新编写体例，将线上和线下相结合，文字与多媒体相结合，知识学习与价值引领相结合，理论性与实践性相结合。

教材每章包括六个板块：文化看台、知识聚焦、经典诵读、推荐阅读/观赏、参

【中国传统文化概论】

考书目、思考与练习。

（1）文化看台：择取重要的文化事象，引导学习者讨论，通过解释和阐发这些文化事象，将中国文化的基本知识熔铸于中并推而广之，培养学习者观察、评判各种社会文化现象，并从中抽取正确价值取向的能力。

（2）知识聚焦：介绍中国传统文化的基本知识，包括中国传统文化的发生机制、发展历程，中国传统文化的基本精神，以及中国传统文化的各种具体表现形式等。

（3）经典诵读：充分发挥经典诵读"雅言传承文明，经典浸润人生"的巨大作用，在"诵"中体味中华经典所蕴藏的民族精神，在"诵"中传承与弘扬中华优秀传统文化。

（4）推荐阅读/观赏：本部分内容灵活插入知识聚焦部分，推荐相关书目或音频、视频等丰富多彩的教学资源，有助于开展线上线下混合式教学，拓宽学习者视野，最大限度地为学习者的课外自主学习提供方便。

（5）参考书目：本部分的书目一方面是编写时的重要参考，另一方面可供有志深入研究的学习者选择研读。

（6）思考与练习：本部分是对专题所学的回顾和巩固，用于检验这一阶段的学习成果。

本书作为中国传统文化普及教育的教材，适用于对中国传统文化感兴趣的大中专院校学生与社会各界人士。

编者

2022年12月

目 录

第一章 绪论 1
  第一节 中国传统文化的范畴 2
  第二节 中国传统文化的生成背景 9

第二章 中国传统文化的发展历程 16
  第一节 上古—商周：礼制文化的确立 18
  第二节 春秋战国—秦汉：文化争鸣到大一统 24
  第三节 魏晋南北朝—隋唐：文化多元走向隆盛时代 31
  第四节 两宋—辽夏金元：理学建构与文化冲突交融 37
  第五节 明—清：封建文化的衰落与新思潮的出现 41

第三章 中国传统文化的基本精神 47
  第一节 中国传统文化基本精神的内涵 48
  第二节 中国传统文化基本精神的主体内容 49
  第三节 中国传统文化基本精神的功能 56

第四章 中国语言文字 62
  第一节 汉语的历史与特点 66
  第二节 汉字的历史与特点 68
  第三节 汉语汉字的文化功能 71

第五章 中国古代文学 76
  第一节 代有所胜的文学发展历程 77
  第二节 古代文学的文化特征 91

第六章　中国古代艺术 ··· 100
第一节　中国古代艺术的辉煌成就 ···················· 102
第二节　中国传统艺术的基本精神 ···················· 122

第七章　中国古代史学 ··· 129
第一节　源远流长的史学发展历程 ···················· 130
第二节　彰往察来的史学传统 ·························· 140

第八章　中国古代科学技术 ··································· 147
第一节　中国古代科学技术的重要成就 ··············· 148
第二节　中国古代科学技术的特点 ···················· 160

第九章　中国古代哲学 ··· 164
第一节　中国古代哲学概述 ····························· 165
第二节　儒家哲学 ··· 171
第三节　道家哲学 ··· 176
第四节　中国佛教哲学 ··································· 180

第十章　中国传统伦理道德 ··································· 187
第一节　中国传统伦理道德的发展历程 ··············· 190
第二节　中国传统道德规范与传统美德 ··············· 194

第十一章　中国传统礼俗文化 ································ 203
第一节　中国传统礼俗文化概述 ······················· 204
第二节　中国传统礼俗文化举要 ······················· 207

第十二章　中国传统文化的近现代化 ······················ 234
第一节　中国文化近代变革的历史轨迹 ··············· 236
第二节　中国传统文化的创造性转化和创新性发展 ··· 238

第一章 绪 论

文化看台

材料：

近日，中央电视台推出的国风少年创演节目《上线吧！华彩少年》最新一期节目播出。由魔珐科技与次世文化联手打造的首个国风虚拟KOL（Key Opinion Leader，关键意见领袖，即在某个领域有一定影响力的人）翎登上华彩舞台，现场演绎梅兰芳代表作《天女散花》，在传统与未来感的交错中再现经典，并表达了自己作为AI（人工智能）虚拟人对国风传承与创新的态度，一展"科技向善"的力量。

虚拟人与国粹融合的舞台虚实结合、精彩璀璨。"我来自未来，我想表达来自未来的国风态度。我相信只要人们还在传承经典、延续梦想，那么一切过去也可以成为未来，传统艺术将焕发新生。"在节目现场，虚拟人翎和导师交流时说道。

据了解，翎是首个登上央视舞台的AI虚拟人，同样也是首个国风超写实虚拟KOL。她的声音来自京剧梅派第三代传人，人物设定具有中国特色，热爱传统文化。翎由人工智能3D虚拟数字人技术及智能化虚拟内容打造，旨在演绎与传承国风文化，引领中国偶像"正能量、底蕴、传承"的新风潮，让世界看见新时代"科技＋文化"的中国力量。

（《国风虚拟偶像翎登央视〈华彩少年〉舞台　AI演绎传统文化自信》，《江苏科技报》，2021年2月19日第10版）

讨论： 你认为传统文化在人工智能时代应如何焕发新生？

知识聚焦

第一节 中国传统文化的范畴

文化是一个具有多种含义的概念。古往今来，不同的学科或流派从不同的视角来界定文化，对文化的界定见仁见智，难以找到一个放之四海皆准的关于文化的定义。不过，可以从文化的词源学意义入手，探讨定义文化的基本原则，以便更准确地理解"什么是文化"。

"文"的本义，是各色各样交织错杂的纹理。许慎《说文解字》曰："文，错画也，象交文"；《易经·系辞下》曰："物相杂，故曰文"。"文"的引申义有几层：其一是指包含语言文字在内的各种象征符号，后来演化为文物典籍、礼乐制度，如《论语·子罕》中的"（文王既没），文不在兹乎"中的"文"。其二，指彩画、装饰、人的修养等等，如《论语·雍也》称"质胜文则野，文胜质则史。文质彬彬，然后君子"。《荀子·儒效》有云："取是而文之也。"这里的"文"与"质""实"相对。其三，在前两层意义之上，更导出美、善、德行之意，如《礼记·乐记》云："礼减而进，以进为文。乐盈而反，以反为文愍。"《周书·谥法》里更是说："经天纬地曰文，道德博闻曰文，勤学好问曰文，慈惠爱民曰文，愍民惠礼曰文，锡民爵位曰文。"

"化"在甲骨文中写作一正一倒的两个人的样貌，意指人的姿态的变动。由此衍生，又有变化、感化、教化等意义。因此，许慎《说文解字》曰："㑢（化），教行也。从匕人。""𠤎（匕），变也"。段玉裁注曰："教行于上，则化成于下。……上匕之而下从，匕谓之化。"《易经·系辞》曰："天地氤氲，万物化醇；男女构精，万物化生。"《礼记·中庸》郑玄注疏："初渐谓之变，变时新旧两体俱有，变尽旧体而有新体，谓之化。"唐代杨倞《荀子注》曰："化谓迁善也"，又曰"驯至于善谓之化"。归纳起来，都是讲的演进变化，并衍生出教化、感化、化育等意义。

"文"与"化"的搭配使用，始见于《易经·贲卦·象传》，有"观乎天文，以察时变；观乎人文，以化成天下"之语。这句话里的"文"，即从纹理之意演化而来。日月往来交错文饰于天，即"天文"，天象之"文"，亦即天地运行变化的自然规律。

第一章 绪 论

同样,"人文",人伦之"文",指人间的条理秩序、人伦的社会规律,即社会生活中人与人之间纵横交织的关系,如君臣、父子、夫妇、兄弟、朋友,构成复杂网络,具有纹理表象。因天象有"文"(即条理)可循,而人伦也有"文"可循,观察此人文(人间秩序),用以教化世人,即可以平治天下。在这里,"人文"与"化成天下"紧密联系,"以文教化"的思想已十分明确。

西汉以后,"文"与"化"方合成一词,常作文治教化之义。刘向的《说苑·指武》中有"圣人之治天下也,先文德而后武力。凡武之兴,为不服也,文化不改,然后加诛"。此处"文化"不是一个词,而是偏正词组。"文化不改",意为用文德教化之,仍然顽冥不改。这里的"文化"指与"武力"相对的文治教化。《昭明文选》卷十九载晋束皙《补亡诗》(其六)云:"文化内辑,武功外悠。"李善注:"辑,和也。言以文化辑和于内,用武德加于外远也。悠,远也。"南齐王融《三月三日曲水诗序》云:"皇帝(指齐武帝),设神理以景俗,敷文化以柔远。"例中的"文化"已是名词,文化就是文治教化、礼乐典章制度,指"文德"、"文治"(文教治理),与自然"神理"、外在"武力"(军事手段)相对,是指与政治、经济、军事相并列的人类社会活动的某一门类。近代以来,文化逐渐引申为对人类心灵、知识、情操、风尚的化育,从重在物质生产转向重在精神生产。

一、广义的文化与狭义的文化

文化有"广义"和"狭义"之分。从广义来说,文化指人类社会历史实践过程中所创造的物质财富和精神财富的总和。从狭义来说,文化指社会的意识形态,以及与之相适应的制度和组织机构。

广义的文化作为人类在长期的历史发展中共同创造并赖以生存的物质与精神存在的总和,既包括无形的语言、习俗、礼仪、信仰、道德、宗教等,也包括有形的物质文化资源。其涵盖面非常广泛,所以又被称为"大文化"。

广义的文化,着眼于人与自然的本质区分,着眼于人类的社会实践以及由此实践所导致的人与自然关系的变化,也就是人们常说的"自然的人化"。人类生活于自然世界之中,将自己的情感与想象、聪明与才智、创造与发明注入自然,使自然逐渐变得能被人理解,能与人沟通,并为人所用。人类正是在认识、适应、利用和改造自然的过程中,创造了自己的文化,也创造了人类自身。

把握广义文化这一概念应注意三个要点：其一，广义的文化是与人类及人类的创造活动相联系的，是以人为中心的概念；其二，广义的文化是一个历史概念，它涵盖人类历史的全过程，是一个传承发展的综合概念；其三，广义的文化的外延涵盖物质创造和精神创造的全部。

广义的文化（大文化）将人类社会历史生活的全部内容统摄入文化的范畴；而狭义的文化（小文化）则排除广义文化概念中的物质性成分，将文化限定在人类的精神创造活动及其结果方面。狭义的文化主要是指心态文化和制度文化。包括科学、宗教、艺术、风俗习惯等，也包括与特定历史阶段相适应的政治制度、经济体制、法律体系、社团组织等。

前述《易经》中的"观乎人文，以化成天下"，着眼于狭义的文化。1871年，英国文化学家泰勒(E.B.Tylor)提出了狭义文化的早期经典界说，即文化是"整个生活方式的总和"，1889年进一步解释为文化是"一个复杂的总体，包括知识、信仰、艺术、道德、法律、习俗，和一个人以社会一员的资格所获得的其他一切能力习惯"。[①] 毛泽东的《新民主主义的文化》中称"一定的文化是一定社会的政治和经济在观念形态上的反映"[②]，也是从狭义文化的角度立论。

把握狭义文化这一概念要注意以下几点：其一，狭义文化不但以人为中心，而且以人的精神活动为中心，即使观察物化世界，也是以其中的人文精神为内核；其二，狭义文化关注的不是个别人的精神活动，而是经历史传承累积凝聚的共有的成体系的人文精神；其三，狭义文化关注的不仅是全人类的普遍共性，而且更关注不同民族、阶层、集团人文精神的特点。

广义文化与狭义文化的区别主要是范围大小之别，狭义文化在逻辑上从属于广义文化。但是二者有密切的联系：物质创造活动是精神创造活动的基础，精神创造活动也反作用于物质创造活动。二者不应割裂开来。

二、文化的结构

作为一种社会历史现象，文化如同任何进入人们视野的研究对象一样，从其内部逻辑关系方面看，是可分的。换言之，对文化结构的研究，是文化概论研究的逻

---

① 转引自罗常培：《语言与文化》，语文出版社，1989，第1页
② 毛泽东：《新民主主义的文化》(1940年1月)，载《毛泽东论文艺》，人民文学出版社，1992，第16-17页。

【第一章 绪 论】

辑基础。

对文化结构的剖析,众说纷纭。有两分说,即分为物质文化和精神文化[①];有三层次说,如庞朴将文化分为物质、制度、精神三个层次[②];有四层次说,如余英时将文化分为物质、制度、风俗习惯、思想与价值[③];有五层次说,如梁启超将文化分为认识的、规范的、艺术的、器用的、社会的;有六大子系统说,即分为物质、社会关系、精神、艺术、语言符号、风俗习惯等等。

以上学说言自成理,给我们的深入探讨提供了有益的启示。

文化是"自然的人化",这一过程既反映在自然的面貌、形态、功能不断变化,更反映在人类个体与群体的素质不断提高和完善。基于这种主客体统一、物质与精神统一的文化观,文化结构可以剖析为一个由四层次组成的同心圆图式(图1-1):从外向内分别为物态文化、行为文化、制度文化和心态文化。

图1-1 文化结构同心圆图式

第一层次:物态文化

物态文化是人的物质生产活动及其产品的总和,是指为了满足人类生存和发展需要所创造的物质产品及其所表现的文化,包括饮食、服饰、建筑、交通、生产工具等,组成极为广泛。作为由人类加工自然物质而创制的器物,即"物化的知识力量",物态文化是可感知的、具有物质实体形态的文化事物,是文化要素或者文化景观的物质表现。物态文化以满足人类最基本的生存需要衣、食、住、行为目标,直接反映人与自然的关系,反映人类对自然界认识、利用、改造的深入程度,反映社会生产力的发展水平。

第二层次:行为文化

人类在社会实践,尤其是在人际交往中形成的习惯性定势构成行为文化层。行为文化包括人的生活方式、实际行为、态度等,常以礼俗、民俗、风俗等形态表现

---

① 封祖盛、林英男:《开放与封闭》,河北人民出版社,1987,第4页。
② 庞朴:《要研究文化的三个层次》,《光明日报》1986年1月17日。
③ 余英时:《从价值系统看中国文化的现代意义》,载《文化:中国与世界》编委会:《文化:中国与世界》第一辑,生活·读书·新知三联书店,1987,第88-89页。

出来，见之于日常起居动作之中，具有鲜明的民族、地域特色。

《礼记·王制》云"五方之民皆有性也，不可推移"，《晏子春秋·问上》云"古者百里而异习，千里而殊俗"，以及我们生活中常言的"一方水土养一方人"等俗语，都是在说人类不同群体的行为模式、风俗习惯与其所处自然地理环境之间存在密切关系。钟敬文先生指出，以民风、民俗形态出现的行为文化，"首先是社会的、集体的，它不是个人有意无意的创作。即便有的原来是个人或少数人创立和发起的，但是它们也必须经过集体的同意和反复履行，才能成为民俗。其次，跟集体性密切相关。这种现象的存在，不是个性的，而是类型的或模式的。再次，它们在时间上是传承的，在空间上是播布的"[①]。即"民俗三特征"：社会集体性，类型模式化，传承流布性。

第三层次：制度文化

制度文化由人类在社会实践中建立的各种社会规范、社会组织构成。它规定人们必须遵循的制度，反映出一系列处理人与人之间相互关系的准则。

人类在创造物质财富的同时，又创造了一个规范化的社会环境，创造出一系列不同于处理人与自然关系的，处理人与人（个体与个体、个体与群体、群体与群体）相互关系的准则，并将它们规范化为社会经济制度、婚姻家庭制度、政治法律制度等。人与人之间，形成家族、民族、国家等群体，结成经济、政治、宗教、教育、科技、艺术等不同性质的社团组织。这一部分文化成果是人类在物质生产过程中所结成的各种社会关系的总和，虽然不直接与自然界发生关系，但它们的性质特点、发育水平归根结底是由人与自然发生联系的一定方式所决定的。

第四层次：心态文化

心态文化由人类社会实践特别是思想意识活动长期积淀而成的价值理念、思维方式、道德情操、审美趋向、宗教信仰和民族情感等构成。心态文化层是文化的核心部分，又可分为社会心理和社会意识形态两个子层次。

社会心理是指人们日常的精神状态和思想面貌，是尚未经过理论加工和艺术升华、流行的、散乱的、不规范的大众心态，诸如人们的要求、愿望、情绪等。社会心理比较直接地受到物质文化水平和社会制度的影响和制约。

社会意识形态是指经过系统加工而成，关涉信仰、观念、思想、艺术理论体系的社会意识。社会意识形态往往经由文化专家的理论归纳、逻辑整理、艺术加工完善，

---

① 钟敬文：《民俗学》，载《白山黑水》创刊号，东北师范大学中文系民俗学社编印，1984。

第一章 绪 论

以著作文本、艺术作品等物化形态固定下来，并跨时空传播。

根据与社会存在关系的疏密程度，又可将社会意识形态区分为基层意识形态和高层意识形态，前者包括政治理论、法权观念等，后者包括哲学、文学、艺术、宗教等。基层意识形态与社会存在保持着密切联系，是经济基础的集中体现，但它的产生和发展仍然要经过社会心理这一中间环节；高层意识形态是更远离物质经济基础的意识形态，具有较强的独立性，它与社会存在之间的中介是社会心理和基层意识形态。

文化结构的层次性，不仅表现在与外在自然界联系的疏密不同，而且还表现在内在新陈代谢、遗传变异的速度有别。一般而言，在文化结构同心圆四层次中，越是靠近外缘的部分，其运动、变化的节奏越快。这是因为，在社会生活中，直接体现人与自然关系的生产力是最活跃的因素，它从根本上决定着制度、行为、心态文化的存在状态。人类文化的总体性进程往往是生产力的突飞猛进带来物态文化的革命性变化，由此引发社会规范、社会制度随之发生相应的进步，人们的行为举止、生活习俗更趋科学、文明，最终导致心态文化向着积极、健康、完美的境界不断演进。相对于物态文化而言，行为文化、制度文化、心态文化均不同程度地具有保守性，很难与前者保持同步演化，而且越向内，其滞后性越强烈，变革起来也越为艰难。

这种由外而内、由快而慢的趋势，在进入构成文化内核的心态文化层内部后就会发生改变，即处于更核心部位的社会意识形态，相对于其外缘的社会心理，具有更为活跃的生命脉搏。这是因为，经由文化专家创作加工，注入丰富个性色彩的种种社会意识形态（如各种哲学、社会科学理论及文学、艺术思潮），是创造性思维的产物，往往具有活跃的变异性，尤其是在社会变革时代，可以在短期内屡屡发生新旧更替。与此相反，作为社会意识形态的背景和基础的社会心理，诸如潜藏在民众历史生活中的价值观念、审美情趣、思维方式等所构成的"民族性格"，作为一种"潜意识"或"集体无意识"，难以被自觉把握和运作，从而具有更为顽强的稳定性，不一定对生产方式、社会制度的变化表现出直接而迅速的反应。

三、中国传统文化

中国文化是中华民族对于人类的伟大贡献。从历史发展层面来说，中国文化既包括源远流长的传统文化，也包括文化传统发生剧烈演变的近代文化与现代文化。

【中国传统文化概论】

中国传统文化是中国文化的主体部分之一,也是世世代代中华民族传承下来的丰厚的历史遗产。

中国传统文化具体而言,是指1840年鸦片战争以前的中国文化;是中华民族在特殊的自然环境、经济模式、政治结构、意识形态等条件的作用下所形成的文化习惯和文化积淀。中国传统文化既散见于经典文献、制度规章等程式化的客体形式之中,记录了中华民族和中国文化发生、演化的历史,又存在于中华民族的思维模式、知识结构、价值观念、伦理规范、行为方式、审美情趣、风俗习惯等主题形式之内,经过数千年的扬弃,渗透在每个中国人的血脉中,世代相传,制约着今日之中国人的思想风貌及行为特征。

传统文化是历史的结晶,但传统并不仅仅是一个"管家婆",只是把它所接受的东西忠实地保存着,并传给后代。它也不像自然的过程那样,在它的形态和形式的无限变化与活动里,始终保持特定的规律。传统文化所蕴含的思维方式、价值观念、行为准则,一方面具有强烈的历史性、遗传性;另一方面又具有鲜活的现实性、变异性。传统文化距离我们并不遥远,在现实生活的强劲脉搏里,时时刻刻都能够感觉到它的存在。它无时无刻不在影响着今天的中国人,为我们开创新文化提供历史的根据和现实的基础。而传统文化在影响现实的同时,也在新的时代被加进新的文化内容,发生蜕变、转型,乃至新生。

◎《中国文化史导论》,钱穆著,商务印书馆,1994年版
◎《梁启超论中国文化史》,梁启超著,商务印书馆,2012年版
◎《吾国与吾民》,林语堂著,陕西师范大学出版社,2002年版

◎《国家形象宣传片》,国务院新闻办公室发起拍摄
◎[视频]习近平在纪念孔子诞辰2 565周年国际学术研讨会暨国际儒学联合会第五届会员大会开幕会上发表重要讲话

【第一章 绪　论】

第二节　中国传统文化的生成背景

一种文化的产生、发展，离不开其独特的环境与背景。中国传统文化的生成背景包括地理、经济和政治等因素。

一、中国传统文化生成的地理环境

地理环境是指人类赖以生存的地球地域表层，包括自然地理环境和社会人文地理环境。自然地理环境是指地球表层的天然状态，在人类出现之前已经存在，如地形、地貌、气候、水文、植被等。人文地理环境是指因人类参与而形成并受其影响的社会条件，如疆域、政区、民族、人口等。

（一）中国地理环境的基本要素

1. 地形与气候

中国地形复杂多样，既有纵横山脉，也有广袤平原，还有蜿蜒海岸。高山、高原及大型盆地主要分布在西部，丘陵、平原及低矮山地多见于东部，宽阔缓斜的大陆架则在东南侧延伸于海底。地势自西往东逐渐降低，呈现出三级阶梯形状。昆仑山、祁连山以南，岷山、横断山脉以西的青藏高原为第一级阶梯，享有"世界屋脊"之称的青藏高原平均海拔四千多米。青藏高原外缘至大兴安岭、太行山、巫山和雪峰山之间为第二级阶梯。东部沿海低山、丘陵和大平原属于第三阶梯。第三级阶梯与海洋之间是大陆架和岛屿带，分布着众多岛屿。持续的地壳运动，大型水利工程的兴建，自然和人类活动相互作用，山崩地裂，沧海桑田，江河改道，海陆变迁，水土流失，草原沙化，地形地貌不断变化，并对社会生产生活和政治文化产生深刻影响。中国东西横跨经度六十余度，南北纵跨纬度近五十度，名山大川成为天然分界，从南向北呈现出热带、亚热带、暖温带、中温带、寒温带递变的趋势。中国气候多种多样，既有热带，又有寒温带，大部分处于温带地区；季风气候明显，冬季多北风，夏季多南风，降雨集中；大陆气候强，冬季寒冷，夏季炎热，年温差较大。全国大部分地区四季分明，具有丰富的光热资源，但地区降水量分布不均匀。

2. 疆域与政区

中国历史悠久，夏朝即管辖广袤的土地，形成强大的政治实体。经过商、周两朝的巩固，春秋战国时期的动荡与整合，秦灭六国，统一中国，其疆域西起青藏及云贵高原，北起河套、阴山山脉及辽河下游，东至大海，南至番禺、交趾。此后，中国疆域逐渐扩大并不断巩固，清乾隆年间中国疆域面积达到一千多万平方公里。政区是国家为分级管理而划分的区域。商朝开始在王室以外地区分封诸侯，世袭统治权。西周实行"封邦建国"的分封制。各封国尊周王为天下共主，承担守疆土、卫王室、纳贡税的义务，诸侯掌握封国的政治、经济、军事权。春秋战国时期，诸侯兵争，晋、楚、秦在边疆设立县郡。秦汉实行郡县制。汉武帝加强对地方的控制，分全国为十三个州郡，每州派一名刺史监察。东汉取消郡尉，刺史成为州级长官，地方行政机构演变成州、郡、县三级制。隋初取消郡，只存州、县；隋末改州为郡，实行军政分权。唐代改郡为州，增设道，形成"道、州、县"三级制。唐代在边疆设节度使，节度使集数州的军政大权于一身，权势逐渐膨胀。"安史之乱"之后，节度使更是遍设于各地。节度使割据一方，成为藩镇。宋朝实行"路、州、县"三级制，其行政长官由京官带原衔出任，简称知府、知州、知县。府县之上设路为监察区，路设安抚使司、转运使司、提点刑狱司，总称监司，分掌军事、财政、刑狱等职。元朝疆域辽阔，确立行省制度。除西藏归宣政院管辖外，其余地方分设十个行中书省（简称行省）。行省之下设路、府、州、县。行省长官有左、右丞相和平章政事等。省作为地方一级行政区开始出现。明洪武年间废除行中书省，全国设十三个"承宣布政使司"，每省设左、右布政使司掌民政、财政，设提刑按察使司掌司法，设都指挥使司掌军事。省下设府、县。清代，全国划分为十八个省、五个将军辖区、两个办事大臣辖区和内外蒙古旗盟。省的最高行政长官是总督或巡抚。一省或数省设一总督，各省设巡抚。

3. 民族与人口

中国拥有多个民族，中华民族的形成经历了漫长的融合演化过程。中国历史由各民族共同缔造，中国版图由各民族共同开拓。从夏朝到秦汉时期，当华夏族、苗瑶族等开拓黄河、长江流域时，其他部族也在开发边疆。东胡、乌桓、鲜卑、匈奴等族开发北方森林草原地区；乌孙、月氏、龟兹等族开发西北地区；羌、吐蕃等开发西部青藏高原；百越族等开发东南沿海地区；高山族开发台湾岛；黎族开发海

第一章 绪 论

南岛，侗、苗、傣等族开发云贵高原。与世界上许多国家民族争端激烈，民族矛盾突出不同，在长期的历史进程中，我国领土内的民族关系以和平相处、交往融合为主。虽然局部地区时有冲突、纷争，但就全局来看，和平仍是主流。

中华文化也是各民族不断交流融合创造的产物。自汉代以来，中国人口一直占世界人口的绝大多数。据《汉书·地理志》记载，公元2年，汉朝有6 000万人口。到北宋末年，中国人口达1亿以上。清康熙年间实行"滋生人丁，永不加赋"的休养政策，围湖造田，垦山筑土，社会经济发展，人口成倍增长。道光三十年（1850年）全国人口达到4.3亿。中国人口地域分布呈东南地区稠密、西北地区稀少的特点。

（二）地理环境对中国文化的影响

地理环境是人类赖以生存和发展的物质基础，也是人类文化得以产生和演进的物质条件，地理环境对中国文化的产生、形成和发展影响至深。

1. 地理环境复杂性造就中国文化多样性

地形地貌、气候类型、海拔纬度以及降雨量差别，造成不同的地理气候环境，使区域文化特色鲜明，如黄河流域的三秦、齐鲁文化与长江流域的荆楚、吴越文化差异明显；东部温暖湿润地区的农耕文化与西北部干燥寒冷地区的游牧文化相差很大。地理气候条件不同，生产生活方式也不同。南方多雨，光热条件好，盛产甘蔗，人们嗜甜；北方寒冷，人们用盐腌制蔬菜和肉类，偏好食咸。

2. 地理环境相对封闭造就中国文化独立性

在地理位置上，中国东临大海，西北是戈壁和沙漠，西南有青藏高原和云贵高原，这种一面临海，其他三面陆路交通极不方便的地理环境，使中国处于一种与外部世界半隔绝半开放的状态。在这样的地理环境中，中国文化始终保持着一种独立状态向前发展，形成了自成体系的哲学、文学艺术与科学技术。

二、中国文化植根的经济基础

自给自足的农耕经济是中国文化植根的经济基础。四五千年前，黄河流域兴起仰韶文化和龙山文化，先民从渔猎时代步入农耕时代。在夏、商、周时期，农业生产已经成为中原华夏民族社会生活资料的主要来源。春秋、战国时期，诸侯纷争，列国竞雄，政治家推进改革，黄河中下游农耕发达，成为政治、经济和文化中心。

随着铁制农具和牛耕的普及，农耕区域逐渐向水土条件优越的长江流域扩展。汉晋以降，边患频繁，中原连年战乱，黄河流域生态环境恶化，人口南迁。隋唐以后，长江中下游地区成为粮布主产区，"苏湖熟，天下足"，中国经济重心南移，"东南财税"与"西北甲兵"成为基本格局。

（一）中国传统自然经济的基本特点

1. 农耕经济持续发展

大禹治水，疏浚滞淤，改沼泽为良田，引水灌溉，使农业得到发展。商代开始种植菽黍稻麦。西周末年，诸侯开疆拓土，争夺土地人口，出现春秋五霸。战国时期，各地兴建大型水利工程。秦昭王在位时期，蜀郡太守李冰修建都江堰，解除了岷江水害。西汉初年，耕者有其田，自耕农增多。东汉末年，士族和门阀占有大量土地，建立庄园，流民四起，社会动荡。隋朝统一全国，开凿京杭大运河，沟通海河、黄河、淮河、长江、钱塘江五大水系。唐代实行开明政策，出现"贞观之治"和"开元盛世"。后因推行以武抑文、以佛制儒政策，造成佛教寺庙经济畸形发达，地方藩镇割据称雄。经唐末黄巢起义与北周世宗柴荣毁佛，士族豪强与佛教僧侣集团遭到打击，为北宋经济复兴奠定基础。两宋交替，农耕与蚕桑重心南移，南方经济发展加快，人口增加，湖区辟圩田，山区垦梯田，推广麦稻两熟和双季稻，提高田地产量。明清鼎革，连年战乱，经济衰败，土地荒废。清朝统治者奖励垦荒，全国耕地面积增多，农业得到恢复。农民长期积累耕作技术，创造精巧农具，培育优良品种，实行多种经营和集约耕作，农业得以提质增效。

2. 牧农工商多元结构

中国古代以农耕经济为主，多种经济成分并存。以400毫米等降水量线为界，中国分为农耕经济区与游牧经济区。游牧经济区民族以畜牧业为主，逐水草而居，食肉饮乳，胡服骑射，迁徙无定。农耕经济区民族以农耕为业，栽培麦稻，精耕细作，安土重迁。在手工业方面，丝绸、陶瓷、漆器、铜铁声名远播，畅销海外，造纸、纺纱、织布、造船长期领先，在全国形成各种特色手工业中心，如杭州、湖州盛产丝绸，铜官、景德镇盛产陶瓷，宣州、连州盛产纸张，淄博、佛山盛产铁器。农业和手工业的发达，促进商品交换。夏商时代，都邑有市井，铸铜铁为货币。战国时期，城市人口增多，街市车水马龙，摩肩接踵，"挥汗如雨"。秦灭六国，统一度量衡，流通半两钱。汉代铸五铢钱。唐朝，长安开设东市和西市，扬州、益州、广州成为

第一章 绪　论

世界大都会。宋朝，开封、洛阳、泉州、广州商业发达，遍设商铺瓦肆，四川出现纸币"交子"。元朝，蒙古人西征，修建驿道，设置驿站，轻征商税，发行纸币，构建以元帝国为中心的全球化商品贸易体系。明清时期，工商业发达，集镇繁多。

（二）中国传统自然经济对文化发展的影响

1. 农耕经济不断进步使中国文化持续发展

中国农耕经济经历无数天灾人祸的考验，却始终保持稳定发展，从而保证中华文明绵延不断，具有强大的承受力、愈合力和凝聚力。短期的战乱与分裂增强了中国文化的坚韧性和向心力。魏晋南北朝时期是"五胡乱华"的动荡时代，同时也是中国农耕文化拓展的重要时期。正是不断进步、稳定发展的农耕经济使中国文化得以持续发展。

2. 农耕经济的多元结构造就了中国文化的包容性

春秋战国是农耕经济的重要转型期，也是诸子百家思想争鸣的文化繁荣期，儒家的仁义宽厚，道家的清静超逸，墨家的谨严兼爱，法家的因势严峻，众说纷纭，相互辩难，取长补短，包容汇聚。秦汉时期，儒道融合，综汇百家，中国文化走向新的高潮。汉代，北方民族融入中原，其器用杂物、乐器歌舞，"京都贵戚皆竞为之"。《魏书·崔浩》记载："漠北淳朴之人，南入中地，变风易俗，化洽四海。"唐代，胡汉融合，使中原文化生机勃勃。元稹在《法曲》中写道："胡音胡骑与胡妆，五十年来竞纷泊。"首都长安"胡化极盛一时"。北宋，从越南引进占城稻，水稻产量得以提高；从朝鲜引进高丽纸，书写材料得以改良。元代，黄道婆向黎族妇女学习纺织技艺，使松江布闻名遐迩。中国幅员辽阔，各地自然条件千差万别，形成不同的区域文化，如秦陇文化、荆楚文化、湖湘文化、河洛文化、齐鲁文化、燕赵文化、滇云文化、巴蜀文化、岭南文化、闽台文化、关东文化、淮扬文化、草原文化等，它们相互影响，相得益彰。中国文化对外域文化亦能兼容并包，洋为中用，扬弃吸收。近代以来，以魏源为代表的爱国知识分子睁眼看世界，主张"师夷长技以制夷"，体现中国文人知耻而后勇的可贵品质。

经典诵读

1.《易经·系辞下》（节选）

物相杂，故曰文。……古者包牺氏之王天下也，仰则观象于天，俯则观法于地，观鸟兽之文与地之宜，近取诸身，远取诸物，于是始作八卦，以通神明之德，以类万物之情。

2.《论语》（节选）

子曰："质胜文则野，文胜质则史。文质彬彬，然后君子。"

棘子成曰："君子质而已矣，何以文为？"子贡曰："惜乎夫子之说君子也！驷不及舌。文犹质也，质犹文也，虎豹之鞟犹犬羊之鞟。"

道之以政，齐之以刑，民免而无耻；道之以德，齐之以礼，有耻且格。

3. 刘向《说苑·指武》（节选）

圣人之治天下也，先文德而后武力。凡武之兴，为不服也，文化不改，然后加诛。夫下愚不移，纯德之所不能化，而后武力加焉。

4.《孝经》（节选）

君子之事亲孝，故忠可移于君。事兄悌，故顺可移于长。居家理，故治可移于官。是以行成于内，而名立于后世矣。

5.《管子·山权数》第七十五（节选）

桓公问管子曰："请问权数。"管子对曰："天以时为权，地以财为权，人以力为权，君以令为权。失天之权，则人地之权亡。"

诵读音频

◎钱穆. 中国文化史导论 [M]. 北京：商务印书馆，1994.

◎柳诒徵. 中国文化史 [M]. 长春：吉林人民出版社，2013.

◎冯天瑜，何晓明，周积明. 中华文化史 [M]. 上海：上海人民出版社，2021.

◎马林诺夫斯基. 文化论 [M]. 费孝通，等，译. 北京：中国民间文艺出版社，1987.

◎陈书禄. 中国文化通论 [M]. 南京：南京师范大学出版社，2015.

第一章 绪　论

◎张岱年，方克立. 中国文化概论 [M]. 北京：北京师范大学出版社，2004.
◎王会昌. 中国文化地理 [M]. 武汉：华中师范大学出版社，2010.
◎王玉德. 中华文明史稿 [M]. 武汉：崇文书局，2008.

思考与练习

1. 怎样理解广义文化与狭义文化的联系和区别？

2. 影响中国传统文化形成的地理因素有哪些？它们在中国传统文化的发展中有哪些作用？

3. 中国传统自然经济对中国文化的发展具有哪些影响？

第二章　中国传统文化的发展历程

文化看台

材料一：

"每天三分钟，国学童子功。"随着这句脆生生的童语成为越来越多宝爸宝妈和"小宝贝儿"的口头禅，"凯叔"火了。五年前，前央视主持人王凯以"凯叔"的形象推出经典故事、国学知识等音视频产品。如今，"凯叔讲故事"已成为许多孩子接触优秀传统文化的"初体验"。

从早些年《百家讲坛》引领经典研读热潮，到近年来《中国诗词大会》《经典咏流传》等传统文化类综艺节目的火爆，公众对传统文化的热情不断升温，"国学热"也成为一种社会和文化现象。这背后，反映出中华优秀传统文化的生命力和创造力，折射出公众精神文化需求的不断提升，体现着中国人的文化自信。

....

2019年发布的《中国文化综艺白皮书》显示，在关于"文化综艺节目的什么要素最吸引你"的调查里，"精神内涵/价值导向"成为受访者的首选，老百姓精神文化需求的提升，催生文化综艺市场百花齐放。近年来，《中国诗词大会》《见字如面》《国家宝藏》《上新了·故宫》等文化综艺节目轮番"霸屏"。据统计，2017年，约有50档文化类综艺节目播出，2018年突破了70档。

无论是《中国诗词大会》第二季总冠军、"00后"古典才女武亦姝，还是"租住床位仰望星空"的外卖小哥，抑或是"四季元老"、北大工科博士陈更，这些普通人对古典诗词的热爱与坚守，带给全国观众温暖与感动。

....

当我们在讨论国学的时候，究竟在讨论什么？之于即将启智的孩童，国学是"人不学，不知义"；之于努力奔跑的中国人，国学是"天行健，君子以自强不息"；之于新时代的中华民族，国学是"不要人夸好颜色，只留清气满乾坤"；之于全人类、全世界，国学是"四海之内，皆兄弟也"，是"天下大同"。

【第二章 中国传统文化的发展历程】

中华优秀传统文化是历史的,也是当代的,是民族的,也是世界的。跨越数千年时空的优秀传统文化绝非"药方只贩古时丹",它将肩负起新时代的文化使命,为奔跑追梦的中国人、为中华民族的伟大复兴注入源源不绝的精神动能,它将与各国人民创造的多彩文明一道,为世界、为人类提供正确的精神指引。

(黄维、丁涛、刘婧婷等:《为什么"国学热"持续升温?》,人民网公众号,2019年10月29日)

讨论:怎么从"国学热"中看传统文化的传承与发展?

材料二:

《哪吒之魔童降世》成为今年电影市场的爆款。很多人认为,《哪吒之魔童降世》是从传统文化中找灵感、找素材,得益于民间传说自身的超高完成度,人物形象丰沛、故事起承转合圆融通透,兼具经由口口流传、历次改编的流传广度,民间传说题材具有较好的改编基础。同时,民间传说题材往往大开大合、大悲大喜,既能兼容不同时空、多重矛盾的情感元素,又能经由改编承载、反映不同时代的价值诉求与心理期待,更适合进行颠覆性的改造与演绎。因此,它是以大家耳熟能详的传统文化故事进行符合现代人口味的改造,以一个逻辑自洽的"老故事",焕发出反映当代人价值取向、文化追求、审美趣味的"新面貌"。

其实这些年的银幕上,对传统文化题材的现代性改编,屡见不鲜,但成功者凤毛麟角。大部分作品仅停留于元素叠加的层面,似乎将传统故事叠加上现代性符号就可以摇身一变完成转化。而最具现代意识的符号非"恋爱"莫属,于是太多改编陷入了"传统故事+恋爱=现代性故事"的可疑模式。

反观《哪吒之魔童降世》,则完全放弃了元素叠加的套路,尝试进行彻头彻尾的神话重述。传统的哪吒故事退居为一个载体,里面全然承载着属于当代人的价值观与精神属性,以及切入当下现实生活的角度与方式。

从故事架构来看,哪吒的故事本质是一个英雄成长的故事。在传统的《哪吒闹海》中,哪吒反抗的是封建压迫,无论是与李靖的封建父子关系,还是龙王代表的封建制度,哪吒在打死敖丙,闯下大祸之后,选择"剖腹、剜肠、剔骨肉"的决绝方式,还于父母,不累双亲。但这种"成长",过于惨烈,虽造成了冲击性的故事效果,对于今天更为亲密的家庭伦理结构与家庭关系来说,却显得不合时宜。同时,这种英雄成长的路径,也因被赋予太多外在性元素而略显老旧,此时英雄的成长是"被迫"的,外在苦难的刺激,外在的对抗性压力,成为英雄觉醒的触发点,"命令"着英雄展现英雄特质拯救苍生。

但到《哪吒之魔童降世》这里，却在尝试英雄故事的另一种演绎模式。英雄成长是一个自我发现、自我救赎的过程，新版哪吒的成长不再是"被迫"的，而是具有内向性驱动的主动选择，是一场笑泪参半的自我延展、自我实现。此时的哪吒不用再去反封建，而是作为一个"人"去主动进行选择，他选择抵抗自己的"原罪"，为防自己成魔伤人，自行套上乾坤圈进行自我约束，他选择与同样被命运禁锢的敖丙一道拒绝听天由命，选择保护父母，选择保护对自己并不太友善的陈塘关百姓，在鼓励奋斗、普遍认同个人价值与社会价值并不相悖的当下，这种颇显孤独与执拗的"选择"才会让那句"我命由我不由天"直抵人心，引发观众的强烈共鸣。

霍布斯鲍姆在《传统的发明》中曾指出，当旧有的社会模式逐渐消解，古老传统被摧毁，或已不再能适应新的社会组织结构时，人们便会选用旧社会模式中的旧材料来组织、建构起一种新形式的文化传统以满足新社会模式的需要。《哪吒之魔童降世》虽然存在有些地方过于流俗、部分网络玩笑梗略显生硬等问题，但其真正的价值在于对传统文化题材进行创造性转化和创新性发展的可贵尝试。

（边远：《国产动画电影打破传统文化现代性改编套路》，《文汇》2019年10月17日）

讨论：传统文化为什么需要进行创造性转化和创新性发展？如何进行才是可取的？

知识聚焦

第一节　上古—商周：礼制文化的确立

在历史时期的划分中，一般认为文字中没有记载的历史阶段为上古时代，中国文化从上古时代就已经发端。

一、原始物质文化与原始观念文化

文化是从有了人才开始的，文化的实质性含义即"人化"或"人类化"。探讨中国文化的起源，就必须回溯到中国人的起源。1965年，距今约一百七十万年的猿人化石在云南元谋县上那蚌村被考古学者发现，这有力地证明了中国境内从那时起便已存在人类的活动。在从猿到人的转变过程中，文化得以产生。

【第二章 中国传统文化的发展历程】

（一）原始物质文化

劳动工具是极其重要的原始物质文化。人类最初使用的工具是天然和经过简单加工的石块，一直延续到距今约一万年，这一时期被称为旧石器时代。

火的意义也是非同寻常。有确凿证据显示，距今约五十万年前火已经被当时的人类使用，自然界的火也能被有效地保存起来，这是具有划时代意义的进步。恩格斯曾分析火在人类历史中的作用和地位："就世界性的解放作用而言，摩擦生火还是超过了蒸汽机，因为摩擦生火第一次使人支配了一种自然力，从而最终把人同动物界分开。"[①]可以说，火的使用是人从动物界脱离的重要标志。

火对人的物质生活产生了重要影响，是人类生存的重要手段。从本质上说，火也是一种物质产品，属于工具的范畴。

在漫长的旧石器时代后期，粗糙的打制石器逐渐被较为精致的磨制石器取代，农业、畜牧业取代采集狩猎成为首要的生产部门，同时，生产生活中也开始广泛地使用陶器，历史逐渐迈入新石器时代。

（二）原始观念文化

中国先民不但努力创造物质文化，也不断丰富、深化观念文化，推动原始宗教与原始艺术等取得长足发展。

原始宗教的神秘色彩很浓，其主要的表现形态包括三种，即自然崇拜、生殖与祖先崇拜、图腾崇拜。

对大自然的崇拜是先民最原始的崇拜形式之一，如崇拜太阳、大地等。在不少出土的原始陶器上可以较多地看到太阳图形的纹饰，这正是崇拜太阳的体现；先民的土地崇拜，则可以从《汉书·郊祀志》的"郊祀社稷，由来久矣"，以及民间流传的"地母"之说中看出。此外，中华先民还崇信很多自然物，这可以从《礼记·祭法》记载的"山林川谷丘陵，能出云，为风雨，见怪物，皆曰神"中得到证明。

生殖崇拜则充分体现出先民对于自身繁衍的关注，这从考古出土的文物中也能真切地感受到。比如，从辽宁等地考古发掘出来的陶塑女神像，生殖特征表现得十分鲜明；石祖、陶祖等考古发现，则是男性生殖崇拜的象征。此外，在新疆呼图壁县发现的大型生殖崇拜岩画亦是生殖崇拜的典型表现。

---

① 恩格斯：《反杜林论》，载《马克思恩格斯选集》第三卷，人民出版社，1972，第154页。

除了重视子孙繁衍，原始人也十分崇敬祖先。在从母系氏族社会向父系氏族社会发展的过程中，供奉的主要对象也逐渐从女性祖先转变为男性祖先。为寄托对祖先创造生命的崇拜，祭祀祖先的仪式一般都会较为隆重、严格。

图腾崇拜与类比和联想等原始思维密切相关。在这种思维中，自己的氏族开始与某种动物、植物或其他无生命的物质之间产生神秘的联系，并且这种联系对氏族有着重要影响，于是某种动物、植物或其他无生命的物质便成为氏族崇拜的对象，图腾由此产生。先民以图腾作为本族徽帜，图腾崇拜的对象极为广泛，不仅包括实有的动物，如鱼、鸟、蛙、龟、蛇、猪、马等，还包括人们创造出来的龙、凤等，亦包括一些植物和非生物。

《华夏上古神系》（上、下两卷），朱大可著，东方出版社，2020年版

原始时代的物质文化与精神文化都很不发达，因此需要以原始宗教为载体，发挥协调、制约和精神自足等作用。如此一来，原始宗教在社会发展和精神层面便具有了举足轻重的地位。

除了原始宗教的发展，原始艺术也不断进步，这从考古发掘中可以清晰地看到。如陶塑艺术品陶塑猪头距今已有约四千年；从半坡出土的耳垂穿孔的陶塑人头像证明了时人的习俗中已包括在耳朵上悬垂饰物；在原始艺术样式陶绘中，几何纹样以及动、植物图形等已成为基本素材。此外，原始雕刻艺术的画面也比较生动，具备了较强的艺术表现力。

二、从公天下到家天下

（一）原始社会组织

上古时代，因男女通婚而逐渐形成的氏族关系，成为人与人之间的主要关系，这种关系在组织形式上体现为原始群、家族、氏族、部落、部落联盟等。在婚姻关系上，可以清晰地看到一个血亲杂交、血缘群婚、族外婚等的发展过程；在社会组织形式上，则主要可划分为母系社会和父系社会两个阶段。

大致地说，母系社会贯穿旧石器时代晚期和整个新石器时代，母系社会时期的精神领袖包括女娲氏、庖牺氏、神农氏、有巢氏、燧人氏等。其后，父系社会开始逐步取代母系社会登上历史舞台，传说中的五帝——黄帝、颛顼、帝喾、唐尧、虞舜，

【第二章 中国传统文化的发展历程】

是这一时期主要的精神领袖。

氏族制之后，部落联盟发展起来，这一时期推选首领的制度是禅让制。传说尧在位七十余载，衰老之际让位于舜，舜到暮年，禅让给治水有功的禹。这些虽是传说，却真实地反映了当时的制度文化。

禹在位时期，夏文化拉开大幕。考古发掘和文献资料表明，夏文化具有一些特征：私有制确立；工具以青铜器为主；农业生产发展较快。中华文化史上的首个国家政权由此建立。

（二）上古文化分布

中华文化的发生呈现多元状态，无论是南方地区还是北方地区都发现了大量文化遗址。

据神话传说以及有关研究表明，中华民族的远祖是华夏、东夷、苗蛮三大文化集团。其中华夏集团发祥于黄土高原，主要集中在仰韶文化、龙山文化分布区，包括两个分支即黄帝和炎帝。

今天的山东、河南东南和安徽中部一带是东夷集团的主要活动区域，其文化形态主要为大汶口文化、龙山文化及青莲岗文化等，蚩尤及后羿是这个集团的著名人物。

苗蛮集团主要活动在今湖北、湖南、江西一带，大溪文化、屈家岭文化等为其主要文化形态，集团中的著名人物包括伏羲、女娲等。

这些部落联盟之间为生存发展，发生了一系列兼并战争，华夏集团在与东夷集团和苗蛮集团交锋之后，确立了黄帝在集团中的领袖地位，并最终发展成为中华民族的主流，后世文化也沿着华夏集团一脉不断延展。

三、从神本走向人本

（一）殷商神本文化

商人自山东半岛渤海湾发祥。早期，商人主要从事游耕农业，受此影响，商人一再迁徙，其都城也不断易址，史称"不常厥邑"。公元前14世纪左右，盘庚第十九代定都于殷。

长期定都对于商人文明水平的提高大有裨益。这一时期出现的甲骨文，是中国文字步入成熟阶段的标志。得益于文字的成熟，商人开始"有册有典"。再加上青铜器等的繁荣发展，古代中国由此可以说跨入了文明社会。

殷商从原始社会脱离出来不久,尊神重巫的传统十分鲜明,依然存在着强烈的神本文化特色。"殷人尊神,率民以事神"(《礼记·表记》),殷人将"帝"或"上帝"视为最高的神。为尊崇上帝、鬼神的意旨,殷人怀着强烈的宗教迷信观念,虔诚地卜筮,并按卜筮结果来行动。

在"天命""帝"等范畴多次出现的同时,《尚书·盘庚》篇中出现了"德"的范畴:"肆上帝将复我高祖之德,乱越我家。"意即现在上帝将恢复我高祖成汤的大业,治理好我们的国家。可以看出,此处的"德"体现的仍是"上帝"的旨意。如此,殷人行事多尊崇祖先,而祖先行为的权威性和正确性,又源自上天的意志。从根本上说,这是一种王权神授理论和天神崇拜的宗教信仰。

殷商文化中之所以会表现出鲜明的尊神重鬼的特征,与当时人们的思维水平还比较低甚至处于蒙昧状态是分不开的。随着社会进步与文化发展,神本文化逐渐向人本文化过渡。

 《殷商史》,胡厚宣、胡振宇著,上海人民出版社,2019年版

(二)周人的文化维新

周作为一个部族,与商有着几乎同样悠久的历史,只是长期附属于商。公元前11世纪,发生了著名的"武王伐纣"事件,周朝由此建立。

"周虽旧邦,其命维新。"周朝建立后,统治阶层虽沿承了商代的种族血缘统治办法,但也在文化主旨上进行了大胆转换,宗法制度的建立就是其突出表现。宗法制兼具政治权力统治和血亲道德制约的双重功能,对中国社会影响极深。

周代统治者也将殷代的天命神权思想继承了下来,但在"德"的范畴上向前走得更远。周代统治者为维护其统治的正当性和权威性,宣称自身是按上帝之命行事。在他们看来,殷统治者"惟不敬厥德,乃早坠厥命"(《尚书·召诰》)。而且驱动上帝之命的,已经不是纯上帝的旨意,而是"天视自我民视,天听自我民听"(《尚书·泰誓》),而"民之所欲,天必从之"(《尚书·泰誓》)。这实际上将殷王朝的灭亡归于失去了"民心",某种程度上,"民心"比"天命"重要。这种认识是难能可贵的,要得"民心"须行"德政","敬德"的思想由此凸显,天命须有"德"相配合,如此方能巩固统治。后来儒家的"德治"主张,实际上可以从此时的"德"的思想中找到根据。

【第二章 中国传统文化的发展历程】

周人在天人关系方面初步觉醒,从过去的完全听命于天、按天命行事,转向尽人事以待天命。

周人为固定上下尊卑等级关系,在宗法制和分封制等制度外,还开始"制礼作乐"的创新,即强化礼制并巧妙地配合"乐"的情感艺术系统,将制度文化、行为文化和观念文化融于礼制之内,使之成为各种行为的规范和准则。

周人之"礼",在形式上依据血缘宗族原则形成了"仪",即各种礼节和仪式,内容上根据政治关系的等级原则形成了"亲亲"和"尊尊"的体系。"别贵贱,序尊卑"是礼制的核心主旨,目的是要保证"天无二日,士无二主,国无二君,家无二尊,以一治也"。对于周代之礼,王国维认为它是"周人为政之精髓",是"文武周公所以治天下之精义大法"[1];范文澜则以"尊礼文化"来定义周文化,指明了在周代社会政治生活中礼所占据的重要地位[2]。

周人所确立的"礼"为后世儒家所继承和发展,有力地规范了中国人的是非善恶观念等。同时,周统治者总结夏亡殷灭的历史教训,提出了一系列重要思想,其中包括"以德配天""天命靡常,惟德是辅""敬德保民"等,成为后来的民本主义、德治主义,甚至"天人合一"等思想的基础,其影响无疑是深远的。

推荐阅读:《西周史》,许倬云著,生活·读书·新知三联书店,2018年版

(三)阴阳五行思想

在西周时期出现了阴阳五行思想,中国文化深受其影响。

阴阳五行思想于殷周之际肇始,呈现为一种原始形态。到西周初年,《易经》中虽未出现阴阳二字,但"阳"和"阴"的意味在其中已十分明显,它试图用"—"和"--"这两种代表不同性质原理的符号来解释世界。《易经》以两种符号的排列组合来概括自然界和人类社会的种种现象,这实际上是哲学思维的开始。[3]

在《尚书·洪范》中,五行说最早得以呈现。《洪范》中说:"五行:一曰水,二曰火,三曰木,四曰金,五曰土。水曰润下,火曰炎上,木曰曲直,金曰从革,土

---

[1] 王国维:《殷周制度论》,中华书局,1959,第475、477页。
[2] 范文澜:《中国通史》第1册,人民出版社,1987,第143页。
[3] 张岱年:《中国哲学史史料学》,三联书店,1982,第18页。

爱稼穑。润下作咸，炎上作苦，曲直作酸，从革作辛，稼穑作甘。"

从中可以看出，此处的水、火、木、金、土，已不再是单纯地指五种具体的物质，而兼为五个范畴或五类概念，从中可以演化出各种自然现象。

到西周末年，原始的阴阳五行说有了新的变化。伯阳父开始用阴阳说对地震现象加以解释："幽王二年，西周三川皆震。伯阳父曰：'周将亡矣！夫天地之气，不失其序；若过其序，民乱之也。阳伏而不能出，阴迫而不能烝，于是有地震。今三川实震，是阳失其所而镇阴也。……山崩川竭，亡之征也。川竭，山必崩。若国亡不过十年，数之纪也。夫天之所弃，不过其纪。'"（《国语·周语》）

显然，对于作为自然现象的地震和作为社会现象的亡国，伯阳父都是用"阴阳"来解释的，而且已经将二者联系起来，天人感应的意思亦蕴含其中。正是在这种阴阳五行思想的影响下，汉代董仲舒天人感应的思想文化体系得以建构。

西周末年，史伯对五行说也加以发展。他认为："夫和实生物，同则不继。以他平他谓之和，故能丰长而物归（生）之；若以同裨同，尽乃弃矣。故先王以土与金、木、水、火杂，以成百物。……声一无听，色一无文，味一无果，物一不讲。"（《国语·郑语》）

细加分析不难看出，史伯与伯阳父都以五行来看待事物、说明事物，都是用具体、直观的事物来解释自然与社会现象。综合而言，尽管殷周时期的阴阳五行思想并不十分严密，且缺少系统论证，但对中国文化的影响是长久而深刻的。

第二节 春秋战国——秦汉：文化争鸣到大一统

公元前770年，迫于犬戎攻势猛烈，周平王将都城从丰镐东迁至洛邑，春秋战国的帷幕由此拉开。在"礼崩乐坏"的春秋战国时代，周王的统治权威下降，诸侯争霸加剧。这种战乱频仍的时期，往往也是思想激荡的时期，思想家自由发表自己的主张，由此推动文化的发展与繁荣，奏出宏伟的文化乐章。

一、诸子百家的"救时"探索

春秋战国时期的文化在多种元素的融合中不断发展。一方面，绅士阶级从贵族宗法体制中获得解放，并因为诸侯为壮大力量的求贤活动，地位和影响力不断提升。

第二章 中国传统文化的发展历程

另一方面，激烈的民族合并和各种吞噬性的战争，已经彻底打破了相对孤立、静止的文化形式和社会格局，文化重组加剧。竞相征伐争霸的诸侯尚未完全建立起支撑统治的政治观念和意识形态，学术氛围宽松活泼，使得许多文化艺术工作者和艺术个体，更容易参与到具有独立性、富有艺术创造性的精神文化活动中。

人们习惯于将春秋战国时期诸子蜂起、学派林立的文化现象称为"百家争鸣"。西汉司马谈将诸子概括为六家，即阴阳、儒、墨、名、法、道德；西汉刘歆则将诸子划分为十家，即儒、墨、道、名、法、阴阳、农、纵横、杂、小说。从时间上看，诸子大多兴起衍生于战国期间，因此又被称为"战国诸子"。

诸子皆有自己的主张，但"救时之弊"是其相同的一面。梁启超在《中国古代学术流变研究》中指出诸子兴起之原因，"大指谓皆起于时势之需求而救其偏敝，其言盖含有相当之真理"[①]。对于诸子的成因，胡适认为："吾意以为诸子自老聃、孔丘并于韩非，皆忧世之乱而思有以拯救之，故其学皆应时而生。"[②]这些说法都很有见地。

由于思考方式、学统承继和社会地位等的不同，先秦诸子的风格各不相同，但都特色鲜明，并形成了迥然有别的理想人格和价值追求。在争辩、渗透、融合中，这些学派凝聚并形成了别样的民族精神，中国文化的深层结构也由此积淀下来。

（一）儒家的"救时"探索

儒家学派以"仁"为核心，十分重视血亲人伦、现世事功、实践理性和道德修养，在思想方法上重中庸辩证。孔子将仁礼结合起来，以仁释礼，使仁与礼达成一致。从政治作用的角度来审视，可说仁礼是一体的，仁是礼的精神支柱；从主体修养的角度来审视，要实现仁，则离不开恭、宽、信、敏、惠等具体要求；从血缘关系的角度来审视，孝悌被视为是仁之本；从人我关系的角度来审视，忠恕被视为是仁之道。儒家在历史观上讲求"信而好古"，其愿望是恢复"周礼"，尊崇并捍卫三代典章文物，当然，儒家并非食古不化，主张适当变通不符合时代潮流的礼俗政令。在塑造社会伦理观上，儒家遵循由外而内的路径，主张把社会外在规范内化为自身的伦理道德观念。不仅如此，儒家还提出了发展人格和安定邦家的一整套方案，由小及大、由近及远，引导人们修身治国，最终达到巩固政教体制的目的。

总体来说，儒家学说具有二重性：既复古又开明，既守旧也维新，这种属性使

---

① 梁启超：《饮冰室专集》，中华书局，1937，第2页。

② 姜义华主编《胡适文存》卷二，中华书局，1991，第596页。

得儒家学说既维护了礼教伦常，也起到了桥梁纽带的作用，既不被即将落幕的贵族分封制宗法社会排挤，又能让勃兴的封建大一统宗法社会接受。儒学之所以能在当时成为"显学"，这也是重要原因。汉以后，儒学几经变化，但礼教德治的精神却贯穿始终。

（二）道家的"救时"探索

与儒学并驾齐驱的是道家，老子、庄子是其代表人物。相较于儒家思想，道家的许多观点与之形成了鲜明对比。如道家尊崇"天道"，而儒家十分看重人事；道家十分向往"自然"，儒家则颇为讲求文饰；道家积极倡导"无为"，儒家则极力主张"有为"；道家把对社会的超脱看得很重，儒家则将个人对家国的责任提得很高。如《庄子·齐物论》中就说"天地与我并生，而万物与我为一"，应循"天道"而"无为"，在"心斋""坐忘"中实现精神的逍遥游。当然，道家和儒家也有相互接近与沟通的可能性。例如，儒家在天人关系上也讲求"天人合一"，宗法制度和伦理道德是其主要宗旨，人与人之间的协调是天人协调的最终目标；相比儒家，道家进一步将天人协调上升为"第一义"，"自然"在这里代表的是一种超功利的境界，而有别于儒家的"天命"或"天理"，但天人协调的本质却是相通的。

（三）法家的"救时"探索

法家面对富国理乱的要求，所选择的道路是强化法令刑律，使民"畏威如疾"，齐国的管仲与郑国的子产是法家的先驱人物。在此之后，先有李悝著述《法经》，其后商鞅推行"法治"，随后申不害主张重"术"，又有慎到提出重"势"思想，再到韩非将法（政令）、术（策略）、势（权势）各方面有力推进，至此，形成了趋于完备的法家理论。

基于"矛盾不可和而解"的思想，法家学说形成了一种极端辩证法，严刑峻法成为治国的基本方略，专制型文化政策受到尊崇，奉行"以法为教""以吏为师"。法家于战国时形成学说，至秦王朝一统天下时成为政治显论，其后，虽然汉时独尊儒术的局面形成，但法家学说并未完全消泯，统治者或采取"霸王道杂之"或采用"阳儒阴法"的方法，推动儒法并用，使法家学说持续发挥着积极而重要的作用。

（四）墨家的"救时"探索

墨家在战国时也可算作是显学之一。墨家的创始人是墨子，拥戴者多为下层劳动群众尤其是手工业者。墨家学说"尚力",强调物质生产劳动在社会生活中的重要性;主张"节用",反对生存基本需要外的消费;倡导"兼爱"思想,欲以普遍的爱停止战乱取得太平;体现出"天志"观念,对天神十分尊崇;表现出"尚同"思想,向往"一同天下之义"的治世。这些思想观念大多反映了小生产者的诉求。

秦汉以后,墨家已经基本丧失了继续发展的客观环境,慢慢退出了历史舞台,但每当有农民起义运动时,人们或许能从关于公平、互爱等的主张中,感受到墨家思想的余韵。及至近代,墨家思想又出现了复苏趋势。

(五)阴阳家的"救时"探索

阴阳家以"深观阴阳消息"为特长,其代表人物是邹衍。阴阳家认为阴阳之间的生灭、消长,是万事万物运动发展的终极法则;阴阳之间是一对矛盾体,阳盛则阴衰,阴盛则阳衰,这种消长是事物存在、发展最基础的方式。阴阳家正是基于此种独特的思维方式,通过时间、空间的变化流转,论证社会人事,并对世界加以把握。

纵观儒法道墨,其学说在表征上虽各有差异,儒法强调仁道,道墨重视天道,但他们对现实的社会人生问题都给予了关注。四家作为文化整体的一部分,于争辩中互渗,呈现出既分又合的时代特征。这反映出在经济发展、国家权力增强的社会背景下,四家思想作为同一族类文化的联结性、互控性和转换性。

在"百家争鸣"时代,诸子学派编纂、修订中国文化的元典性著作,形成了《易经》《尚书》《仪礼》《春秋》等巨制,并对宇宙、社会、人生等形成了丰富而独到的看法和理解。中华民族的文化正是得益于诸子百家的探索和创造,才逐渐形成了大致的方向。因此,有文化史家借用德国学者雅斯贝尔斯的"轴心时代"的概念,来定位春秋战国时期在中国文化中的重要性。

二、一统帝国与文化一统

(一)一统帝国

公元前221年,秦王嬴政"吞二周而亡诸侯,履至尊而制六合",终于实现了其一统事业,建立了中国历史上第一个一统帝国——秦王朝。秦王朝实行的是专制主义的君主集权,并逐渐建设发展成为世界性大国。秦王朝的繁盛并未持续太久,农民起义因残暴的统治政策而频发,并最终推翻了政权,取而代之的是刘邦所建立的新的帝国——汉朝,汉朝相比于秦要更趋强盛。

推荐阅读 《秦汉史》,翦伯赞著,北京大学出版社,1999年版

（二）文化一统

在战国时代的诸侯割据纷争中,出现了"田畴异亩,车涂异轨,律令异法,衣冠异制,言语异声,文字异形"的文化纷杂现象。在政治上实现统一后,秦汉统治者也非常重视文化和思想上的统一。秦始皇便系统全面地推行了很多具体的措施。

（1）实现"书同文"。任命李斯等以统一的文字整理和编辑大量文本资料,以求文字和书本的统一。李斯以周朝战国时期的大篆籀文为基础,创造出新的篆体文字——秦篆。这种文字形体匀圆齐整、笔画简略,成为正式的官方文字,全国颁行。

（2）实现"车同轨"并兴修道路。规定车辆上两个轮子之间的距离统一为六尺（一尺约合三十三厘米）,并统一车辆形制,以此实现全国通行。同时,以首都咸阳为中心,先后修筑东抵燕齐、南达吴楚的驰道。如此,强化了中央与各地的联系,推动了商业贸易和文化交流的繁荣发展。

（3）实现"度同制"。统一全国度量衡,结束了战国时各国货币、度量衡标准制度混乱的局面。

（4）实现"行同伦"。坚持"以法为教",并在各地分别设置村官和乡官,即"三老",专掌传道、弘法、教化,推动人们在政治思想、社会文化、生活和心理方面趋向统一。

（5）实现"地同域"。将我国地区性的政治壁垒加以粉碎,使中国历史疆域版图北至阴山、东至大海、南越五岭、西达陇右,并将这片广袤的区域纳入中央的统一管理之中。此外,边境地区也通过多次大规模的移民而得以开发。

秦始皇实施的一系列统治政策和措施,有力增进了各族人民的共同认识和文化共同性,为中华文化共同体的建立和发展打下了坚实的基础。

（三）宏阔的文化精神

宏大的规模和气象是秦汉王朝的独有特色。

秦汉文化一直具有宏阔的追求。在这种文化精神的影响下,出现了许多有代表性的文化象征,如巍峨万里的秦长城,"覆压三百余里,隔离天日"的阿房宫,气势磅礴的秦始皇陵兵马俑,"苞括宇宙,总览人物"的汉赋,"范围千古,牢笼百家"

【第二章　中国传统文化的发展历程】

的《史记》，等等。对于中华文化共同体而言，当时那种开拓进取、宏阔包容的时代精神，有利于文化的繁荣发展与进步；而对于世界来说，这种民族精神也极大地促进了中华文化和世界文化的相互交融。

秦汉时代，沿着东、南、西三个方向，中外文化进行了多方面、多层次的广泛交流，其中丝绸之路的开辟影响深远。借助丝绸之路，中国的文明成果远抵西亚、印度乃至欧洲，而国外的丰富文化也得以远渡重洋进入中国，中国文化由此变得更加丰富多彩、辉煌灿烂。

三、儒学独尊与经学兴起

秦汉时期的统治阶层在一统文化的过程中，十分重视思想的大一统，其中思想学术上的统一被看得尤为重要。《吕氏春秋·不二》篇指出："听众人议以治国，国危无日矣。""故一则治，异则乱。一则安，异则危。"这对中国文化的发展产生了极为深刻的影响。

（一）焚书坑儒与儒学独尊

公元前213年也就是秦始皇三十四年，李斯建议秦始皇加强文化管控："非秦纪皆烧之；非博士官所职，天下敢有藏《诗》、《书》、百家语者，悉诣守尉杂烧之；有敢偶语诗书者弃市；以古非今者族；吏见知不举者与同罪；令下三十日不烧，黥为城旦。所不去者，医乐卜筮种树之书。若欲有学法令，以吏为师。"（《史记·秦始皇本纪》）。

秦始皇采纳了李斯的建议，"下焚书之命，行偶语之刑"，他将"犯禁者四百六十余人，皆坑之咸阳，使天下知之，以惩后"。这是中国文化史上的一场空前浩劫。

焚书坑儒的目的是统一思想，以期维护君主专制政治。在此之后，董仲舒在西汉王朝政治、经济稳定繁荣时，又将统一思想的要求提上议程。他向汉武帝献言：

今师异道，人异论，百家殊方，指意不同，是以上亡以持一统；法制数变，下不知所守。臣愚以为诸不在六艺之科、孔子之术者，皆绝其道，勿使并进。邪辟之说灭息，然后统纪可一而法度可明，民知所从矣。（《汉书·董仲舒传》）

从中可以看出，董仲舒对"六艺之科与孔子之术"的态度与理解，相比于李斯的焚书建议,可谓是截然相反的。尽管如此,董仲舒与李斯的某些思想观点还是有一致性的,那就是都强调要禁止传播异端,维护君主专制。不过相比李斯,董仲舒在政治上高举"崇儒更化"的旗帜,坚持以"六经"为治学理念和政治指针,由此也形成了契合专制统治需要的政治文化组织形式,其独尊儒术的文化思想和政治主张,不仅被汉武帝接受采纳,在汉至清的两千余年间也产生着重要影响。

(二)经学兴起

"罢黜百家,独尊儒术"的文化政策的推行,让儒学获得了无与伦比的显赫地位,受此影响,经学兴起。西汉时,儒家尊奉的经典主要为《诗经》《尚书》《礼记》《易经》《春秋》,即"五经"。西汉统治者不仅十分推崇"五经",而且在选官制度上推行"以经取士",并"立五经博士"。这样一来,天下读书人都开始研习传经之学和注经之学,汉代至清代的官方哲学经学由此绵延不息。从汉武帝时代直到西汉末期,"官学"都是今文经学。

汉武帝以后,儒家经典在政治、思想、文化等领域都占据着不可撼动的主导地位,但是,经学内部却因学术、派系等差异而出现争议,爆发了今古文经之争。汉初流行的经书是由战国以来师徒父子相传,用当时通行的文字(隶书)写成并阐析的,称今文经学。汉武帝置五经博士,即以今文经为官学。西汉中叶以后,古文经兴起。所谓古文经是指秦以前用古文字写成并阐析的儒家经典。汉景帝时鲁恭王拆孔子住宅时,在墙壁中发现了用六国古文字写成的《尚书》《礼记》《论语》《孝经》等数十篇。成帝时刘向、刘歆父子在整理国家藏书时又发现了用古代文字写的《春秋左氏传》《毛诗》《逸礼》《古文尚书》等。由于古文经与今文经在文字、内容、训释等方面不尽相同,于是出现了今、古文经之争。以刘歆为代表的古文经学家要求列古文经为官学,但遭到当时今文经学家的极力反对而未成功。西汉末期,王莽为"托古改制"制造舆论,立古文经为"官学",刘歆当了国师,并为《春秋左氏传》《毛诗》《逸礼》《古文尚书》《周礼》设立博士。今、古文经的论争也伴随着统治阶级的权力争斗。经学内部纷争,内容混乱,经有数家,家有数说,莫衷一是。

概要说来,注重阴阳灾异、微言大义是今文经学的主要特点,体现出鲜明的政治性,主张要合时;而古文经学则侧重研究经文本身的含义,注重文字训诂,具有鲜明的历史性,主张要复古。今文经学在学风上比较活泼,但容易流于空疏;古文经学的学风朴实平易,但也容易陷入烦琐。在今文诸经中,《春秋公羊传》分量很重,《春秋

【第二章 中国传统文化的发展历程】

繁露》这部著名的今文经学著作，便是董仲舒以阐释《春秋公羊传》为中介而得的。在《春秋繁露》中，"天人感应"、阴阳五行，以及黑统、白统、赤统"三统"循环等学说得到充分阐述，天人一统的图式完整构建，中国传统思想文化深受其影响。

东汉章帝时期，为统一对经学的认识，朝廷在白虎观召集儒生"讲论五经同异"。会后由班固编纂成《白虎通义》一书，建立了官方统一的经学。直至东汉末年，大经学家郑玄综合百家，遍注群经，融今、古文经于一体，标志着今、古文经学的统一。

《两汉经学今古文平议》，钱穆著，商务印书馆，2001年版

《超星名师讲坛·经学史》（20讲），朱维铮主讲

第三节 魏晋南北朝—隋唐：文化多元走向隆盛时代

汉末，汉帝国在董卓之乱中加速崩溃瓦解，王室贵族争斗、军阀割据愈演愈烈，在近四百年的时间里，战事不断，争夺激烈。在这个过程中，不少政权纷纷登场又迅速衰落，先后经历魏、蜀、吴三国鼎立，西晋的昙花一现。紧接着，北方和南方各有多个王朝嬗递更替，北方有十六国割据，以及北魏、东魏、西魏、北齐、北周政权的起伏；南方则有东晋、宋、齐、梁、陈等王朝在历史舞台的短暂亮相。

一、玄学、道教与佛教

（一）玄学崛兴

伴随着长期的战乱纷争，一元化政治崩溃，集权式地主经济瓦解，文化领域亦发生崩解，经学为主、儒学独尊的文化模式难以为继，文化多元化发展势在必行。"有晋中兴，玄风独振"，玄学在魏晋时期崛起，成为新的文化思潮。

儒学自西汉后期被定为一尊，汉帝国将其作为理论基础，以巩固大一统的政治。伴随着统治阶级的黑暗腐朽和东汉王朝的分崩离析，儒学已难以展现当年的神圣和权威，经学自然也地位不保。玄学在这样的时代背景下应运而生。

由老庄哲学发展而来的玄学，将"贵无"奉为宗旨，积极探索和思考个体的人

生意义和价值。

玄学的兴起，从多个方面深刻地影响着魏晋的文化思潮。

第一，玄学的思维特点是直接探求本体而不拘泥于甚至是超脱于现世实物。正因为这种思维特点，中国传统哲学得以注入思辨新风，魏晋学术谈玄析理的色彩日益浓厚。

第二，玄学追求在情感之中超越有限去体验无限。这种由外到内的超越路径，使玄学与美学须臾不可分离，魏晋美学因而彰显出别样的气韵。例如，受玄学浸染，重自然而轻雕饰、"重神理而遗形骸"的美学观念在魏晋时期盛行，在这种美学观念的影响下，山水诗与山水画等广受欢迎。

第三，玄学从本体论上追求建构一种理想的人格。受老庄"贵无"思想影响的魏晋士人，心灵世界中激荡着轻人事、任自然的价值观，陶渊明与"竹林七贤"作为其中的代表性人物，或"琴诗自乐"，或"以任放为达"。这种追求和行事风格，影响着后世中国士人对清、虚、玄远的生活情趣的向往。

（二）道教创制与佛教传入

置身动荡不安的社会环境中，人们必然对个体存在的意义和价值格外关注。这种社会心理，既是玄学兴盛的主要原因，更为道教、佛教的发展提供了条件。

道教作为中国本土的宗教，于东汉时期酝酿，发展于魏晋时期，至南北朝时期，具有名望的道士陆修静、寇谦之等，凭借朝廷之力对民间各道派进行清整，对各道派以"道教"一词加以统一，并在此基础上构建起完整的道德戒律、宗教仪式和斋醮程式。同时，萧梁陶弘景也构造出道教的神仙谱系，至此，基本定型的道教成为一个完整意义上的教派。

道教体现出鲜明的民族性格，充分体现在以下两个方面：一是思想渊源上，充分汲取融合了道、儒、墨的精华，以及传统星相家、谶纬家、医方家的思想；二是神仙谱系上，基本源于中国的神话人物，尤以楚文化圈的神话人物为主。

道教发展势头迅猛，与此同时，佛教也从南亚次大陆传入，进入魏晋南北朝的文化系统中。如此，魏晋南北朝的文化格局更加多元，二学（儒学、玄学）和二教（道教、佛教）分庭抗礼、相辅相成。

【第二章 中国传统文化的发展历程】

《魏晋南北朝简史》，劳榦著，中华书局，2018年版

二、儒、玄、道、佛的冲突与融合

在魏晋时期，儒、玄二学的冲突尤为激烈。玄学之士"以老、庄为宗而黜六经"，对于玄学家"好谈老庄，排弃世务，崇尚放达，轻蔑礼法"的做法，儒学之士也表示谴责。二者之间不乏相互排斥，但也并非没有相互吸收，这体现在救名教伪弊的思想同样蕴含在老庄之学中，而玄学中的不少修正派并不排斥儒学，而是推动玄学向其靠拢。修正派作为儒玄双修之士，反映出在当时已经有儒玄合流的趋向。

道教自产生开始，就与老庄之学有着特别的缘分，《老子》《庄子》等道家经典是道教的重要思想基础。道教尊称《老子》为《道德真经》，尊称《庄子》为《南华真经》，以之为宗教理论；尊奉老子为道教教主，尊奉庄子为道教尊神。不仅如此，道教的教义、教规中，也积极吸纳儒学中的伦理精义，实现对儒学的调和。对儒、道二教的关系，范文澜论述道："儒家对道教不排斥也不调和，道教对儒家有调和无排斥"[①]，这是比较中肯的。

相比而言，佛教和玄、儒、道的关系要复杂很多。总体而言，玄、佛可谓一拍即合，东晋时期佛教和玄学基本融为一体。儒家和佛教的关系，则表现为佛教更多地想取得与儒家的调和，儒家对佛教则以排斥为主；至于佛教和道教，两者之间少有调和。

魏晋南北朝时期，意识形态结构的激荡不安与儒、玄、佛、道二学二教的冲突与融合紧密相关。这一时期，北方少数民族如匈奴、鲜卑、羯、氐等进入中原，胡汉之间由此产生了大规模的文化碰撞与融合，这使得魏晋南北朝的文化呈现出鲜明的特点，即多样性和丰富性。中国文化在多重碰撞与融合中，获得了多元化发展的可能，逐渐养成了异彩纷呈、生机勃勃的文化精神。

公元7世纪，在阿拉伯帝国空前繁盛的同时，杨隋和李唐也建立了盛极一时的隋唐帝国，帝国版图不断扩大，东临日本海、西至中亚细亚。历史舞台变得空前宏大，中国文化也随之进入气势磅礴、如史诗般辉煌的昌盛时期。

[①] 范文澜：《中国通史简编》（第二编），人民出版社，1964，第439页。

三、恢宏璀璨的文化气象

（一）产生背景

地主阶级结构的深刻变化是隋唐文化恢宏璀璨的关键因素。门阀世族地主阶级在魏晋南北朝时期占据主导地位，在隋唐时期走向没落。首先，隋末农民大起义以摧枯拉朽之势，给了门阀世族致命的打击，杨隋和李唐政权所推行的均田制、科举制等一系列改革举措，对门阀世族形成全面压制。与此同时，大批中下层士子，在门阀世族衰落时期通过科举考试进入仕途，改变了原有秩序，突破了门阀世胄对政治权力的垄断。

在隋唐时期，原本落寞不济的庶族寒士，以及世俗地主阶级中的精英分子，伴随着巨大的社会结构变动，登上中国文化的舞台。他们中的大多数人都满怀信心、激情和抱负，正因如此，唐代文化的时代气质异常鲜明，即明朗、奔放、热烈、高亢。

（二）具体表现

一方面，唐文化依托强盛的国力，展现出兼容并包、自由开放、开拓进取的宏大气派。唐太宗李世民在政治上实行"开明专制"，允许三教并行，文化上鼓励多样性的文艺创作。这样一种文化政策在李唐时期几乎是贯彻始终的。

另一方面，唐文化对外域文化亦能兼容并包。从唐帝国国门开启的那一刻，南亚的佛学、医学、语言学、音乐、美术、历法，中亚的音乐、舞蹈，西亚和西方世界的伊斯兰教、景教、祆教、摩尼教、医术、建筑艺术及至马球运动，等等，纷纷涌入、异彩纷呈。作为唐代中外文化汇聚的中心，首都长安逐渐成为世界性都市，盛大气象享誉世界。可以说，隋唐文化以包容之势大规模吸收外域文化的胸怀堪称卓越。正因此，在比较盛唐与欧洲中世纪后，英国学者威尔斯指出："当西方人的心灵为神学所缠迷而处于蒙昧黑暗之中，中国人的思想却是开放的，兼收并蓄而好探求的。"①

唐文化"有容乃大"，金光熠熠，展现出前所未有的恢宏气派。

《大唐气象——唐太宗开放国策与大唐审美》，陈望衡主讲

---

① 威尔斯：《世界简史》，叶青译，社会科学文献出版社，2008，第3页。

第二章 中国传统文化的发展历程

（三）艺术成就

唐代的强盛和繁荣前所未有，其由内而外洋溢的包容和自信也是前所未有的，正是在这种环境下，丰富而浓烈的艺术世界得以孕育。

中国诗在唐代迎来了它的巅峰时期。闻一多就指出："一般人爱说唐诗，我欲要讲'诗唐'。诗唐者，诗的唐朝也。"[①]

唐代可以说是一个全民读诗、作诗的时代。一方面，根据白居易《与元九书》诗可知，"士庶、僧徒、孀妇、处女"等社会各阶层都可传诵文人诗篇，文人所作之诗或"卖于市井"，或吟诵于"乡校、佛寺、逆旅、行舟之中"，甚至被改编为流行歌曲，用"宫掖所传，梨园弟子所歌，旗亭所唱，边将所进，率当时名士所为绝句"来形容，是一点也不过分的。白居易指出诗歌为"今时俗所重"，很是中肯。

唐代的诗歌创作是空前活跃的，诗歌数量惊人。清代《全唐诗》收录的作品就达四万八千九百余首，涉及诗人二千二百余人，并且这仅是唐代诗歌和诗人的一部分，很多诗人诗作散落在滚滚红尘中难以统计。唐代拥有数不胜数的杰出诗人，诗歌巨匠包括李白、杜甫、王维、白居易、李贺、李商隐、杜牧等；神童诗人则包括杨师道、王勃、杨炯、骆宾王、七岁女等；优秀的女诗人有上官昭、李季兰、薛涛、鱼玄机等。中国古典诗歌正是在唐代达到"无体不备，无体不善"的境界，为后世所尊崇。

在诗歌迈向巅峰的同时，唐代书法亦精彩纷呈。其中，张旭和怀素将狂草推至炉火纯青之境，两人也赢得了"颠张狂素"之称；李阳冰以圆劲为特色的阳冰篆法影响深远；李邕、颜真卿的行书纵横飘逸为各家推崇；欧阳询、虞世南、颜真卿、柳公权被誉为楷书四大家，颜真卿与柳公权被誉为中国书法的宗师，苏轼评价"至唐颜、柳，始集古今笔法而尽发之，极书之变，天下翕然以为宗师"。

唐代绘画也臻于极盛。"画圣"吴道子"出新意于法度之中，寄妙理于豪放之外"，创造的"莼菜条"型线条，是对传统线描技巧的改造，线条的美感得到了丰富，生命力和活力也更加凸显。这一时期画科也获得全面发展：人物画追求豪迈壮阔、富丽宏大的气势；山水画浓墨重彩与雅淡清秀辉映成趣；花鸟画也日具规模，"穷羽毛之变态，夺花卉之芳妍"。从整体上看，整个画坛丰富鲜活。唐人张彦远将唐代绘画的气派概括为"灿烂而求备"，可谓一语中的。

[①] 转引自冯天瑜等：《中华文化史》，上海人民出版社，2005，第494页。

此外，韩愈、柳宗元发起古文运动，唐代散文也获得大发展，并且对后世的文学发展产生深远影响。

综合而言，唐代文化达到了孟子所说的"充实而有光辉之谓大"的标准。对于唐代文化的繁盛和所达到的高度，苏轼认为："君子之于学，百工之于技，自三代历汉至唐而备矣！故诗至于杜子美，文至于韩退之，书至于颜鲁公，画至于吴道子，而古今之变，天下之能事毕矣。"（《书吴道子画后》）唐代所取得的辉煌的文化成就，在中国文化发展史上是非常璀璨耀眼的，令后世追慕不已。

四、盛唐文化的深广影响

唐朝是当时世界上最先进的国家，经济发展水平较高，文化繁荣兴盛。除此之外，唐代的对外交流因为便捷的交通及开放的文化政策而不断繁荣。在当时，众多外国贵族子弟到长安学习中国文化，与唐交往的国家达到七十多个，到唐朝来求学和贸易的亚非地区使节、僧侣、商人、艺术家更是不计其数。那时的盛唐文化对周边各国都产生了深刻影响，形成了万邦来朝的局面。

（一）朝鲜半岛

新罗是受唐文化影响最深的国家，当时新罗外派到中国的留学生多达百人，甚至有部分人在唐朝走上了仕途。唐的政治制度被新罗当作模板，新罗从中央到地方的行政组织便是仿照唐的制度建立起来的。科举考试方面，新罗以中国古籍《左传》《礼记》等为主科；文字方面，新罗在最开始并没有本国文字，新罗文字的产生与汉字密切相关。不仅如此，新罗历法及律令的制定也是以唐代律历为范本的。新罗流行的宗教，便是天台宗、法相宗、禅宗等唐代盛行的佛教宗派。与此同时，中国医学也传入了新罗，新罗人将《本草经》《素问》等中国医书作为教材使用。

（二）日本

日本受盛唐影响也十分深广。日本的"大化改新"正是仿照隋唐制度进行的，其以考试的方式选拔官员也是模仿隋唐的科举制，《大宝律令》亦是参照隋唐律令制定的。8世纪初迁都平城京（今奈良）后，其城市街道的宽度与排列方法，甚至街道和坊市的名称，如"朱雀街""东市""西市"等，都与长安如出一辙，或是直接搬用。8世纪后期迁都平安京（今京都）后，其城市建设仍然是模仿长安进行的，足可见其受唐朝影响之深。在语言文字方面，到唐朝留学的吉备真备和学问僧空海，在日本

【第二章 中国传统文化的发展历程】

人民利用中国汉字标音记意的基础上,创造了日文的假名字母,包括片假名和平假名,不仅如此,日文的词汇和文法也都受到汉语的影响。

（三）西域

波斯与阿拉伯商人不远万里来到唐朝,将织锦、造纸等手工业技术带回西方,给西方世界带来了生活上的巨变。

通过安息、条支等西域国家的来访,以及唐代工匠外出传授,脚踏纺车、印染技术等传入中亚、西亚、印度及西方国家,推动了这些地区丝绸业的产生和发展。唐玄宗时期,造纸术辗转传至欧洲,对欧洲乃至世界文化的传播都产生了很大的促进作用。

唐代,文字、经书等输入高昌,高昌的刑法、婚姻风俗很大程度上都仿效唐代,疏勒、焉耆等西域各国也学习中国的语言及风俗,并穿戴中国的衣冠。在丝绸之路沿线,考古发现了《论语》《史记》等的竹简断片,这是中国书籍唐朝时已流通至西域的证明。当时的长安是西域人留学的热门之地,众多西域国家的皇子前来学习。在阿拉伯,流行中国的绘画及纺织法；在印度,铸铁及凿井术被广为借鉴。茶叶、丝绸、纸张、药材等唐代盛产之物,在西域及波斯、天竺等国大受欢迎,并经波斯转销西方各地。

随着对外贸易日趋繁荣,唐政府在广州设立"市舶使",并在陆路重要关口如武威、张掖等设置"互市监",以更好地管理对外贸易,这客观上使得长安在经济、文化交流方面更加重要,成为西域人向往的发达地区。

对于唐代文化的发展与繁盛,鲁迅先生认为:"唐代的文化观念,很可以做我们现代的参考。那时我们的祖先们,对于自己的文化抱有极坚强的把握,决不轻易动摇他们的自信力；同时对于别系的文化抱有极恢廓的胸襟与极精严的抉择,决不轻易崇拜或轻易唾弃。这正是我们目前急切需要的态度。"[①]

第四节 两宋—辽夏金元：理学建构与文化冲突交融

公元755年爆发的安史之乱,让唐王朝潜藏已久的危机爆发出来,一场巨变在中国社会发生。伴随着两税法改革的推进,均田制这一传统的封建社会土地制度面临

---

① 转引自孙伏园:《鲁迅先生二三事》,湖南人民出版社,1980,第23页。

解体，在这种状况下，自耕农经济和庶族地主经济蓬勃发展起来，逐渐成为社会经济的主体。

受社会政治、经济结构变迁的影响，唐型文化逐渐向宋型文化转型。唐型文化是一种相对开放、雍容豪迈、色调鲜明的文化类型，而宋型文化则是一种相对保守、精致细腻、色调淡雅的文化类型。在这一历史时期，宋型文化深刻影响着哲学、文学、艺术等各种文化样式，并对社会风气产生了直接影响。

一、理学建构与士大夫文化

（一）理学思想及其影响

宋代文化最重要的标志便是理学的建构。理学的创建者是北宋五子（周敦颐、邵雍、张载、程颢、程颐）和朱熹。两宋理学反复强调"天理"，将之抬到至高无上的位置，作为万事万物的尺度，随后又将纲常伦理视作"天理"，要求人们自觉遵守。为了让人们认识并发自内心地遵循"天理"，朱熹为《大学》做章句，强调"正心、诚意"的自身修养方式："古之欲明明德于天下者，先治其国；欲治其国者，先齐其家；欲齐其家者，先修其身；欲修其身者，先正其心；欲正其心者，先诚其意；欲诚其意者，先致其知。致知在格物。"从"格物"向"致知"的发展路向，是人不断增强"自律"的过程。外在的行为规范不断向内在的主动欲求转化，基于这样的自律，修身乃至齐家、治国、平天下的功业才能更好地完成。

自宋代以后，封建社会最完备的理论体系便是理学，它特点鲜明，对整个封建社会产生了极为深远的影响。这种影响是两方面的：一方面，理学家将"天理"与"人欲"相对立，用纲常伦理遏制人欲，几乎扼杀了个人的情感欲求，不利于人性的正常发展；理学"尚礼义不尚权谋"、专注"内圣"的方式和趋向，过于片面强化了重义轻利的观念。另一方面，理学强调道德自觉，追求理想人格，并提出了修炼的路径，使人们的文化性格中增添了对社会责任的担当，在精神底色中打上气节和德操的烙印。在不同时代，都能听到理学精神价值与道德理想的声音，比如张载提出士人和知识分子的使命是"为天地立心，为生民立命，为往圣继绝学，为万世开太平"；顾炎武饱含爱国之情，发出了"天下兴亡、匹夫有责"的声音；文天祥面对人的生死，留下了"人生自古谁无死，留取丹心照汗青"的千古名句，感人至深。

【第二章　中国传统文化的发展历程】

《宋明理学概述》，钱穆著，九州出版社，2010年版

（二）士大夫文化的呈现

受理学的影响，精致、内趋成为两宋士大夫文化的鲜明表现。

宋代是词走向巅峰的时代。小而雅、巧而新、细腻精致的词本起源于市井歌谣，十分讲究音律和语言的契合，往往营造摇曳空灵的意境，多寄托幽怨悱恻和惆怅之情。尽管以苏轼和辛弃疾为代表人物的豪放派在宋代词坛也大放异彩，但"婉约""阴柔"还是主流。宋词的这种风格在某种程度上反映的是时人的心境和意绪，与唐代文人相比可谓大不相同。

理性克制之美在宋画中有鲜明的表现，形状、颜色和质感的单纯素朴是其主要的美学特征。极简，不炫技，原木本色、白墙黑瓦、水墨淡彩，表现精湛，在山川小景和人物花鸟中绘就生命的价值。

在其他领域，两宋士大夫的文化性格也得以彰显。如宋诗"思虑深沉""如纱如葛"；两宋古文阴柔澄定、舒徐和缓；士人饮茶"品第之胜，烹点之妙，莫不盛造其极"；文人把玩瓷器，也崇尚朴澹、注重意态，不太追求华奢；他们的服饰风格也趋向简朴清秀，"惟务洁净"。这些都体现了宋代士人精致、朴素、淡雅的文化性格。

二、市民文化勃兴与教育、科技成就

（一）市民文化

宋代的诗词、书画和理学构筑了宋代的士大夫文化世界，而在此之外，还有另一种文化崛起，那就是在勾栏瓦舍中诞生的市民文化。

都市经济的发展，使市民的物质和精神需求更加丰富，审美需求更加强烈。在较快的生活和情感节奏中，市民们更欣赏具有动人的情节、热烈的情调、更能直接满足感官享受的艺术形式。

广受市民喜爱的艺术形式有"说话"、杂剧、傀儡戏等。"说话"和戏曲为广大群众所喜闻乐见。唐朝时"说话"便已出现，北宋时街坊中的行走说唱和宫廷中的演出两者兼有，南宋时已经有固定的演出场所——瓦子。在市民文艺发展进程中，一个具有重要意义的事件便是瓦子的兴起。瓦子，即瓦舍、瓦市或瓦肆，是城市市民交易、憩息、游耍的场所。宋代"瓦子"的发展已经非常兴旺。

曲艺也形成于宋代。它是元代以后的北方杂剧与南方南戏两大戏曲流派的重要基础。傀儡戏（木偶戏）也十分受欢迎，在南宋临安的官巷口、苏家巷就有二十余家戏班。这些艺术形式所表现的内容十分丰富，主要是对传说故事的再创造，大多由民间艺人完成，平民百姓成为许多作品的主人公。这些民间艺术形式能够很好地满足多种阶层市民文化生活的需要，一个新时代——"俗"文化发展的时代开启了。

（二）教育、科技成就

两宋时期教育获得长足发展。宋代官学系统有中央官学和地方官学之分，并且特色鲜明：一是等级限制已趋宽松，如宗学无问亲疏，太学则无问门第，从而为低级官僚子弟，尤其是寒门子弟的求学问道创造了有利条件；二是重视发展地方教育，设立专管教育的地方行政长官。南宋开始盛行书院，注重自由讲学之风。正是得益于教育的发展以及深刻的变革，相比于汉唐时期，宋人的文化素养大幅提高，有力地促进了宋文化的繁盛。

科技在宋代亦取得了令人惊叹的成就。宋代印刷术、指南针、火药都获得进一步发展。在数学领域，北宋贾宪、南宋秦九韶等为我国数学在宋时达到世界领先水平作出了贡献。沈括则"于天文、方志、律历、音乐、医药、卜算无所不通，皆有所论著"，贡献十分突出。此外，宋代在造船术、纺织术、制瓷术、医药学、冶金术、天文学、地理学、地质学等方面的成就，在当时亦处于领先地位，令人叹为观止。陈寅恪认为："华夏民族之文化，历数千载之演进，造极于赵宋之世。"[①] 对宋文化所取得的巨大成就给予了高度肯定，并强调了中国文化史上宋文化所具有的重要地位。

三、元杂剧及其文化意义

元代推行"贱儒"主张，科举制度被长期废除，恢复后又时断时续，文人仕途不通，部分文人醉心于勾栏瓦舍间"嘲风弄月"，依托杂剧"舒其拂郁感慨之怀"。受这种心态的影响，不少杂剧着力反映文人的苦闷、悲愤与抗争。关汉卿的《窦娥冤》，以及以包拯为主角的杂剧，如《蝴蝶梦》《陈州粜米》《鲁斋郎》等，是其中的代表性作品。

---

① 陈寅恪：《宋史职官志考证序》，载《金明馆丛稿二编》，生活·读书·新知三联书店，2001，第145页。

【第二章 中国传统文化的发展历程】

除了谴责黑暗、倾吐愤懑不平外,元杂剧也对在当时属于非正统的一些美好追求进行了讴歌。礼赞、讴歌莺莺与张生忠贞不渝爱情的作品《西厢记》,作品艺术结构完整,充满热情地表现了理想的实现,向正统文化观念发出了"愿普天下有情的都成了眷属"的挑战宣言。

《元朝那些事儿》,昊天牧云著,中国工人出版社,2020年版

四、中外文化大规模交流

元帝国规模庞大,疆域辽阔,"北逾阴山,西极流沙,东尽辽左,南越海表"。《元史·地理志》记载,元朝"起朔漠,并西域,平西夏,灭女真,臣高丽,定南诏,遂下江南,而天下为一"。元朝陆海交通便利,中西之间交通畅通:从陆路可以直抵俄罗斯与东欧,并与土耳其、阿拉伯和非洲相连接;从海路则可以和印度、阿拉伯、波斯以及非洲等建立便捷联系。这客观上为元代中外文化的大规模交流创造了良好的环境。

东、西方旅行家借亚欧大陆沟通之便进行远游。威尼斯人马可·波罗游历中国大地,将游历中的所见所闻口述成《马可·波罗游记》,给西方人带去了美丽、富饶、繁荣的中国印象。寻找通往中国的海路是达伽马、哥伦布、麦哲伦等开辟新航道的主要原因。

中国的文化和科技对当时的世界产生了深远影响。如火药在欧洲新兴阶级夺取反对封建贵族的斗争的胜利中发挥了积极作用;欧洲航海事业则因为指南针的传入而获得长足发展,为开辟新航路发挥了关键作用;印刷术对思想的广泛、迅速传播产生了极大推动作用,使欧洲从教会的束缚中摆脱出来。除此以外,瓷器、丝绸、茶叶也更广泛地传入西方。

第五节 明—清:封建文化的衰落与新思潮的出现

从时间长轴观照,明、清(公元1840年前)时期是中国古典文化发展的末期,封建文化由繁盛逐渐走向衰落,同时,传统文化向近现代文化的转型也已在孕育之中。

在这几百年间,随着庶族地主力量的增长,传统的地权发生改变,出现自由租佃,

封建性雇工趋于自由，新的生产关系开始萌发，重大的变化在中国社会内部缓慢发生，中国封建社会步入后期阶段。

一、文化专制空前强化

中国君主专制制度在明清时期发展到顶峰，思想文化受到的钳制亦空前严酷。

明清文化专制，突出的表现即为大兴文字狱，这在康、雍、乾时期都很严厉。只要文字著述被认为损害了皇权，作者就将受到严惩；只要文字存在影射攻击皇帝的嫌疑，一律被视为"悖逆"和"异端"，其作者多惨遭杀戮。在这种捕风捉影、百般挑剔之下，不少官吏和知识分子被诛杀，而且一人受诛往往会牵连数百人。如朱元璋曾当过和尚，又发迹于农民起义军，因此十分忌讳"僧""贼""盗"等字样，甚至不能容忍出现读音相近的"生""则""道"等字。典型的冤案包括庄氏《明史》案和吕留良案等。胡奇光《中国文祸史》说："（清代文字狱）持续时间之长，文网之密，案件之多，打击面之广，罗织罪名之阴毒，手段之狠，都是超越前代的。"[①] 明清封建政府通过这样的方式严厉钳制知识分子和官吏的言行。

在大兴文字狱的同时，明清统治者通过多种手段灭异端、崇正宗。朱元璋极为推崇程朱理学，多次下诏"一宗朱子之学"，并将三纲中的"君为臣纲"奉为首纲，从而加强其统治。乾隆年间借修纂《四库全书》之名，将大量所谓的违禁书籍收集并进行销毁，《四库全书总目提要》中指出："离经叛道、颠倒是非者，掊击必严；怀诈挟私、荧惑视听者，屏斥必力。"在长达十九年的时间里，乾隆帝操纵的禁书活动，共禁毁书籍3 100多种，151 000多部，销毁书版8万块以上。自秦始皇焚书以来，中国文化再遭浩劫。

二、早期启蒙思潮翻涌

明清时期，文化发展有两种趋势：一方面是以程朱理学为主的文化专制不断强化；一方面则是早期启蒙思潮伴随着社会的变迁应运而生。黄宗羲主张"为天下，非为君也；为万民，非为一姓也"，严重冲击了"君为臣纲"的封建伦理基础；顾炎武对不务实的空谈学风极为不满，着力主张"经世致用"，对宋明理学所解释的"六经"，他也旗帜鲜明地反对；王夫之在批评宋明理学家的"理在气在"和"心外无物"

---

① 胡奇光：《中国文祸史》，上海人民出版社，2006，第124页。

【第二章 中国传统文化的发展历程】

等观点的同时,也不断丰富发展了辩证法思想;颜元、戴震、焦循等人也坚持与程朱理学展开论战,专制君主便是他们批判的对象。

明代中后期,市民文学受"童心说"和"独抒性灵"思想的影响而走向勃兴,涌现一批代表性作品,如白话世情小说《金瓶梅》,以及"三言"(作者冯梦龙)和"二拍"(作者凌濛初)等,作品富有民间生活情趣,勾勒出城市经济的发展,反映出新生产关系的出现。及至清代,古典现实主义文学迈向高峰,涌现《儒林外史》《红楼梦》等一大批经典作品,更深层次地揭露封建制度的弊端。

将明清时期中国的进步文化与文艺复兴进行比较,可发现不少相似之处。文艺复兴将神学蒙昧主义、禁欲主义作为批判的对象,而明清时期的进步思想家也将矛头直指宋明理学,抨击禁欲主义等观念。如王夫之提出"私欲之中天理所寓"等,对宋明理学思想形成了有力反驳。而顾炎武、黄宗羲、王夫之等思想家的观点,与中世纪的蒙昧主义也是相对立的。

《变与乱:明代社会与思想史论》,高寿仙著,人民出版社,2018年版

三、古典文化的整理总结

明清两代进入了中国古典文化的总结时期。

收集、钩沉、考证、考辨和编纂典籍文物,受到当时的统治者和不少文人的重视。如明成祖时期,编纂了大型类书《永乐大典》,同时,私人也编纂了《格致丛书》《三代遗书》《唐宋丛书》等一批优秀的类书。清代,《四库全书》《古今图书集成》等官修类书蔚为壮观;我国收录汉字最多的古代字典——《康熙字典》也在这一时期面世;《四库全书》其规模之宏大、编制之精密,至今在世界文化史上也屈指可数。作为古典文化成熟的象征,大型图书的编纂实际上也是一种文化的大总结,也即人们常说的"盛世修典"。

明清之交,一批科学技术巨著也陆续出现。如在药物学和植物分类方面,李时珍的《本草纲目》在当时已处于世界领先地位;潘季驯所写的《河防一览》总结了我国历代治河经验,成为治理黄河的专书;徐光启的《农政全书》总结了清代以前的农业科学技术;宋应星的《天工开物》对明末清初的生产新技术进行记录,被誉为工艺学百科全书,驰名海外。此外,《徐霞客游记》和《物理小识》等也是科学发展方面较为突出的成就。

整理、考据文献这些学术文化活动，在清代乾嘉时期规模空前。以戴震、惠栋为代表的乾嘉学派，对中国文化中的诸子之学、历史、典章制度、音律、天文历法、地理等，做了总体性、规律性的研究，取得了显著的成就。

四、西学东渐及其中断

明末清初，来到中国的欧洲耶稣会士利玛窦、汤若望等人，将当时西方人的世界观念以及西方文艺复兴时期的科技也一起带到了中国。这段时间，以来华西人、出洋华人、书籍以及新式教育等为媒介，以通商口岸作为重要窗口，西方的数学、哲学、天文学、物理学、化学、医学、生物学、地理学、政治学、社会学、经济学、法学、应用科技、史学、文学、艺术等大量传入中国。当时部分中国士人如徐光启、黄宗羲、顾炎武、王夫之、王锡阐等，都不同程度地接触到这些外来的科技知识和观念。

但总体上看，"西学东渐"的过程在明末清初进展缓慢。到了雍正年间，"西学东渐"几近中断，中国对外部世界的大门日益关闭。

经典阅读

1. 诸葛亮《诫子书》

夫君子之行，静以修身，俭以养德。非淡泊无以明志，非宁静无以致远。夫学须静也，才须学也，非学无以广才，非志无以成学。淫慢则不能励精，险躁则不能治性。年与时驰，意与日去，遂成枯落，多不接世，悲守穷庐，将复何及！

2. 文天祥《过零丁洋》

辛苦遭逢起一经，干戈寥落四周星。
山河破碎风飘絮，身世浮沉雨打萍。
惶恐滩头说惶恐，零丁洋里叹零丁。
人生自古谁无死，留取丹心照汗青。

3. 苏轼《留侯论》节选

古之所谓豪杰之士者，必有过人之节。人情有所不能忍者，匹夫见辱，拔剑而起，挺身而斗，此不足为勇也。天下有大勇者，卒然临之而不惊，无故加之而

【第二章 中国传统文化的发展历程】

不怒。此其所挟持者甚大，而其志甚远也。

4. 曹植《君子行》

君子防未然，不处嫌疑间。

瓜田不纳履，李下不正冠。

嫂叔不亲授，长幼不比肩。

劳谦得其柄，和光甚独难。

周公下白屋，吐哺不及餐。

一沐三握发，后世称圣贤。

5. 陶渊明《饮酒》（其五）

结庐在人境，而无车马喧。

问君何能尔？心远地自偏。

采菊东篱下，悠然见南山。

山气日夕佳，飞鸟相与还。

此中有真意，欲辨已忘言。

6.《礼运大同篇》节选

大道之行也，天下为公。选贤与能，讲信修睦，故人不独亲其亲，不独子其子，使老有所终，壮有所用，幼有所长，矜寡孤独废疾者皆有所养，男有分，女有归。货恶其弃于地也，不必藏于己；力恶其不出于身也，不必为己。是故谋闭而不兴，盗窃乱贼而不作，故外户而不闭，是谓大同。

诵读音频

参考书目

◎张岱年，方克立. 中国文化概论 [M]. 北京：北京师范大学出版社，2004.

◎柳诒徵. 中国文化史 [M]. 北京：中国大百科全书出版社，1988.

◎谭家健. 中国文化史概要 [M]. 北京：高等教育出版社，2010.

◎冯天瑜，杨华，任放. 中国文化史 [M]. 北京：高等教育出版社，2005.

◎钱穆. 中国通史 [M]. 北京：天地出版社，2019.

思考与练习

1. 从神本走向人本是如何发生的？有什么重大价值？
2. 在中国文化史上，春秋战国时期的"百家争鸣"产生了什么重要影响？
3. 儒学为什么能够成为中国传统文化的主流意识形态？其深层影响有哪些？
4. 唐宋间文化转型的原因是什么？
5. 明清时期封建文化为何逐渐衰落？又出现了哪些变化？

第三章　中国传统文化的基本精神

文化看台

材料一：

在安徽桐城有一个"六尺巷"，关于它有一个互相礼让的美谈。清朝康熙年间，有一个叫张英的人是文华殿大学士兼礼部尚书，有一天安徽老家的家人写信给张英，说是家里和邻居因建房占地起了矛盾，解决不了，请他出面干涉。张英知道后，并没有倚仗自己的官威欺压邻居，而是回信劝家人，要以邻里和谐为重，不要为了这些小事起争执，并要家人多让出一些空地，张家人看完信后，便主动让出三尺空地。邻居深受感动，也将墙退回三尺，两家和好如初，这就是"六尺巷"的由来。

传说，有人做了这样一个实验：将10只羊关进一间屋子，里面放一筐鲜草；将10只狗关进另一间屋子，里面放几块鲜肉。第二天，打开关羊的屋子一看，鲜草已被吃光，10只羊安然无恙；打开关狗的屋子一看，几块肉完好如初，10只狗却遍体鳞伤。做实验的人感慨不已：假如狗能像羊一样和睦相处，不仅不会受伤，还能享受肉的美味。动物尚且如此，人类则更应该和和睦睦，才能共同发展、兴旺，才能拥有快乐的人生！

讨论：请结合材料与生活实际，谈谈你对"和为贵"的理解。

材料二：

著名哲学家张岱年先生把中华民族的精神概括为"自强不息""厚德载物"。作为知名的国学大师，张岱年先生一生好学，为祖国文化学术事业的发展作出突出贡献，堪称一代学人楷模。

张海迪，五岁时因患脊髓血管瘤，高位截瘫。她克服了残疾带来的种种困难开始文学创作，经过不懈的努力，成功出版了《轮椅上的梦》等著名小说。1983年3月7日，共青团中央在北京举行命名表彰大会，授予张海迪"优秀共青团员"称号。

【中国传统文化概论】

"天行健,君子以自强不息;地势坤,君子以厚德载物。"天的运动刚强劲健,君子为人处世,也应像天一样,力求进步,刚毅坚卓,发奋图强,不可生懒惰之心;大地吸收阳光滋润万物,君子应增厚美德,以身作则。君子应该像天体一样运行不息,永不懈怠,应像大地一样,以深厚的德行包容万物。

讨论:你还知道哪些关于自强不息的故事,请说说你对这些故事的理解。

知识聚焦

中国传统文化源远流长,博大精深,在长期的发展过程中,逐渐形成了一系列优秀的文化传统。这些优秀文化传统经过数代人的提炼、凝聚和整合,便构成了中华民族的基本精神。

第一节 中国传统文化基本精神的内涵

文化精神是相对于文化的具体表现而言的。器物、制度、习惯、思想意识等是文化的具体表现,文化的基本精神就是这些文化具体表现的内在动力和思想基础。

在中国传统文化中,有一些思想观念或传统,长期推动社会发展,成为历史发展的内在思想源泉,这就是中国传统文化的基本精神,它们是中华民族生存发展的精神支柱。

作为文化基本精神的思想观念或文化传统,必须具有两个不可或缺的特点:"一是具有广泛的影响,感染熏陶了大多数人民,为他们所认同所接受,成为他们的基本人生信念和自觉的价值追求;二是具有维系民族生存和发展、促进社会进步的积极作用。"[1] 只有具有这两方面的特点,才可以称为文化的基本精神。

从理论上讲,中国传统文化的基本精神实质上就是中华民族的民族精神。民族精神,是指导中华民族延续发展、不断前进的共同品格、价值取向和道德规范。中国传统文化的基本精神,凝聚于文化传统之中。所谓传统,即历史上形成的,具有稳定的组织结构和思想要素,至今仍然影响着人们的思维方式、价值观念、审美情趣、道德风尚等的社会心理和行为习惯。而所谓文化传统,就是受特定文化类型的价值

---

[1] 张岱年、方克立:《中国文化概论》,北京师范大学出版社,2004,第285页。

【第三章　中国传统文化的基本精神】

系统的影响，经过长期历史积淀而逐渐形成的、为全民族大多数人所认同的思想和行为习惯。当这些概念与民族文化的"基本精神""民族精神"相联系的时候，在价值指向上，它就与"优秀""进步"密不可分，因为只有优秀的文化传统才能成为推动民族文化不断发展进步的内在动力。因此，作为中国传统文化基本精神的具体表现，作为中华民族精神的生动反映的那些文化传统，也必然表现为民族文化的优秀传统。

中国传统文化基本精神既是文化发展的产物，也是文化发展的内在动力和思想基础，其本身亦随着文化的发展演变而不断扩大和加深自己的内涵。因此，中国传统文化的基本精神也就是我们大家熟悉的，在中国文化中起主导作用，处于核心地位的那些基本思想和观念。

由于中国传统文化丰富多彩，博大精深，因此表现中国传统文化基本精神的思想也不是单一的，而是包含着诸多要素的思想体系。我们认为，天人合一与以人为本、贵和尚中与崇德利用、刚健有为与自强不息是中国传统文化基本精神的主体内容。

《中国人的精神》，辜鸿铭著，李静译，天津人民出版社，2016年版

第二节　中国传统文化基本精神的主体内容

一、天人合一与以人为本

天人合一这一传统的人文精神，植根于远古的原始文化之中，与中国原始文化中的自然崇拜与祖先崇拜等有着千丝万缕的联系。

何谓"天"？历来有不同的解释。孔子说"天何言哉？四时行焉，百物生焉，天何言哉？"（《论语·阳货》）这里的"天"是指自然之天。他又说过"天生德于予，桓魋其如予何？"（《论语·述而》）这里的"天"是指天命之天。在孔子的心目之中，天是一个有道德倾向并与人有不可分割的联系的概念。

人与自然之天"合一"的中心就是顺应自然，可见"天人合一"中"天"强调的是自然之天与天命之天的融合。这里"自然"是指自然界的本然法则与状态，并非指自然界本身。

正如张岱年指出的："中国哲学中天人合一观点有复杂的含义，主要包含两层意义。第一层意义是，人是天地生成的，人的生活服从于自然界的普遍规律。第二层意义是，自然界的普遍规律和人类道德的最高原则是一而二、二而一的。"[①] 他强调人与自然的统一，人与自然的协调。

"天人合一"的思想早在西周时期就已萌芽，其内涵是天定人伦，实际上仍是人神关系，而到春秋战国时期，"天人合一"观才可说已基本形成。《易传·文言》中说"夫大人者，与天地合其德，与日月合其明，与四时合其序，与鬼神合其吉凶，先天而天弗违，后天而奉天时"，指出"大人"乃是既能洞知自然规律又顺应自然规律的天人合一的人格。此外，虽然当时的思想界百家争鸣，但思想家却也大都认同天人一体、天人相用。

道家思想强调因物性、顺自然，老子说："辅万物之自然而不敢为。"（《道德经》第64章）意为辅助万物依照本性自然而然地发展，不敢用自己的主观意志加以干涉。这就是道家的主要思想之一——"无为"。需要注意的是，老子的"无为"并非不为，而是主张为而不恃，强调以退为进、以柔克刚、以曲求全，以及"不自见""不自是""不自伐""不自矜"（《道德经》第22章），意为不自作聪明、不自以为是、不居功自傲、不自我夸耀。

这也就是老子所追求的理想："功成事遂，百姓皆谓我自然。"（《道德经》第17章）这种理想，在与他并称的庄子身上得到了进一步的发扬，庄子主张"无以人灭天"，认为天、人是一个统一体，而人生的最高境界就是"天地与我并生，而万物与我为一"（《庄子·齐物论》）。总之，在道家来看，天是自然，人是自然的一部分。"有人，天也；有天，亦天也。"（《庄子·山木》）天、人本就是合一的。

"天人合一"的思想，在传统儒家文化中也得到了相当的强调和丰富。但与道家不同的是，儒家从一开始讨论的便是人在宇宙中的地位以及人类精神价值的来源。

孟子认为天人同性，"尽其心者，知其性也。知其性，则知天矣"（《孟子·尽心上》）。《中庸》认为"唯天下至诚，为能尽其性；能尽其性，则能尽人之性；能尽人之性，则能尽物之性；能尽物之性，则可以赞天地之化育；可以赞天地之化育，则可以与天地参矣"，在价值上取法于天，进而达到天人合一。而且荀子的"人定胜天"思想，也是建立在顺应自然的"天人合一"的认识基础之上的。荀子在其《天论》篇中提出"天有其时，地有其财，人有其治，夫是之谓能参"的结论，这里的天强

[①] 张岱年：《文化与哲学》，中国人民大学出版社，2006，第121页。

第三章 中国传统文化的基本精神

调"自然"之意,只有顺应自然,才能掌握天时,利用万物,强调要尽人、物的自然之性。

正式明确提出"天人合一"概念的是北宋儒者张载,他继承并发扬了孟子、荀子等学者的思想,提倡天人同气,万物一体。在其著作《西铭》中,他说:"乾称父,坤称母,予兹藐焉,乃混然中处。故天地之塞,吾其体;天地之帅,吾其性。民,吾同胞;物,吾与也。"认为天人协调、"民胞物与"当为人生追求的最高境界,这可以说是对中国传统的"天人合一"观点的经典性阐述之一,由此以来,"天人合一"说也成为占据主导地位的社会文化思潮,为各派思想家所广泛接受。

儒家"知止而后有定,定而后能静,静而后能安,安而后能虑,虑而后能得"(《大学》)的道德养成方式,道家"玄览""心斋"的直觉思维方式,都是要求以直觉顿悟的路线去实现本真的开敞与澄明。二者所强调和突出的人类精神所能达到的那种普遍性、自觉性、超越性和永恒性,都体现了"天人合一"的思想。

《天人合一说》,蒲创国著,国家图书馆出版社,2013年版

人文主义或人本主义,作为中国传统文化的基本精神之一,有着悠久的历史和鲜明的个性。以人为本,就是以人为考虑问题的根本,用中国的传统方式来说,就是肯定在天地之间,以人为中心,在人与神之间,以人为中心。具体而言,以人为本包含三个方面的内容:"民为邦本"的基本政治理想;轻神重人,关注现世生活;具有浓重道德伦理色彩的个体人格肯定。

"以民为贵"的民本主义精神在我国古代典籍中屡见不鲜,《尚书·泰誓上》中即有"民之所欲,天必从之"。《左传》《国语》等也体现了以民为本的观念,如"夫民,神之主也"(《左传·桓公六年》)。民为邦本的思想在儒家学说中更有集中体现。孔子历来主张重民、富民、教民。而孟子提出"民为贵,社稷次之,君为轻"(《孟子·尽心下》)的论断,是中国经典性的民本口号。荀子亦主张以民为本,《荀子》一书中有"君舟者也,庶人者水也。水则载舟,水则覆舟"的著名论断,被众多为政者视为座右铭。

除儒家之外,道家、墨家、法家等等也都具有民为邦本的重民思想:老子就说"圣人无常心,以百姓心为心"(《道德经》第四十九章);法家也不乏重民思想,《韩非子》指出"凡治天下,必因人情"(《韩非子·八经》)。汉唐时期民本思想进一步发展,汉代贾谊指出:"闻之于政也,民无不为本也。"(《新书·大政上》)北宋张载宣传"民胞物与",朱熹则认为"天下之务莫大于恤民"(《宋史·朱熹传》)。这些思想集中反映了中国古代民为邦本思想的发展和演进。对"人"的关注是中国人本思想的根本,从一定程度上讲,这种关注反映了古代中国人民反压迫、求自主的深切渴望,对制约暴君苛政、改良人民的政治处境具有一定的积极意义。

轻神重人,关注现世生活。在人与神之间,中国古人坚持以人为本位,重视现世的人伦生活,而将鬼神和宗教信仰置于其后。可以说,在中国传统文化中,神本主义始终未曾居于主导地位。以儒家思想为主体的古代中国,鬼神从未凌驾于人的生命和现世生活之上,中国人的目光是始终投注现实之中的。西周时,人们就已重人轻神,《礼记》有云"周人尊礼尚施,事鬼敬神而远之,近人而忠焉"(《礼记·表记》)。到了春秋战国时期,先秦诸子更是以人为贵:"天地之性人为贵"(《孝经·圣治》)。儒家尤其以人为重:《论语》中早就有"未能事人,焉能事鬼"(《论语·先进》)的记载。孔子虽在总体上承认天命,但却认为天命无法左右天道之常,因而对鬼神一直心存疑虑。孔子这种现世观与人本态度得到后世思想家的广泛认同和发展,甚至影响了作为宗教的道教和佛教,成为中国传统文化的主要价值取向。

中国传统文化的人本主义从其产生开始便具有鲜明的道德伦理特征,如君臣、父子、夫妇、兄弟、朋友等这种人与人之间的关系各有其行为典范与道德模式。个体在这种人伦关系中寻找自己作为群体一员的社会价值。中国历来注重道德教化的意义。孔子说:"道之以政,齐之以刑,民免而无耻;道之以德,齐之以礼,有耻且格。"(《论语·为政》)历代统治者也都以强大的伦理道德规范人民的精神与行为,即"礼义廉耻,国之四维,四维不张,国乃灭亡"(《管子·牧民》)。中国传统文化所重视的"人",是现实中存在,但却处于各种伦理关系中的,体现道德原则的人。这种观念具有积极的意义,使中国古代的士大夫们具有一种和谐的品格,体现于内心的真诚与个人的尊严,这使他们不受时风的左右,以忠孝、仁义、诚信的道德要求完善着自我的人格且固守着自己的心性天地。

此外,我们也必须看到,中国传统文化中的人本主义与社会主义时代人民当家作主的制度和主张是有着本质区别的:中国古代的人本主义是以家庭、家族为本位,以伦理为中心,以巩固专制王权为最终目的;而社会主义国家则强调人民当家作主,充分尊重个人的权利和自由,为每个人的自由发展创造充分的条件。社会主义国家

【第三章 中国传统文化的基本精神】

的人本主义既继承了传统文化中人本主义重视道德伦理、重视人际关系的和谐和个人修养的积极作用，同时又避免了重人伦轻自然、重群体轻个体的倾向，且尤其反对封建的专制主义。对于西方以个人主义为核心的人本主义，我们则予以批判与扬弃。既重视个人的作用，又强调集体主义和国家民族的利益；既尊重人权，尊重每个人的生存权、劳动权、发展权，又强调社会的和谐和稳定，强调民族的团结和社会的发展。

二、贵和尚中与崇德利用

贵和谐，尚中道，在中华民族和中国文化的发展过程中起过十分重要的作用。中国是一个有着极其丰富的辩证智慧的国家，古代中国人民以朴素的辩证思维建构起了自己的哲学体系。而贵和尚中就是这种朴素的辩证法在中国人的现实生活中的主要表现。和，是指和谐、和平、祥和，是指人类古往今来孜孜以求的自然、社会、人际、身心等诸多元素之间的理想关系状态。中，即中庸之道，"不偏之谓中，不易之谓庸"，任何事情都要把握一个"度"，不走极端。孔子用"持中"的办法，来规定和谐的界限，并作为保持和谐的手段。孔子讲："礼之用，和为贵。先王之道，斯为美，小大由之。有所不行，知和而和，不以礼节之，亦不可行也。"（《论语·学而》）在他看来，中便是和的实现，而中又是以礼为原则的。如果为和而和，不过是一种"乡愿"式的和，是"德之贼"。孟子也主张"天时不如地利，地利不如人和"。

总之，中是天下的根本状态，和是天下最终的归宿。但构成和的各种不同因素必须保持一定的量和度。所以和与中是一回事，可用中的标准去把握和，用和的精神去理解中。中庸之道的实质就是预防冲突之道、化解矛盾之道、维持凝聚之道、实现平衡之道。把中庸这种执中、防偏、追求公正的人文领域的思想方法扩展到自然领域，与自然生态中的和谐现象相结合，便有了中和之道。中和也是恰到好处的意思，即人与人的和谐是有原则的，应以礼为标准，用礼节制自己的行为，把自己的一切言行都纳入礼的规范之中，说话做事都完全与自己所处的地位相符，这样社会才能和谐、稳定、发展。后世儒家对此进一步阐扬，于是中庸观念在中国文化史上发生了巨大而深远的影响。从总体上看，先秦儒家的和谐理论，是以中庸观为理论基础，以礼为标准，以中、和为范畴，以对统一体的保持和对竞争机制的抑制消除为特征的。

经过长期的历史沉淀,贵和尚中的精神渐渐成为中华民族普遍的社会心理和共同追求。贵和尚中使得中国文化对于天人关系、人我关系、自身关系的阐释颇具特色、极富价值,从而被东西方学者或承继或予以创造性转换,以服务于现代人的认知和实践。中国人十分注重和谐局面的实现和保持,重视人与自然的和谐、人与社会的和谐、人与人之间的和谐,以及每个人内心的和谐。人们的普遍思维原则是维护集体利益,求同存异。这对于多民族国家的统一,民族精神的凝聚和扩展有着积极作用。

利用安身以崇德,语出《周易·系辞下》。此是《易传》引孔子语阐释《周易》咸卦九四爻辞"憧憧往来,朋从尔思",认为好好地运用理论,安静其心,是为了提高品德。晋韩康伯注:"利用之遭,由安其身而后动也,精义由于入神以致其用,利用由于安身以崇其德,理必由乎其宗,事各本乎其根,归根则宁天下之理也。"(《周易正义》卷八)宋朱熹注《周易本义·系辞下传》:"利其施用,无适不安,信之极也,然乃所以为人而崇德之资。"

当初孟子拜子思为师,曾经向老师请教治国之要。子思曰:"先利之。"孟子曰:"君子所以教民,亦仁义而已矣,何必利!"子思曰:"仁义固所以利之也。上不仁则下不得其所,上不义则下乐为诈也,此为不利大矣。故《易》曰:'利者,义之和也。'又曰:'利用安身,以崇德也。'此皆利之大者也。"这段话的意思是,子思说:"首先要关注民生利益。"孟轲问道:"贤德的人教育百姓,只谈仁义就够了,何必要先关注民生利益!"子思说:"仁义原本就是利益。国君不仁,则庶民无法安居乐业;国君不义,则庶民也会尔虞我诈,社会无法平稳运行,这就会造成最大的不利。所以《易经》中说:'利,就是义的完美体现。'又说:'只有保障了民生,道德才能得到弘扬。'这些才是最重要的利益。"

关于利益这个问题,孔子也曾经谈到过。子张问仁于孔子。子曰:"能行五者于天下为仁矣。""恭、宽、信、敏、惠。恭则不侮,宽则得众,信则人任焉,敏则有功,惠则足以使人。"其中"惠"直接与民生有关。孔子并不避讳谈利益,但是认为利益要合于仁义。孔子也曾经对子产说:"有君子之道四焉:其行己也恭,其事上也敬,其养民也惠,其使民也义。"其中"养民也惠"和"使民也义"都关系到民生利益。所以说,孔子之仁德,并不回避利益,离开利益的仁德是空中楼阁,对社会没有实际意义。崇德利用作为中国古代儒家思想的一个重要方面,其主导作用和影响是积极的。

三、刚健有为与自强不息

刚健有为是对中国人积极的人生态度的集中概括。孔子说:"刚、毅、木、讷,近仁。"(《论语·子路》)有志有德之人,既要刚毅,又要有历史责任感和时代使命感。"不知命,无以为君子也。"(《论语·尧曰》)曾参也说:"士不可以不弘毅,任重而道远,仁以为己任,不亦重乎?死而后已,不亦远乎?"(《论语·泰伯》)即强调知识分子要有担当道义、不屈不挠的奋斗精神。孔子说,吃饭不要求饱足,居住不要求舒适,对工作勤劳敏捷,说话小心谨慎,到有道的人那里去匡正自己的失误,这才是好学的君子。他鄙视饱食终日、无所事事的人生态度,提倡为崇高理想而不懈奋斗。《中庸》指出"人一能之,己百之;人十能之,己千之",提倡博学、审问、慎思、明辨、笃行的治学之道。这些,都是刚健有为思想的表现。

对刚健有为、自强不息思想的经典性的表述出自《易传》:"天行健,君子以自强不息。"天体运行,"健动"不止,生生不已,人的活动乃是效法天,故应刚健有为、自强不息。《易传》还说:"刚健而文明,应乎天而顺乎人。""刚健中正,纯粹精也。"它把刚健当作一种最重要的品质,同时要求不妄行,不走极端,能够坚持原则,以"中正"的态度来立身行事。《史记·太史公自序》说:"西伯拘而演《周易》;仲尼厄而作《春秋》;屈原放逐,乃赋《离骚》;左丘失明,厥有《国语》;孙子膑脚,《兵法》修列;不韦迁蜀,世传《吕览》;韩非囚秦,《说难》《孤愤》;《诗》三百篇,大抵贤圣发愤之所为作也。"几千年来,刚健自强的思想为全社会所接受,对于知识分子和民众都产生了很大的激励作用,体现了中华民族奋起抗争的精神状态和坚忍不拔的意志。

在先秦,儒家主张刚健有为,墨家主张"非命""尚力",法家认为当时是"争于气力"之世,主张耕战立国,走富国强兵的道路,都是积极有为的。王夫之大力倡导"健动""珍生"学说,认为君子应"积刚以固其德,而不懈于动",即以"健动"为人生的最高原则。由此,他大力倡导"健动""珍生"学说。颜元对"健动"原则也有深刻体会,他说:"一身动则一身强,一家动则一家强,一国动则一国强,天下动则天下强。"(《颜习斋先生言行录》)阐释了刚健有为、自强不息对促进社会发展、国家强盛和文化繁荣的重要作用。历史上诸如岳飞、文天祥等忠义之士,都是必要时可以舍生取义的楷模,集中体现了人生在世要为崇高理想竭心尽力奋斗的正义追求,至今仍然是激励人们为国家民族建功立业的榜样。刚健有为、自强不息的精神,不仅培育了中华民族的自立精神和反抗压迫的精神,而且凝聚、增强了民族的向心力和不断前进的精神。

在历史实践中,中国人民普遍接受"日新""革新"的观念,并积极促进社会变革,这就是刚健有为、自强不息精神的一个突出表现。《礼记·大学》称赞"苟日新,日日新,又日新"。《易传》肯定"天地革而四时成,汤武革命,顺乎天而应乎人。革之时,大矣哉"(《象传》)。这种革新的思想,后来成为不同历史时期的变革思想基础。中国历史上绵延不断的改良、革命、维新、变法活动,都把"顺乎天而应乎人"当作变革的理论根据,体现了积极进取的精神。

在中国传统文化中,坚持独立人格的思想也与刚健自强思想有着密切关系。孔子说:"志士仁人,无求生以害仁,有杀身以成仁。"(《论语·卫灵公》) 志士仁人为了实行仁德,宁可牺牲自己的生命,而决不苟且偷生。孔子在自己的治国理念不为统治者接受时,并不改变初衷,而是始终坚持"天下有道则现,无道则隐"(《论语·泰伯》)的人生准则,成为后世坚持独立人格的榜样,赢得了人们的尊重和推崇。孟子则主张"舍生取义"(《孟子·告子上》),认为生存和道义二者不可兼得时则取义。他认为"大丈夫"应有"富贵不能淫,贫贱不能移,威武不能屈"(《孟子·滕文公下》)的气概,这种对独立人格和气节的坚持,成为中华民族奋然前行的精神力量,是中国传统文化中刚健有为、自强不息思想的重要表现之一。

《中国文化精神》,张岱年、程宜山著,北京大学出版社,2015年版

第三节 中国传统文化基本精神的功能

在中国古代社会的长期发展中,中国传统文化的基本精神有着诸多重要功能。为了更好地发挥中国传统文化的积极作用,促进中华民族的进一步发展,我们需要深刻认识这些功能。

一、民族融合功能

民族融合功能是中国传统文化基本精神的一个重要功能。文化基本精神可以超

第三章 中国传统文化的基本精神

越阶级、种族、时代的界限，以其巨大的思想融合性使中华民族融为一体，团结一致地为民族整体利益和长远利益而不懈奋斗。外敌入侵时，中国人民能够万众一心地抵御外侮，内乱出现时，中国人民又可以在认同中华民族共同体的基础上，团结一致，统分为合。这些，都是与以和为贵、以人为本的传统文化精神对人们的滋养分不开的。

中华民族有崇尚和谐统一的博大胸怀，把家庭邻里的和谐、国家的统一看作天经地义的事情，坚持和而不同的矛盾统一观，反对片面求同，坚持统一，反对分裂，这是以和为贵的文化精神滋养出来的宝贵思想。这种文化传统对中华民族文化心理的形成，对国家、社会的长期稳定发展，有着十分重要的凝聚作用。

西周以来，大一统观念便深深地扎根于中国人的心中。这种政治上的大一统观念，实际上是天人合一、以和为贵的传统文化精神熏陶的结果。诸子百家尽管各有主张，有的主张甚至完全对立，但在国家统一、民族融合方面却达成共识。"民胞物与""天下一家"等观念成为可以提高社会凝聚力的精神力量。秦汉时期封建大一统国家推动的民族融合历史实践，逐渐转化为深层心理认同，有力地推动了中华民族的整体发展和社会文化的进步。

中国传统文化的基本精神还是推动民族融合力更新的精神力量。民族融合力是相对稳定的，而一个民族的文化传统则是不断发展变化的。因此，不同时代民族融合力的内容会随着文化内容有所变化。人们必须用不断更新、不断充实的文化基本精神去充实、改铸民族融合力，丰富它的内涵，增强它的力量，推动它不断地更新自己的形态，以适应新时代的要求。

中国传统文化的基本精神，是民族融合力形成并发挥作用的思想基础，也是它的思想核心。民族融合力作为一种思想整合力量，作为民族文化对其全体成员的吸引力，作为民族团结的精神纽带，要以文化基本精神为思想依托。没有民族文化基本精神的存在，没有它的感召，就没有真正的民族融合。

二、精神激励功能

作为中国传统文化的基本精神，必须具有影响广泛、促进社会发展进步的特点。这些特点，对于中华民族的每一个成员，都有着积极的精神激励功能。文化基本精神是一个民族优秀文化传统的体现，代表着一个民族的精神。因此，中国传统文化的基本精神就代表着中国传统文化的发展方向。历史上中国传统文化的基本精神激发了中华民族的自尊心、自信心和自豪感，在当代中国的文化建设中，还需要继续发挥这一伟大作用。中国传统文化的基本精神必将在中华民族伟大复兴的征程中成为人们为民族统一、社会进步而英勇奋斗的重要精神源泉。

在两千余年的历史发展中，刚健有为、自强不息的精神，一直激励着人们砥砺前行，坚持与内部的恶劣势力和外来的侵略压迫者斗争到底。近代中国人民为了救亡图存和民族自强而进行的斗争，均受到了中国传统文化中的刚健自强思想的深刻影响。

中国传统文化中自强不息的精神对中华民族的激励功能不言而喻，同时以人为本观念的激励作用也不可忽视。以人为本的观念激励中华民族尊重人的价值，看重人的尊严。中国传统文化博大精深，思想流派众多，各有不同的世界观和价值观，但都重视现实中的人，重视人的道德修养。传统文化中以人为本的精神，培育和发展了中国的人文主义精神。儒家鼓励人们通过道德修养来培养高尚的情操，成就完美的人格，强调主体自我修养和道德实践的重要意义；倡导先义后利、重义轻利的价值观，虽有忽视物质利益和现实功利的一面，但在提升人的精神境界，把人培养成为有道德的人的方面，有着非常大的积极作用。中国历代都出现了许多重修养、重气节、重独立人格的志士仁人，这与传统文化基本精神的熏陶、培育和激励是分不开的。

中华民族一直以来都有自觉地维护整体利益、坚持集体主义的价值取向，这是中国传统文化中天人合一、以和为贵精神的具体表现。中国传统文化中，一直把天、地、人看作一个整体，重视三者之间的和谐，把个人、家庭和国家的利益看作一个统一体，这样一种基于共同体的民族文化认同，对于中华民族的长远发展，有着非常大的积极意义。儒家修齐治平的理论，道家"道法自然"的思维旨趣，墨家天下尚同的政治理想等，都是遵循整体为上的价值取向。这种价值取向，把整体的利益看得高于个体的利益，把全局的利益看得高于局部的利益，造就了以国家民族利益为上的思想风貌。

三、整合创新功能

中国传统文化基本精神还能在中华民族一体化的文化格局上，融合不同的价值

第三章 中国传统文化的基本精神

取向，使其成为一个有机的整体，从而进一步开拓创新。

中华民族和中国传统文化的孕育、形成和发展，都有一个长期发展的过程。其间，天人合一、以人为本、自强不息、贵和尚中等作为中国传统文化基本精神的主要内容，在不同时期、不同地域有着不同的作用，其中作用之一就是融合创新中华民族的诸多地域文化和不同阶层的文化。

中华民族在长期的实践中，在不同的区域里，通过自身艰苦卓绝的努力，创造了各具特色的地域文化，如齐鲁文化、岭南文化、燕赵文化、巴蜀文化、荆楚文化等。这些地域文化，各有特色，相互间既有融合的一面，也有不能被替代的一面，代表着不同的价值观念。但是，天人合一的观念、自强不息的奋进精神、以人为本的文化认同等在这些特色各异的地域文化中几乎都有体现。正是在传统文化基本精神的影响下，多元发展的地域文化，逐渐走向融合。秦朝的统一，使"车同轨，书同文，行同伦"，这对中国文化的发展和创新，有着极其深远的意义。随后，中国历史上的每一次大统一，都伴随着文化和思想观念上的整合创新，例如汉唐、宋元、明清文化中表现出的盛大恢宏气象，无不蕴含着中国文化的整合创新精神。原本存在于不同地域文化之中的各种文化要素，被纳入中华民族文化的整体架构之后，仍继续存在，有的还被大力发掘、着意提升，成为全民族共同的精神财富。

天人合一、人本思想、贵和尚中、刚健有为这些中国传统文化的基本精神，成为全社会广泛认同的文化观念。作为全民族的共同精神成果，它们超越了地域和阶层，成为牢固的民族文化心理，代代传承，不为外来的力量所打破、所改变，并在演进的历程中，逐渐形成了文化的大传统。原有的地域文化在文化大传统的影响下，内容更加丰满，有的在发展中逐渐形成了新的传统，既表现出中国文化的共性，又保留了自己的特殊性。而且，在中国古代文化中，文化的大传统与地域文化往往交相渗透，彼此兼容，很难简单地截然分开。

中国传统文化的基本精神相互整合创新，创造了中国文化博大精深、务实敦厚的精神风貌。天人合一的精神，成为不同时期、不同思想流派共同的思维方式和价值追求；自强不息的精神激发了中华民族的自尊心、自信心和自豪感；贵和尚中的精神，培育了中国人民追求和谐、反对分裂的整体观念，养成了崇尚中道、不走极端的情怀。这些精神在理论形式、行为方式和社会心理层面都对全民族有着重要的导向作用。经过长期实践，这些基本精神深入人心，成为中华民族的共同心理和价值追求。

经典诵读

1. 《易经·文言》（节选）

　　夫大人者，与天地合其德，与日月合其明，与四时合其序，与鬼神合其吉凶，先天而天弗违，后天而奉天时。天且弗违，而况于人乎？况于鬼神乎？

2. 《正蒙·乾称篇》（节选）

　　儒者则因明致诚，因诚致明，故天人合一，致学而可以成圣，得天而未始遗人，《易》所谓不遗、不流、不过者也。

3. 《中庸》（节选）

　　喜怒哀乐之未发，谓之中；发而皆中节，谓之和。中也者，天下之大本也；和也者，天下之达道也。致中和，天地位焉，万物育焉。

4. 《孟子·尽心下》（节选）

　　民为贵，社稷次之，君为轻。是故得乎丘民而为天子，得乎天子为诸侯，得乎诸侯为大夫。诸侯危社稷，则变置。牺牲既成，粢盛既洁，祭祀以时，然而旱干水溢，则变置社稷。

5. 《论语·学而》（节选）

　　礼之用，和为贵。先王之道，斯为美，小大由之。有所不行，知和而和，不以礼节之，亦不可行也。

6. 《孟子·滕文公下》（节选）

　　居天下之广居，立天下之正位，行天下之大道。得志，与民由之；不得志，独行其道。富贵不能淫，贫贱不能移，威武不能屈，此之谓大丈夫。

诵读音频

◎张岱年，程宜山.中国文化与文化论争[M].北京：中国人民大学出版社，1990.

◎冯天瑜.中华元典精神[M].上海：上海人民出版社，1994.

◎邵汉明.中国文化精神[M].北京：商务印书馆，2000.

第三章 中国传统文化的基本精神

思考与练习

1. 什么是中国传统文化的基本精神?它有哪些主要内容?
2. 中国传统民本思想与现代民主思想的相同与不同之处体现在哪些方面?
3. 中国传统文化的基本精神与现代文化的关系如何?怎样构建中国当代文化的基本精神?

第四章 中国语言文字

文化看台

材料一：

"国际中文日"：从共识走向行动

中文是世界上最古老、最优美的语言之一，也是世界上使用人口最多的语言之一。随着中国与世界交往的增多和国际中文教育规模的扩大，中文的实用价值和文化价值不断提升，学习中文成为各国民众特别是青年人的重要选择，由此推动了全球范围内的"中文热"持续升温，也催生了设立"国际中文日"的呼声。

近几年的实践表明，设立"国际中文日"有着坚实基础，也有着广泛共识。每年的农历谷雨日（2021年是4月20日）为"联合国中文日"，这一天及其前后，除联合国有关机构外，还有很多国家的中文教育机构和中文学习者、爱好者自发组织起来，举办丰富多彩的庆祝活动，使得"联合国中文日"变成了事实上的"国际中文日"。这一越来越隆重的节日，为各国民众搭建了一个周期性、仪式化体验和亲近中文的平台。

设立"国际中文日"尽管已经形成共识，且相关活动已经初具规模，但其辐射力和影响力与各国民众学习中文、了解中国的热切期盼还有一定差距，与中文作为重要国际通用语言之一的地位还不相匹配。"国际中文日"从共识走向行动，需要在借鉴"世界俄语日""国际法语日"等语言日成功做法的基础上，多元参与、创新发展，切实提升自身的吸引力和影响力。

首先，中外合作、外方为主。中文属于中国，也属于世界。开展国际中文教育和应用，是中国作为中文母语国义不容辞的责任，也是各国自身外语教育的重要组成部分。举办"国际中文日"纪念活动，需要中方大力支持、提供资源，也需要中外双方友好协商、合作开展，举办更多具有本土特色的各类纪念活动，满足当地民众学习和了解中文的多样化需求、个性化期待。

【第四章 中国语言文字】

其次，官民并举、民间为主。众人拾柴火焰高，举办"国际中文日"需要实现主办方、参与者的多主体、多元化。教育部中外语言交流合作中心作为中国统筹推进国际中文教育的专业机构，可就举办"国际中文日"加强规划设计、提出年度主题、培育活动品牌。同时，要发挥民间机构专业运行优势，特别是各国大学的中文院系等专业中文教育机构，充分调动广大师生积极性，通过师生"现场说法"提升活动的参与度和感染力。

再次，形式多样、创新为主。举办"国际中文日"的目的是营造学中文、爱中文、用中文的氛围，只有内容充实、形式新颖，活动才有吸引力。全球或区域、国别性的中文作文、朗诵、书法、唱歌等赛事可激发中文学习者和爱好者的兴趣，富有中国特色的武术、戏曲、茶艺、音乐等活动必不可少。此外，推出一批构思精妙、画面优美的多语种、故事型宣传片，发布一批简洁流畅、质量上乘的中文教学示范课，可帮助人们既了解中文知识，又能学习几句简单的中文。更重要的是，当今已是在线学习的时代，可设计和推出网络化、数字化、人工智能化的在线活动方式，如配音大赛、视频大赛等，促进人人关注，方便人人参与，增强传播效应。

2021年1月25日，中文正式成为联合国世界旅游组织官方语言，中文的国际教育、国际传播和国际地位再度引发人们关注。3月30日，国际中文教育数字化云服务平台"中文联盟"，向各国中文教育者、学习者、爱好者发出呼吁，倡议以"中文：创造无限机遇"为主题，共同庆祝和纪念本年度的"国际中文日"。的确，中文是世界语言大家庭中的重要一员，也为广大中文学习者、爱好者拓展职业通道、了解中华文化、构建全球视野提供了无限可能。中文的未来大有可期，"国际中文日"的未来大有可期。

（孔佳：《"国际中文日"：从共识走向行动》，《人民日报（海外版）》，2021年4月23日第11版）

讨论：你认为设立"国际中文日"的原因与意义有哪些？

材料二：

中文连接着我们的未来

"微笑的雪，为大地开花；爱洒向手心，纯洁无瑕；那一瞬间，你望着我……"

远在黎巴嫩的姑娘马婷隔着屏幕用流利的中文唱起了2022年北京冬奥会志愿者之歌《燃烧的雪花》。"这是我参加'汉语桥——新媒体里的趣味冬奥'线上交流营时录的，特别喜欢这首歌，歌词传递给听者的是世界充满希望，将来会更加美好。"

【中国传统文化概论】

马婷说。

马婷提到的"新媒体里的趣味冬奥"线上主题交流营,是由教育部中外语言交流合作中心主办、北京语言大学承办的学习中文、体验中国文化的活动,为期一周。"期间,来自黎巴嫩、埃及、约旦、摩洛哥、毛里塔尼亚、巴勒斯坦等国的105名学员齐聚'云端',一起学习中文、了解中国、交流互鉴。"北京语言大学校长刘利说。

国际中文教育需求旺盛

19岁的黎巴嫩姑娘马琳琳对中文情有独钟,目前正在黎巴嫩大学语言与翻译中心学习中文。"正是因为对中国和中文的热爱以及对中国文化的浓厚兴趣,我报名参加了'汉语桥——新媒体里的趣味冬奥'线上交流营,每天1小时的线上课,课程包括中文口语课、阅读课和综合课。一周下来,我的中文词汇量得以提升,学会了更多地道的中文表达。"马琳琳说。

....

大多数学员和马婷、马琳琳一样,因热爱中文、热爱中国文化而选择中文学习线上交流营,他们中不仅有在校学生,也有来自不同行业的在职人员。

数据显示,目前全球已有70多个国家将中文纳入国民教育体系,4000多所国外大学开设了中文课程,中国以外正在学习中文的人数约2500万,累计学习和使用中文的人数近2亿。今年1月25日,中文正式成为联合国世界旅游组织官方语言,在国际交往中的公信力进一步提升。相关专家表示,这些都从侧面印证了国际中文教育需求旺盛,线上主题交流营受欢迎也是例证。

中文纳入年轻人职业规划

黎巴嫩大学语言与翻译中心主任拉比耶·玛莎拉尼说:"我们生活在一个日益多元化、文化不断扩展的世界里,跨文化读写能力日益成为必需。中文一直被认为是非常重要的语言,尤其是在当今的国际商业世界中,总是被不断使用与传播。"

随着世界各国与中国的商贸往来日益密切,中文也被越来越多的年轻人纳入职业规划,成为助力个人发展的一项重要技能。

马婷目前是黎巴嫩大学汉语专业三年级的一名学生,2018年开始正式学习中文。"之所以选择学习中文,就是为了实现我的理想。我多么希望有一天,可以到中国工作或者在黎巴嫩当中文老师。"马婷说。

....

【第四章 中国语言文字】

对马婷来说，学习中文并非易事。"中国人中文说得比较快，一开始我听不懂对方在说什么，但通过看中文视频和中文影视作品，我的中文水平有了很大提升，现在比刚学时好很多，可以和中国朋友用中文谈论不同的话题。"

2019年，刚学中文没多久的马婷，为了挑战自己，参加了第18届"汉语桥"世界大学生中文比赛，获得了黎巴嫩赛区三等奖，这让她感到十分自豪。

"希望我成为一名中文老师或者中文翻译的梦想成真。"马婷认为，那样就可以尽自己的微薄之力，搭建交流平台，让更多人了解中国并爱上这门美丽的语言——中文。

用中文搭建交流平台

就读于埃及科技大学中文系大四的学生莫易是"汉语桥——新媒体里的趣味冬奥"线上交流营的营员，虽然他人在埃及，但对中国却有着别样的感情："中国于我，是梦、是羁绊、是家人、是心之所向。"

…………

2018年，莫易带着对中国的好奇心迈进了埃及科技大学中文系的大门。刚开始学中文的第一周，他就遇到了难题——发音问题。"当时我不明白为什么中文有4个声调，就去请教阿姨，她详细讲解并告诉我只要多练习就没问题，还带着我读声调。"莫易录下了这位阿姨的发音，反复听、反复练，终于从完全分辨不出声调到感觉出差异，再到自己也能准确读出来，"虽然当时觉得很难，但还是想坚持挑战"。

回想自己学习中文的过程，莫易说最开始只是想凭借这门语言找个好工作，但随着学习的深入，对中国的文化越来越感兴趣，希望毕业后能到北京攻读研究生，将来能当一名中文老师，让更多埃及人学会中文，了解中国文化。"这样，我就可以一直和中国在一起，永远不分离！"莫易说。

"我想告诉埃及人，中国不只有功夫，也想告诉中国人，埃及不只有金字塔。我希望能搭建中埃人民的交流之桥，让彼此真正地深入了解。"这是莫易的愿望，也是他在做的工作。

（赵晓霞：《中文连接着我们的未来》，《人民日报（海外版）》2021年4月2日第11版）

讨论：汉语海外热给你的启示是什么？

知识聚焦

第一节 汉语的历史与特点

语言文字是人类文化的重要组成部分，也是人类文化的载体。世界语言纷繁复杂，大约有六千种，大致可归纳为九大语系，其中汉语属汉藏语系。汉语汉字是中华民族的精神象征，也是中华民族的面孔和灵魂，它们对中国文化的传承、发展和传播作出了重要贡献。想要对中国文化有较全面的认识，我们必须了解汉语的历史、特点及其文化功能。

一、汉语的历史

汉语有悠久的历史。汉语发展的历史一般可分为四个时期，第一时期是指公元3世纪以前的上古汉语，第二时期是指公元4世纪至12世纪（魏至宋）的中古汉语，第三时期是指公元13世纪至19世纪的近代汉语，第四时期是指1919年五四运动以后的现代汉语。语言随时代的发展而演变，语言的三要素语音、词汇、语法也随历史的演变而产生不同程度的变化。这三个要素中，语音变化速度居中，语法变化最慢，词汇变化最快。

（一）语音

汉语语音的变化在不同的方言区表现是不同的，历史上主流方言的语音演变规律一般有两个：一是语音变化较大；二是汉语声母、韵母的发展趋势是逐步简化。

（二）词汇

随着社会的不断发展与进步，词汇在不断地发展变化。词汇是汉语三要素中变化最快的，其具体体现为以下几点：一是新词不断产生，少数旧词退隐（亦会复出），但是总的词汇量还是在逐渐积累增多。二是词义通过扩大、缩小和转移，不断发生演变。三是以单音派生词为主逐渐变为以双音合成词为主。古代汉语单音节词居多，现代汉语中的许多双音节词是由单音节词转变而成。如"桌/桌子""鲤/鲤鱼"等。

(三) 语法

语法的稳固性是相对语音、词汇而言的。语法的稳固性主要表现在历史继承性和不可渗透性两个方面。语法的历史继承性，可以从汉语的发展中很明显地看出来。现代汉语"主+谓+宾"这种结构在甲骨文中就已存在。如"河杀我？"（董作宾《殷墟文字乙编》）。这体现了语法惊人的稳固性。语法的不可渗透性，体现在语言接触中会出现大量的借词，但语法体系受到的影响却很小。外文汉译时必须接受汉语语法规则的支配，如英语中短语或从句作定语时一般放在中心语之后，但译成汉语时，一般应把定语放在中心语之前。

二、汉语的特点

汉语是世界上历史最悠久的语言之一，它以其独有的魅力穿越古今，傲立于世界语言大舞台。汉语具有以下几个特点。

（一）汉语是有声调的语言，富有音乐美

汉语是有声调的语言，古代汉语分"平、上、去、入"四声，现代汉语分"阴平、阳平、上声、去声"四声，声调的不同，使汉语具有跌宕起伏、抑扬顿挫的音乐美，中国的诗词曲赋之所以格律优美，主要也是得益于此。如：宋朝女词人李清照后期经典之作《声声慢》开头"寻寻觅觅，冷冷清清，凄凄惨惨戚戚"十二个叠字，变化中有统一，避免了呆滞和单调，读来既朗朗上口又荡气回肠，充分展现了汉语的音乐美。

（二）汉语中一音多字情况较多

汉语约有四百个音节、一千三百个读音，但汉字却达数万，因此一音多字是个很普遍的现象。利用同音字词，人们可以灵活巧妙地创造出许多幽默风趣的歇后语。如外甥打灯笼——照旧（舅）；梁山的军师——无（吴）用；孔夫子搬家——尽是输（书）；嗑瓜子嗑出臭虫来——啥人（仁）都有等。民间有些风俗也是由同音谐音来的。如福禄寿图上，蝙蝠代福，鹿代禄，寿桃代寿。春联中福字图倒着贴是福到（倒）了。年画上画个胖娃娃抱鲤鱼，是年年有余（鱼）。过节时打坏了餐具茶具，要说"岁岁（碎碎）平安"。《红楼梦》里也有同音字的双关影射："甄士隐"暗示"真事隐去；"贾雨村"为"假语村言"；元春、迎春、探春、惜春四人的名字，是"原应叹息"的谐音；甄士隐之女"英莲"是"应怜"之义；太虚幻境里的"千红一窟""万艳同杯"就是"千

红一哭""万艳同悲"；"贾政"是"假正"的同音。同音字有丰富的表达能力，用得好往往妙趣横生。如"提锡壶，游西湖，锡壶掉西湖，惜乎惜乎"。又如某童生应试，卷面上公然写明"同邑某相国，系童生亲妻（戚）"，考官看了又气又笑，提笔批道："既系相国亲妻，本院断不敢娶（取）。"考官批语实是一语双关。

（三）语序和虚词是汉语表达语法意义的主要语法手段

汉语里语序不同，句子表达的意义可能完全不同。比如：辣妹子从来辣不怕／辣妹子生性不怕辣／辣妹子出门怕不辣。这是宋祖英唱的歌曲《辣妹子》的三句歌词。很显然，语序不同，表意不同，最后一句表达程度最深，充分体现辣妹子不怕辣的特点。汉语的虚词指的是连词、助词、介词、语气词等词类。虚词的有无，会造成句法结构的不同。如：修改书稿（动宾短语）——修改的书稿（偏正短语）。虚词的有无会导致语义发生变化。如：孩子脾气——孩子的脾气。

第二节 汉字的历史与特点

文字是人类语言的书写符号，由于文字的产生和发展，人类的思想、文化艺术和科学技术才得以广泛传播，人类社会才越来越丰富多彩。

中华民族有文字可考的历史已有约四千年，它和圣书字、楔形文字同为世界上古老的表意文字，但是只有汉字具有最顽强的生命力，是世界上迄今为止唯一幸存的表意文字。

一、汉字的历史

探讨汉字的历史要从汉字的起源开始，其实质就是探求中国古代文明的缘起。关于汉字起源有很多种说法：一是八卦说。《尚书·序》云："古者伏牺氏之王天下也，始画八卦，造书契，以代结绳之政，由是文籍生焉。"二是结绳说。《周易·系辞下》："上古结绳而治，后世圣人易之以书契，百官以治，万民以察。"三是仓颉造字说。传说仓颉是黄帝的史官，他创造了文字，以至"天雨粟，鬼夜哭"。鲁迅曾对仓颉造字这一史实，作过精辟的论述，意即文字非一人独创，而是群众智慧的结晶。但以仓颉为杰出代表的汉文字创造者，终于终结了"结绳记事"的历史，开创了中华文明的新纪元，后世誉之为"文字初祖"，实乃当之无愧。四是图画说。文字产生前，

第四章　中国语言文字

原始人常利用图画来帮助记忆、传递信息。图画是人类文字的共同起源。世界上几种最古老的文字，其原始字形都是图画性的。这种说法最可信。

汉字不是一人、一时创制的，而是古代先民集体智慧的结晶。一部汉字演化的历史，实际也是一部中华民族的文明发展史。

（一）甲骨文

殷商甲骨文是刻在龟甲兽骨上的文字，内容多为占卜记录，是一种较成熟的文字形态。从书写看，甲骨文一般是用刀刻的，因此平直利索、线条瘦硬，多有方折。从结构来看，强调对称，追求对称美。

（二）金文

周代金文是指铸刻在钟鼎等青铜器上的文字，所以也叫"钟鼎文""铜器铭文"等。其特点是线条肥厚粗壮、圆浑丰润，结构基本定型。

（三）大篆

大篆通行于春秋战国之际的秦国，以籀文和石鼓文为主。大篆因直接脱胎于金文而留有较浓的金文痕迹，但笔画更趋均匀，字形更趋整齐。

（四）小篆

小篆，又名秦篆，为秦朝丞相李斯所创。秦始皇统一六国之后，甚感原有文字繁杂，书不同文，亟待统一。小篆是汉字的一次改革，结束了汉字形体不一的局面。从书写来看，小篆完全线条化，象形性减弱，符号性更加明显。从大篆到小篆的文字变革，在中国文字史上具有划时代的意义。

（五）隶书

隶书是汉代成熟且通行的字体。其特点是书写笔画化，失去象形性。隶书是古今汉字的分水岭。汉字从篆书到隶书的变化又被称为隶变，是汉字演变史上的一个重要转折点。

（六）楷书

"楷"即"楷模"的意思，楷书就是一种可以作为楷模、模本的文字。楷书于汉末兴起，至东晋时开始广泛流行。楷书吸收了行书、草书便于书写的优势，其特点是笔画平直，结构方正，是一种成熟的笔画文字。颜真卿、柳公权自成一体，后世称颜、柳、欧（欧阳询）、赵（元代赵孟頫）为楷书四大家，各有珍品存世。

（七）草书

草书是汉字的一种书体，形成于汉代，是为了书写简便在隶书基础上演变而来的，有章草、今草、狂草之分。草书的特点是结构简省，笔画连绵。代表人物有张旭和怀素等。

（八）行书

行书介于楷书与草书之间，是一种实用与审美价值兼具的字体。它不同于隶、楷，其流动程度可以由书写者自由掌握，表现出浪漫唯美的气息。魏晋时行书开始流行。王羲之所书的《兰亭集序》被誉为"天下第一行书"。

《汉字书法之美》，蒋勋著，广西师范大学出版社，2009年版

二、汉字的特点

作为世界上最古老、系统最严密的表意文字，汉字的特点大致表现在以下几个方面。

（一）汉字的形体和意义之间关系十分密切

汉字的构字方法主要有四种。一是象形，即直接模拟事物的形象，一般都是客观世界中真实存在的具象的事物，如山、水、日、月、象、木、马等。二是指事，即在象形字的基础上再加一个指示性的符号来表示一个相对更为复杂的意思，如本、末、上、下等。三是会意，即由两个或两个以上的独体字组合在一起会意出一个新的意思，如明、从、休、集、急等。四是形声，即将两个独体字组合在一起，其中一个字作为形旁（义符），表意，其中一个字作为声旁（声符），表声。形声字在现代汉语中占80%以上。象形、指事、会意这三种构字方法没有表音成分，字的形体与词的意义直接联系。形声虽然有表音成分，但起主要作用的仍然是表意构件。

（二）汉字属于音节-语素文字

在一般情况下，一个汉字记录一个音节，而一个音节又往往代表一个语素。例如"中"这个字记录了"zhōng"这个音节，而这个音节代表"中"这个语素。

【第四章 中国语言文字】

(三) 汉字是在一个二维平面上构成的方块字

一般情况下,汉字总是呈现在一个二维平面中。汉字各个构件可以任意组拼成字,但是一个字不管有多少部件,都要均衡巧妙地组合在一个方块内。

(四) 汉字的字形不受语音变化的影响,具有高度的稳定性

汉字具有"超时空"性,它可以让我们读懂生活在几千年前的先哲们写的著作,也可以使来自不同方言区的人们进行交流。今天的人,只要受过一定的文言文训练,就可以对两千年前的书籍文献进行阅读,无论是金文石刻,还是秦隶汉隶。

汉字在发展过程中,不断地扬长避短,兼收并蓄,日益完善。国运盛,汉字兴,汉字有着广阔美好的发展前景,对中华民族的团结和振兴,亦有着独特作用。

 《汉字百话》,白川静著,中信出版社,2014年版

◎纪录片《汉字五千年》,2011年
◎文化类电视节目《中国汉字听写大会》(共三季)

第三节 汉语汉字的文化功能

一、汉语汉字与中国文化的关系

一种民族语言常常比其他语言更能充分地记录、表现、象征与这种语言相联系的民族文化。汉语汉字与中国文化的关系充分体现了这一点:五千年来,浩繁的文化典籍跨越时空,通过汉语汉字这一极具文化特色与魅力的传播媒介传承着丰富多彩的中国文化,记载着中华民族的文明及其发展。汉语汉字既是中国文化的重要内容,又是中国文化的主要载体。

(一) 汉语汉字是中国文化的重要内容

汉语汉字本身就是中国文化的重要内容。

语言使人类可以拓展自己的感官世界,以一种更加宽广宏阔的视角去了解和展示我们的世界,以一种更加有效的方式进行沟通,还可以通过语言的形式保存我们的精神财富。由此可见,汉语在中国文化中占有重要的地位。

汉语利用其自身独特的特点，为中国文化的独特性作出贡献。例如，汉语是声调语言，富有音乐性，因此产生了很多读起来朗朗上口的文学作品，这些优美的文学作品具有鲜明的中国特色，成为中国文化的重要内容。

每个民族的文字都具有自己的特点，不同民族的文字会形成不同的文化事象。书法、碑刻、篆印、诗词、楹联、灯谜，以及识字、解字、说字等文化事象，使汉字成为中国文化的重要组成部分。

（二）汉语汉字是中国文化的主要载体

汉字的出现使得中国文化进入文字记载时期。汉语汉字是记录中国文化的工具，是中国文化的主要载体，对中国文化的发展和传播有着重要作用。正是汉语汉字的出现，才使得中国灿烂辉煌的文化能够突破时间和空间的限制，直到今天仍为中国人民所用。汉语汉字对文化传播的重要性是不言而喻的，没有汉语汉字的出现，中国文化不可能世代发展，中国珍贵的古代文化不可能保存至今。

（三）中国文化对汉语汉字的发展演变有重大影响

中国文化影响汉语汉字的发展演变。例如：在中国历史上，曾一度出现言文不一致的现象，即人们口头说的是白话，而书面上写的是文言文，这种不一致阻碍了文化的传播和发展，因此后来出现了废除文言文，推行新白话的白话文运动，实现了言文一致，这是中国文化影响汉语（主要是书面语）发展的一个例证。

《汉语与中国文化》，申小龙著，复旦大学出版社，2008年版

二、汉语汉字所承载的文化信息

汉语汉字作为中国文化的信息载体，其本身也蕴含着丰富的文化信息。

（一）词汇体现了丰富的文化内涵

甲骨文中的"男"字，字形为"⿰田力"，从"力"从"田"，"力"字象形古代的农具"耒"，显然，"男"字所示是男子与农耕的关系。说明当社会进入农业时代之后，由于体力的原因男子的地位日渐提高。甲骨文中的"女"字字形为"⿻"，像双臂交叉于身前、十分柔顺地跪坐的女子之形，反映了古代女子柔弱顺从的性格和较低下的社会地位。

【第四章　中国语言文字】

汉语中各类词的使用频率是不断发生变化的，每类词的使用频率的变化反映了文化自身的发展变化。古代，表示"牛、马、羊"的词语很多，那是农耕时代的标志之一。"网络、电子、光缆"等词语的出现，则是信息社会的标志之一。

（二）汉字的原始构形及形体演变脉络反映出浓厚的文化信息

1. 汉字的结构反映了古代先民的世界观和宗教观念

汉民族的先民们，用直观的汉字表现个人对世界的体验，同时，汉字在发展中又反过来促进人们在认知上的深化，由此，也可以说汉字承载了汉民族先民原始的世界观和宗教观。这一点在象形意味浓厚的古文字中表现尤为明显。"土"字甲骨文中作"⌂"，反映的是原始人对土地的崇拜情结。初民认为土生万物，所以堆土为"神"，向它祭祀。"宗"字古作"㊅"，其形是先民由自然神崇拜向祖先崇拜转化的过程图解。"祖"字古作"且"，实际上是男根的象形，和"宗"字一样极富历史意味，是原始人生殖崇拜的表现。周代末"祖"字演变为"且"加"示"旁，则祖字所代表的祖先崇拜的内容就更加明确了。

2. 汉字的结构显示了先民的生活习俗和思想感情

汉字形象表意的特征，使我们可以通过对汉字的分析，窥知祖先的日常生活和社会活动。"姓"字甲骨文写作"𡥉"，从"女"从"生"会意。"生"字甲骨文写作"㞢"，本义"象草木生出土上"（《说文解字》），此处表示人的出生；从"女"则表示人生之所由，是血统的标记，而且字形与字义相契合。显然，古人造此"姓"之时，表达的是孩子的血统是由母亲决定的这样一种观念。汉族先民古姓多从女旁，可能就是这种观念的反映。如黄帝姓姬，神农姓姜，虞舜姓姚，夏禹姓姒。从中我们可以知道，上古之时人们"但知其母不知其父"的原始婚俗，实际上是一种群婚制。

3. 汉字的形体会随着词义的变化和所指对象的变化而发生相应的变化

比如古代的"炮"字本写作"砲"。"砲"是冷兵器时代的产物，是一种抛石机，所以从"石"从"包"，火药发明后，则用"砲"来发射火药，字形就改为从火的"炮"了。

三、汉语汉字与文化交流及传播

（一）汉语汉字是汉民族文化的主要载体

有了语言文字，才会有文献记载，有文献记载则前人记录和总结的历史经验，包括政治、经济、生产技术、天文历法等等，才得以直接传承给后人，并且经由一代代人的积累和发展，让人类文明加速发展。另外，汉字表意的特点不仅使它在共同的地域传播中能够超越方言的局限，而且也使它在历史传承过程中超越语言的历史流变。商周的古文和由秦汉传下来的古书，我们依然能读得懂，这对民族文化的传承和积累意义重大。可以说没有汉语汉字就不会有辉煌灿烂的中华文明。

（二）汉语汉字是中国文化走向世界的重要纽带

世界文明是在各国、各民族文化的相互交流和融合中发展的。历史悠久、内容丰富的汉语汉字，不仅对周边国家的语言和文字产生了影响（如日本的假名文字、朝鲜的谚文、越南的字喃，就是在仿照汉字的基础上创造的文字），而且对人类文明的进步也产生过深刻影响。中国先进的中医药学、天文历法等在海外传播，对世界科技的进步产生了重要影响。20世纪80年代以来，随着中国国际地位的提高，全球掀起了汉语热。截至2020年，全球有近二百个国家和地区开展汉语教育，七十多个国家将汉语纳入国民教育体系。

 《汉语国际教育与中国文化国际传播》，逄增玉主编，中国传媒大学出版社，2019年版

中文比赛电视节目《汉语桥》

经典诵读

1. 《易经·系辞下》（节选）

上古结绳而治，后世圣人易之书契，百官以治，万民以察。

2. 李禺的回文诗《两相思》

思妻诗

枯眼望遥山隔水，往来曾见几心知？

壶空怕酌一杯酒，笔下难成和韵诗。

途路阻人离别久，讯音无雁寄回迟。

孤灯夜守长寥寂，夫忆妻兮父忆儿。

【第四章 中国语言文字】

思夫诗

儿忆父兮妻忆夫，寂寥长守夜灯孤。
迟回寄雁无音讯，久别离人阻路途。
诗韵和成难下笔，酒杯一酌怕空壶。
知心几见曾来往，水隔山遥望眼枯。

诵读音频

◎王力. 汉语史稿[M]// 王力文集：第九卷. 山东：山东教育出版社，1988.

◎罗常培，语言与文化[M]. 北京：语文出版社，1989.

◎王宁. 汉字汉语基础[M]. 北京：科学出版社，1996.

◎王宁. 汉字学概要[M]. 北京：北京师范大学出版社，2001.

◎邓天杰. 中国文化概论[M]. 北京：北京师范大学出版社，2012.

◎阮堂明，沈华. 中国文化概论[M]. 广州：暨南大学出版社，2012.

◎张岱年，方克立. 中国文化概论[M]. 北京：北京师范大学出版社，2004.

思考与练习

1. 简述汉语汉字的特点。

2. 举例说明汉语汉字所承载的文化信息。

3. 简述汉语汉字的传播。

第五章 中国古代文学

文化看台

材料一：

《西游记》是目前中国电影界迄今为止改编最多，票房最高，资金投入产出比最高的 IP（Intellectual Property，网络流行语，直译为"知识产权"），近年来西游主题电影颇受欢迎。2014年推出的《西游记之大闹天宫》取得了10.45亿元的票房佳绩，2015年，《大圣归来》大获成功，2016年春节档期上映的《三打白骨精》勇破10亿票房。

纪录片方面，中国西游记文化产业创意研发中心联合多地市共同筹拍的《解密〈西游记〉》已进入剧本创作阶段，片中将首次公开国内最新西游文化研究重要成果，对鲜为人知的作者生平逸事、书中人物缘起、学者访谈、学术争论，所涉及的地理民俗、城市特质、儒释道文化等作重点解读。纪录片跨越河南、陕西、甘肃、新疆、西藏、江苏、福建、湖北、浙江、广东等省市区及港澳台地区拍摄取景，还将远涉东南亚、印度等国家，行程十数万公里，是新中国成立后第一部全面解读西游文化的史诗性力作。

……

江苏淮安市是《西游记》作者吴承恩的故乡，凭借这一优势，淮安市西游记集团投资22亿元打造的西游乐园主题公园已于2021年7月10日开园。

江苏连云港市依托"大圣故里"，一直大力发展"西游文化"，连云港市积极推进花果山风景区的品牌建设工作，已经连续举办了18届"西游记文化节"。

（齐麟：《西游记》文化创意产业新发展机遇下的文化创意产业，大众网，2016-02-26，http://www.dzwww.com/xiaofei/ttxw/201602/t20160226_13894978.htm）

讨论：你认为《西游记》成为大热 IP 的文本原因有哪些。

第五章 中国古代文学

材料二：

日前，在商务印书馆举行的"经典名著·大家名作"丛书出版座谈会上，北京师范大学文学院院长过常宝公布了一个让人颇感惊讶的数字："根据这两三年我在文学院做的调查，阅读过《红楼梦》的学生，每年都不超过20%。"

过常宝不无担忧地表示，现在青少年获取知识、信息的途径越来越多，但阅读的人文社会经典却越来越少，这将导致青少年社会价值观念的薄弱、模糊和混乱，阻碍社会的进步。他的观点得到与会各界人士的认同。他们呼吁，在碎片化阅读越来越强势的时代，经典阅读不仅不能减弱，反而要不断提倡，不断得到加强，青少年应该通过经典中那些民族的基因、文明的种子、爱的力量，树立正确的价值观。

（杜羽：《专家学者谈经典阅读：最美的年华读最好的书》，《光明日报》2014年11月10日第6版）

讨论：你会主动阅读中国古代文学经典作品吗？你认为阅读这些经典在当下有哪些意义？

知识聚焦

第一节 代有所胜的文学发展历程

中国古代文学是中国传统文化的重要组成部分，它植根于中国传统文化的沃土之中，形象、具体地反映和表现了中华民族文化。文学中几乎包含着中国文化的全部精神与品格。

中国古代文学有着灿烂悠久的历史。在数千年中，诞生了无数杰出作家和优秀作品，出现了多种体裁、题材、风格和流派，形成了各种各样的文学现象、文学潮流和文学理论等。在世界民族文学之林，我国古代文学以辉煌的成就和独特的风貌，占据重要的地位。

杰出的文学作品都具有永久的魅力。正如王国维所说："凡一代有一代之文学：楚之骚，汉之赋，六代之骈语，唐之诗，宋之词，元之曲，皆所谓一代之文学，而后世莫能继焉者也。"（《宋元戏曲考》）当文学的某种样式在某个时代达到巅峰状态后，其艺术成就便很难被后人所超越，从而成为永久性的艺术典范。

一、《诗经》与《楚辞》

(一)《诗经》

《诗经》是我国第一部诗歌总集,收集了西周初年至春秋中叶的诗歌311篇(现存305篇)。《诗经》在先秦时期称为《诗》,或取其整数称《诗三百》。西汉时被尊为儒家经典,始称《诗经》,并沿用至今。

 《诗经选》,余冠英选注,中华书局,2012年版

《诗经》按音乐的不同分为风、雅、颂三部分,其中:风现存160篇,是周代十五个地方的民歌;雅现存105篇,分"小雅"和"大雅",是周人的正声雅乐;颂现存40篇,又分为"周颂""鲁颂"和"商颂",是周王庭和贵族宗庙祭祀时的乐歌。

饥者歌其食,劳者歌其事。《诗经》反映了周初至周晚期约五百年间的社会生活。主要包括以下几方面的内容:其一,农事诗,从不同角度表现周人的农业生产活动。如《豳风·七月》等。其二,征役诗,多表现对战争和徭役的厌倦愤慨等情绪。如《邶风·式微》等。其三,婚恋诗,即表现爱情、婚姻、家庭生活和妇女命运的作品。"风"部分这类作品尤其多,约占三分之一。婚恋诗从不同角度反映了婚恋关系中的各种情景和具体矛盾,揭示了人们在爱情生活中的各种微妙复杂的心理。如《秦风·蒹葭》《卫风·氓》等。其四,燕飨诗,多写君臣、亲朋欢聚宴享的情形,记录了中华民族礼乐文明的发展。如《小雅·鹿鸣》等。其五,怨刺诗,多为感时伤世,讽刺时弊之作,可以看到当时政治生活的情景。如《魏风·硕鼠》等。其六,部族史诗,主要指《大雅·生民》《大雅·公刘》等反映周部族祖先形象和周部族迁徙、发展、壮大等内容的诗歌,形象地反映了周人从野蛮向文明过渡的历史。

赋比兴是《诗经》中运用的三种主要表现手法。简言之,"赋"指铺陈直叙;"比"指比喻;"兴"则是以其他事物为发端,引起所要歌咏的内容。三者中,赋是基础,在《诗经》中运用最多。此外,《诗经》中以四言为主的句式,重章叠句的结构形式,多样的押韵方式,使得《诗经》的语言形象生动,丰富多彩,具有很好的表达效果。

(二)《楚辞》

楚辞,也作楚词,是屈原创作的一种新诗体。至汉成帝时,刘向整理古籍,把

屈原、宋玉等人的作品编辑成书,定名为《楚辞》。从此,《楚辞》就成为一部诗歌总集的名称。《楚辞》以屈原的作品为主,其余各篇也是承袭屈原的作品,感情奔放,想象奇特,运用楚地的文学样式、方言声韵和风土物产等,具有浓厚的地方色彩,对后世诗歌产生深远影响。

屈原(约公元前340年—公元前278年),楚国贵族,早年曾任左徒、三闾大夫等要职,兼管内政外交大事。后遭其他贵族排挤毁谤,先后被流放至汉北和沅湘流域。后于楚国灭亡之际,自沉于汨罗江,以身殉国。

屈原的作品主要有《九歌》《九章》《离骚》《天问》等。其中《离骚》为其最主要的作品。全诗2400余字,从自叙开始,叙写生平遭际、理想德业,抒发了自己被小人谗言中伤的苦闷与矛盾,揭露了因君王昏庸、群小猖狂,导致楚国每况愈下的黑暗现实,表现了诗人坚持"美政"理想,不与宵小同流合污的抗争精神和不屈的爱国热情。作品想象丰富,大量运用神话传说,辞彩瑰丽,兼用比兴,善用美人、香草以喻君子,恶木秽草以喻小人,充满了积极的浪漫主义精神,并开创了中国文学上的"骚"体诗歌形式,对后世有着深远影响。

屈原所开创的新诗体楚辞,突破了《诗经》的表现形式。与《诗经》古朴的四言体式相比,楚辞的句式更活泼多变,句中的楚国方言,在节奏和韵律上也独具特色,极大地丰富了诗歌的表现力,为中国古代的诗歌创作开辟了一方新天地。

《屈原》,郭沫若著,人民文学出版社,2018年版

二、先秦散文与汉赋

(一)先秦散文

中国古代散文的发端,可以溯源至殷商时代。早在甲骨卜辞中,已出现不少完整的句子。至西周,一些青铜器上的铭文,已长达三五百字,记录贵族事功或赏赐情由等,内容已相当丰富。这些可看作是古代散文的雏形。

先秦时期是中国古代散文蓬勃发展的阶段,其时,文学与非文学的界限还不分明。当时的散文,是与韵文相对的一种文体,多为哲学、政治、伦理、历史方面的论说文和记叙文,但由于它们具有较强的文学性,在中国文学的发展中产生过很大影响,有许多优秀的作品。

【中国传统文化概论】

先秦散文分为历史散文和诸子散文两种。前者包括《左传》《国语》《战国策》等历史著作;后者是儒、墨、道、法等诸子百家的文章。

1.历史散文

历史散文分为编年体、纪传体、国别体。

编年体即以时间为经,以事件为纬来叙写史实。它的优点是线索清楚、背景明确、系统性较好;不足是不便于集中而广泛地描写人物。如《春秋》《左传》等。《左传》是以史实来解释《春秋》的著作,相传为鲁国史官左丘明所作。相较于《春秋》概括地记述历史,《左传》则详细地记载事件的本末细节,叙述了春秋时期各诸侯国争霸的历史,涉及当时的典制、礼仪、民俗、历法等方面。《左传》叙事富有戏剧性,语言精练,尤其擅长战争描写,不仅把纷繁复杂的战争有条理地叙述出来,并且从大处着眼,通过人物对话,写出战争的性质、决定胜败的因素等。《曹刿论战》和《秦晋殽之战》等篇目都写得非常出色。

纪传体即以人物为中心叙写历史,通过记叙人物活动反映历史事件,为西汉史学家司马迁所创。司马迁的《史记》是中国第一部纪传体通史。

国别体则是通过将各国史事个别独立地排列载述,以完成对某一历史进程的叙述。如,《国语》以记言为主,兼及记事;《战国策》以记事为主,记述的基本上是战国时期谋臣纵横捭阖的谋略。特点是长于说事,言辞犀利,善用比喻和寓言进行说理。

2.诸子散文

春秋战国时期,百家争鸣,著书立说,蔚然成风。诸子散文指的就是这一时期诸子百家阐述各自的政治主张、思想倾向和哲学观点的说理性著作。

其中,《论语》为语录体,以语录和对话文体的形式记录孔子及其弟子的言行,集中体现了孔子在政治、审美、道德伦理等方面的思想。《论语》通过简单的对话和行动展示人物形象,主要特点是语言浅近易懂,辞约义丰,纡徐含蓄。

《孟子》形式上虽然没有脱离语录体,但相较《论语》有了很大的发展。其文气势恢宏,擅用形象化的事物与语言说明复杂的道理。

《庄子》风格独特,具有很高的文学价值。今本三十三篇。其中内篇七,外篇十五,杂篇十一。全书以"寓言""重言""卮言"为主要表现形式,继承老子学说而倡导人性自由,蔑视礼法权贵而礼赞逍遥自由。其文包罗万象,汪洋恣肆,想象丰富，乃先秦诸子文章的典范之作。

（二）汉赋

赋，是我国特有的一种文体，它多用铺陈叙事的手法，讲究文采、韵律，兼具诗歌和散文性质，以"颂美"和"讽喻"为主要目的。赋起于战国，盛于两汉。赋最早出现于诸子散文中，称为"短赋"；以屈原为代表的"骚体"是诗向赋的过渡；汉代正式确立了赋的体制，赋在此时达到鼎盛；其后，赋仍有所发展，出现了魏晋的"骈赋"、唐代的"律赋"和宋代的"文赋"等。总体成就最高的还属汉赋。汉赋可分为大赋和小赋。

大赋兴起于汉初，衰落于汉末，历时四百多年，是汉赋的主流。汉大赋多用主客问答的叙事模式，内容上以歌功颂德为手段，以讽喻劝谏为旨归，结构宏大，铺张扬厉。代表作家首推司马相如。他的《子虚》《上林》二赋，假托子虚、乌有先生、亡是公，通过他们讲述齐、楚天子畋猎的状况，在主客问答的结构框架中，将铺写内容集中在游猎一事，并以此为中心，把山川河流、林木花鸟、宫殿苑囿、歌舞酒宴等一一包举在内，辞藻华茂，音律和谐，体制宏大。在赋的结尾，作者虽委婉地表示出劝诫之意，但实为"劝百讽一"。此外，汉大赋的代表作，如枚乘的《七发》、扬雄的《甘泉赋》《羽猎赋》、张衡的《二京赋》等也秉承了赋体铺张扬厉、曲终奏雅的基本体制。

东汉中叶以后，汉赋发生了新的变化，由散体大赋逐步转变为咏物、抒情的小赋。小赋在艺术上继承了大赋的铺排手法，文章一般篇幅较小，抒情性强，多描写作者的亲身感受和真实所想，让人感觉情真意切。小赋文风清丽自然，内容上侧重于抒写个人心志，或托物言志，或咏物抒情，也有针砭现实之作。汉末的抒情小赋还有诗意化的倾向。较早开始从大赋向小赋转变的作家是张衡，接着是蔡邕、赵壹、祢衡等人。张衡的名作《归田赋》，形象地描绘了安宁惬意的田园山林生活，反映了作者优游自适的心情，表达了作者渴望回归田园的超脱精神，并以田林之乐反衬官场的污浊腐朽，抒发对现实的不满。《归田赋》为中国文学史上较早描写田园隐居乐趣的作品，在构思、立意、手法上直接影响了后世大批文人，如陶渊明的《归去来兮辞》就是受其启示之作。

三、唐诗

中国是诗的国度,唐诗代表了古典诗歌的最高成就。仅《全唐诗》就录有二千二百余人的四万八千九百余首诗。唐诗的发展大致可分为四期:初唐、盛唐、中唐、晚唐。尤以盛唐、中唐的成就最为瞩目。

 纪录片《唐之韵》,2002年

初唐四杰 初唐诗风仍然承袭南朝的宫体诗的风格,以"绮错婉媚"的"上官体"为代表。初唐四杰(王勃、杨炯、卢照邻、骆宾王)是初唐文坛新旧过渡时期的杰出人物,在唐诗发展进程中占有重要地位。他们反对纤巧绮靡,提倡刚健骨气,其创作在形式上虽未完全摆脱齐梁以来的绮靡遗风,但内容与风骨方面已大有突破,初步扭转了其时的文学风气,使诗歌题材从眼前身边的水榭歌台、雪月风花等狭小领域扩展到山川湖海、边疆大漠等辽阔空间,赋予诗歌新的生命力。在形式上,他们把七言古诗推向成熟,也为五言律绝诗的发展奠定了良好的基础。

四人之后,进一步将唐诗引向革新之路的是陈子昂。他在《修竹篇序》中,明确反对"彩丽竞繁,而兴寄都绝"的齐梁形式主义诗风,重提"风雅兴寄"和"汉魏风骨"的创作传统,以复古为旗帜,强调诗歌要反映现实,有鲜明的政治倾向。陈子昂更加自觉地反对齐梁诗风,为唐诗创作高潮的到来奠定了基础。他的诗作,大多讽喻现实,抒发理想,慷慨沉雄与激扬奔放并具,代表作为《登幽州台歌》。

盛唐气象 文学上的盛唐指唐玄宗在位的开元、天宝年间(安史之乱之前)。这时国泰民安,边疆稳固,文化繁荣,社会强大而自信,不仅是唐朝的鼎盛期,也是中国封建社会的鼎盛期。这一时期出现了以李白、杜甫、王维等为代表的大批诗人,他们共同开辟了带有鲜明时代特质,以雄壮浑厚为主要特征的"盛唐气象"。

盛唐时期的诗人,大多重事功且高度自信。这使他们的诗歌不仅富有风骨,而且比建安诗人更加笔力雄壮,气象浑厚。盛唐诗歌流派众多,影响最大的为边塞诗派与山水田园诗派。以高适、岑参等为代表的边塞诗派,多采用七言形式,主要描写拓边战争、边漠的风土人情,以及战争带来的诸如离别、思乡、闺怨等情感,诗风悲壮,格调雄浑。以孟浩然、王维等为代表的山水田园诗派,主要描写自然山水风光和田园闲适生活。《过故人庄》《山居秋暝》等作品诗中有画,融入哲思,意境

【第五章　中国古代文学】

深幽，写景状物细致传神。而李白、杜甫则是盛唐诗歌最高成就的标志。

李白　盛唐最杰出的诗人之一，也是中国文学史上继屈原之后又一伟大的浪漫主义诗人，有"诗仙"之称，与杜甫并称为"李杜"。

据《新唐书》记载，李白性格爽朗大气，喜交友，爱饮酒，擅作诗。他深受道家思想影响，自身性格和时代的碰撞造就了浪漫的李白。他的诗多方面、多层次地反映了盛唐时期的社会生活和时代心理。他相信"天生我材必有用"（《将进酒》），也坚信"长风破浪会有时，直挂云帆济沧海"（《行路难》），这种积极入世、奋发向上的精神，正是盛唐的时代精神。而"安能摧眉折腰事权贵，使我不得开心颜"（《梦游天姥吟留别》）所表现的强烈的反权贵意识，也体现了盛唐时期开明的政治与思想环境。就连他笔下"难于上青天"（《蜀道难》）的蜀道，"黄河之水天上来，奔流到海不复回"（《将进酒》）的大川，雄伟壮美景象中的英风豪气都能反映出作者在特定时代下的特定审美情趣。

李白的诗具有"笔落惊风雨，诗成泣鬼神"的艺术魅力，富有浓厚的浪漫主义特色。他的诗往往以强烈的主观色彩与井喷式的情感表达充分展示奔放不羁的性格特征。他常将想象、夸张、比喻、拟人等手法综合运用，从而营造出变幻莫测、雄奇飘逸的艺术境界，诗歌语言则"清水出芙蓉，天然去雕饰"，明朗、活泼、隽永。

杜甫　杜甫一生写下一千多首诗。他的诗老成稳健，倾向现实主义，大部分诗涉及玄宗、肃宗、代宗三朝有关政治、经济、军事以及人民生活的重大问题等，具有丰富的社会内容、鲜明的时代色彩和强烈的政治倾向。他的诗既反映了一个诚实的知识分子一生的遭遇，同时也是唐帝国由盛转衰那段历史的真实写照。杜诗被后人称为"诗史"，即缘于此。杜甫本人被誉为"诗圣"。

艺术上，他转益多师，在诗歌语言、格律、技巧等方面，广泛地吸取前人和当世作者的经验，形成自己独特的风格。早年的游历，让杜甫的诗充满豪情壮志，"会当凌绝顶，一览众山小"流露出了作者的雄心壮志。后期由于人生失意，以及"安史之乱"的社会巨变，让他的情感深沉郁结，体现在创作风格上，即为"沉郁顿挫"。"沉郁"主要指诗歌内容深广，意境雄浑，感情深沉；"顿挫"主要指诗歌表情达意抑扬跌宕，音调声情起伏迭变。沉郁顿挫风格的基调是悲愤感慨。杜甫很多作品具有沉郁顿挫的特点，例如《秋兴八首》《北征》《登高》《自京赴奉先县咏怀五百字》等。其中《登高》一诗是诗人流寓夔州时，深秋登高有感之作。诗作写登高所览之景，以阔大雄健之境，传达沉郁悲凉的羁旅愁思，悲愤而不激烈，凄苦而不消沉。

中唐诗人诗风的转变由杜甫始，诗人与诗作的数量均超过盛唐，诗歌流派也更多，是盛唐诗歌后又一诗歌高峰。诗人们大多难以承受唐帝国由盛而衰的变化，诗风因社会衰败而彷徨消沉。

韩愈是散文大家，同时也是著名诗人。他崇拜李、杜，但并未亦步亦趋地去模仿他们，而是通过自己的探索创出独特的风格。韩诗的特点是豪放雄奇。如《南山》一诗，以汉赋铺张之法，连用五十一个"或"字句，十四个叠句，写尽终南山的千山万壑，神奇灵秀。以韩愈及孟郊为代表的"韩孟诗派"，表现出尚奇险怪异，以文为诗等特点，开拓了诗歌的艺术境界。

白居易的诗与韩愈的奇崛险怪不同，他的诗明白晓畅，通俗易懂。他提出"文章合为时而著，歌诗合为事而作"的进步理论主张，且熟悉和同情百姓疾苦，政治讽喻诗《新乐府》和《秦中吟》，都是为民请命的作品。长篇叙事诗《长恨歌》和《琵琶行》，更是他的巅峰之作。前者写唐玄宗和杨贵妃的爱情故事，后者写琵琶女的不幸经历。白居易的诗作叙事结合抒情，情真意切，音律协婉，艺术感染力极强。

此外，"诗豪"刘禹锡的诗歌豁达豪迈，极富艺术张力，"诗鬼"李贺之诗，想象奇诡，幽艳凄恻，在中唐诗坛也成就颇高。

小李杜 晚唐社会混乱，政局逐渐走向崩溃，也是唐诗从繁盛转入衰微的时代，多数诗人以模仿前人为能事，气度不足，艺术成就不高，诗歌普遍带有哀伤悲凉的气氛，感伤色彩很浓。李商隐和杜牧则在已经没落的诗风中添上了瑰丽的一页，被称为"小李杜"，以区别于李白和杜甫的"李杜"。二人虽并称，却各有擅长。

李商隐的诗构思新奇，情致深蕴，风格秾丽，尤其是爱情诗和无题诗。他的诗作长于用典，语言工丽深细，音律和美婉转。《锦瑟》一诗中，借用庄生梦蝶、杜鹃啼血、沧海珠泪、蓝田生烟等典故，采用比兴手法，运用联想与想象，把听觉的感受转化为视觉形象，以片段意象的组合，创造朦胧的境界，借助可视可感的诗歌形象来传达真挚浓烈而又幽微曲折的情思。

杜牧有满腔抱负，平生忧国忧民，加之情感细腻丰富，使其诗在俊爽峭健之外又有轻倩秀艳之致，在晚唐诗人中独树一帜。他将叙事、议论、抒情三者融会贯通，形象鲜明，极具感染力。诗体上，尤长七言律诗和绝句。有《泊秦淮》等佳篇传世。

总而言之，唐代诗歌，无论就其作者之众多、题材之广泛，还是艺术之高超、影响之深远来说,都是空前的。

四、宋词

词又称曲子词、诗余、长短句等,最早起源于民间,始于唐,定性于五代,而极盛于宋。它的产生、发展,以及创作、流传都与音乐有直接关系。词所配合的音乐是燕乐,又叫宴乐,是隋唐时期在前代乐府音乐的影响下,融合了民间俗乐和西域胡乐而形成的一种新型音乐,主要用于宴饮之时。

词最早兴起于民间,隋唐之时已有传唱。约到中唐时期,随着白居易、刘禹锡等人的创作,这一体式开始引起文人的关注。至晚唐五代,以温庭筠、韦庄等为代表的花间词人,和以李煜、冯延巳为代表的南唐词人的创作,改变了早期民间词浅俗、体制不稳等特点,在抒情风格、文辞等方面为词体的发展奠定了基础。进入宋代,我国文学发展正处于一个承前启后的阶段,即从诗、文等"雅"文学到小说、戏曲等"俗"文学的转变时期,而词的发展恰好可以看到这种变化。伴随着词体"雅"与"俗"的转换与博弈,词体发展进入全盛期。《全宋词》共收录一千三百多家词人近两万首词作。宋代词家,既有柳永这般专力作词之人,亦有欧阳修、苏轼等以诗文著称之人,因而大量佳词传世,各种风格共存。

婉约与豪放 一般认为,宋词分婉约、豪放两派。以此二派论词的说法始见于明人张綖的《诗余图谱》:"词体大略有二:一体婉约,一体豪放。婉约者欲其辞情蕴藉,豪放者欲其气象恢宏。盖亦存乎其人,如秦少游(秦观)之作多是婉约,苏子瞻(苏轼)之作多是豪放。大抵词体以婉约为正。"其中婉约词一直被视为正统,即使苏轼、辛弃疾等人突破了"词为艳科"的藩篱,大力发展了豪放词,也没有扭转词坛主尚柔婉含蓄之美的格局。

以赋为词 北宋前期在词的形式上是以小令向慢词过渡,题材比唐朝和五代有所拓展。代表人物为柳永。他精通音律,长期混迹于秦楼楚馆,与乐工歌伎密切合作,创作了许多新腔,其中大多数为慢曲长调,这一改变使得词坛不再仅小令一体,丰富了词的体制。他的慢词,多描绘都市风光、坊曲欢爱、羁旅情怀等。他创造性地将敷陈其事的赋法移植于词,运用白描和铺叙的手法,写景状物,言情叙事,回环往复,描述精细。语言表达形式上,柳词语言俚俗,大量吸收市井化、口语化的语言入词,符合大众市民的审美需求,几乎达到了"凡有井水饮处,即能歌柳词"的地步。

晏殊、欧阳修等则多用小令，侧重反映士大夫阶层闲适自得的生活，男欢女爱、离情别绪依然是晏殊与欧阳修词作的主旋律。晏殊的词雍容典雅，音律婉转和谐。他的"无可奈何花落去，似曾相识燕归来"（《浣溪沙》），以清丽自然的语言书写淡淡闲愁，充分表现了包含在审美情趣之中的富贵气象。欧阳修的词则处在词风欲变未变之际，词调多以小令为主，深受南唐词的影响。但在艺术表现上，则有了很大进步。在对情和愁的刻画上，更加深挚委婉，少部分词在题材方面有所开拓，以词叙事、写时令节俗、咏史咏物等，于传统词之外，约略看出词风逐渐转变的趋势。

 纪录片《宋之韵》，2014年

以诗为词 北宋中期以后，苏轼率先打破词尚婉约的传统，开创了豪放一派。他以写诗的态度来填词，将诗的题材、内容、手法、风格等引入词的领域并使之扩展，丰富了词的体式，促使词发展成为独立的抒情诗样式。

"以诗为词"是苏轼变革词风的主要武器。他打破了词狭窄地反映男欢女爱、离愁别绪的限制，拓展了词的内容，开始在词中广泛反映士大夫的其他方面的生活。如表现个人的建功立业愿望和爱国主题等。他的《江城子·密州出猎》作于密州知州任上。词中表达了强国抗敌的政治主张，抒写了渴望报效朝廷的壮志豪情。全词"狂"态毕露，气势恢宏，充满阳刚之美。"以诗为词"拓展了词的表现领域，增强了词的表现功能，给当时内容单一、柔软乏力的软绵绵的词风注入了诸多新鲜血液，因而极大地增强了词的活力。

同时，苏轼突破了词在音律方面过于严格的束缚，大量运用题序和典故，发展了词的表现手法，不再拘泥于"倚声填词"，虽也遵守词的音律规范而又不为音律所拘，使词成为一种独立的抒情诗体。

苏词一面革新词体，一面又维护与保持词的特点，注意发挥词体的长处。正因如此，苏词像苏诗一样，表现出丰沛的激情，丰富的想象力和变化自如、多姿多彩的语言风格。苏轼提升了词的地位，改变了词的发展路径，对其后的词坛产生了重大影响。

易安体 公元1127年的"靖康之变"，既改变了宋朝的国运，也改变了词的发展轨迹。由于时代巨变，李清照、朱敦儒、张元干等南渡词人都经历了漂泊流离的生

活磨难，内心受到的触动使他们的词作更贴近现实生活，情感更显沉郁忧愤。尤其是李清照的词，更是确立了宋词词体独立的文学地位。

作为婉约派大家，李清照主张词"别是一家"，竭力维护词作为一种独立文体的本色，作词时亦严守此道。她的词于苏豪、柳俗、周律之外别树一帜，自成一家。既保持了南唐以来抒情词的传统词风，又创造了以时代悲剧为背景、表现作者个人深沉感受的艺术风格。李清照的词词风朴素清新，婉约而不流于柔靡，富有真情实感，且巧妙运用多种艺术手法，语言也雅俗兼用，别具特色，故名噪一时，被称为"易安体"。可以说，正是特定的历史条件促成了"易安体"独特的艺术特征。其代表作《声声慢》通过描写残秋所见、所闻、所感，着意渲染愁情，抒发自己因国破家亡、天涯沦落而产生的孤寂落寞、悲凉愁苦的心绪，具有浓厚的时代色彩。

以文为词　词至南宋前期，开始出现空前的繁荣局面。辛弃疾、陆游、张孝祥等人承续了苏轼开创的豪放一路，又密切结合现实，使词路进一步得到拓展。其中尤以辛弃疾为最。

辛弃疾急于以词服务于抗金斗争，需要在词中更为明白晓畅地抒发情感、表明政治主张，故在苏轼革新的基础上，又一次变革作词之法，后世称之为"以文为词"。他进一步将词与政治、现实关联起来，大至家国兴亡、边线战场，小到乡村一隅、一花一木，几乎达到了"无意不可入，无事不可言"的境界。他一生以收复失地为志，却壮志难酬。但他始终没有动摇信念，把满腔激情和对国家兴亡的关切，全部寄寓词作之中。强烈的爱国主义思想和战斗精神是辛词的基本思想内容。他善于借用爱国志士等形象抒发感情，如《破阵子·醉里挑灯看剑》中的将军，《水龙吟·登建康赏心亭》中的江南游子等。亦借历史上的英雄人物廉颇、孙权、刘裕等，抒发奋发有为、雄姿英发的感情。辛弃疾的词雄壮慷慨、意境阔大，表现出词人坚定不移的爱国思想。

至南宋后期，由于社会动荡，文人文学观念的转变，加之词体本身的限制，词之一体开始逐渐式微。

五、元曲

元曲是元代文学的标志，历来与唐诗、宋词并称，代表着元代文学的最高成就。相较于词体，元曲的创作更为灵活，如允许添加字句，可以平仄通押等。

元曲包括杂剧和散曲，杂剧即戏曲，散曲则是一种新的诗歌样式，是一种新的文学体裁。但杂剧与戏曲亦有相同之处，如两者都采用北曲为演唱曲调等。多认为元杂剧的成就高于散曲，所以也有元曲单指杂剧的说法。

杂剧这一全新体式，是在前代的院本、诸宫调等说唱艺术的基础上，综合舞蹈、歌唱、武术等多种表演艺术的产物。约在金末元初之际出现，主要在以大都为中心的北方城市流行。

杂剧每本以四折为主，在开头或折间另加楔子，每折由与宫调同韵的北曲套曲和宾白组成。角色分为旦、末、净、杂。一般是一人主唱，正旦主唱的称为旦本，如《窦娥冤》由窦娥主唱。正末主唱的称为末本，如《汉宫秋》由汉元帝主唱。元杂剧繁荣的过程中，出现了众多的作家和作品。杂剧所反映的社会生活比以前的文学形式更广泛而深入，尤其突出的是一些在当时处于社会底层的民众被写入作品，乃至成为主要的正面人物形象。元杂剧的很多作品抨击封建统治阶级以及他们的帮凶、爪牙对劳苦大众的迫害和剥削，同时歌颂劳苦大众对封建统治集团所进行的各种形式的反抗。

元杂剧也经历了自盛而衰的过程，杂剧作家的创作活动，可以分为前、后两期。前期约为元世祖至元初年至成宗大德末年。这是杂剧人才辈出，作品争奇斗妍、各竞异彩的繁荣时期。除了关汉卿、王实甫和白朴、马致远这几位著名作家外，还有高文秀、纪君祥、杨显之、石君宝、尚仲贤等。后期约从武宗至大年间至元末。这一时期的特点是杂剧作家虽不断出现，作品也有不少，并且其中郑光祖、宫天挺等人的作品还有一些特色，但总的成就远不及前期。大致从英宗以后，元杂剧就明显地呈现衰微态势。

关汉卿是元代杂剧的奠基人，与白朴、马致远、郑光祖并称为"元曲四大家"。他创作的杂剧深刻地再现了社会现实，充满着浓郁的时代气息。

《窦娥冤》是关汉卿的代表作之一。女主角窦娥无端被无赖诬陷，又被官府错判斩刑，含冤而死。《窦娥冤》揭露了底层民众深受欺压且无处申告的惨境，对造成窦娥冤屈的社会根源也进行了控诉。作者成功塑造了窦娥这个悲剧主人公形象，她善良质朴、安分守己，又不逆来顺受。这种既认命又不认命的矛盾性格，使得这个人物形象更真实可信。关汉卿笔下，还有不少这样的底层妇女形象，如妓女赵盼儿、侍女燕燕、寡居女子谭记儿等。她们身份、经历、性格各有不同，但都和窦娥一样，饱经磨难。她们都拥有诸如善良、正义、机智等美好品格，以及不畏惧、不屈服的反抗意志。作者通过这些女性形象，表达了对劳苦大众的同情，以及对他们的斗争精神的赞颂。

关汉卿的作品为元杂剧的发展奠定了良好的开端。关汉卿创作的杂剧艺术成就高妙，举凡题材表现、人物塑造、情节架构等，均新颖独特、张弛有度，戏曲语言通俗自然、朴实生动、极富性格，评论家多以"本色"二字概括其特色。

六、明清小说

到了明代，由于城市经济的高度发展，资本主义萌芽已经出现，市民阶层不断扩大。为适应文化娱乐的需要，通俗文学如小说、戏曲等蓬勃发展。而中国的小说在经历了唐之前的笔记小说、唐代小说和宋代话本小说三个发展阶段后，至明已趋成熟。明代是白话小说蓬勃发展的时代，出现了"拟话本"，即明代文人模仿话本体制、形式创作的小说。冯梦龙的"三言"（《喻世明言》《警世通言》《醒世恒言》）、凌濛初的"二拍"（《初刻拍案惊奇》《二刻拍案惊奇》），是这一时期短篇小说的代表作。在话本的基础上，明代还产生了长篇章回小说。

章回小说是由宋元讲史话本发展而来的。其特点是分章回叙述长篇故事。每章多以概括情节、对偶工整的对句作为回目。常有"看官""话说""且听下回分解"这样的"说话"艺术的惯用语出现。回与回之间既相对独立，又前后衔接。一般采用第三人称叙述，文中穿插诗词。明清时期，古代小说发展到顶峰，产生了一批不朽的名著。

明代的"四大奇书"在各自所属的小说类型中独占鳌头：《三国演义》是历史小说的典范；《水浒传》是英雄传奇的典范；《西游记》是神魔小说的典范；《金瓶梅》既是第一部写世情的小说，也是第一部由文人独立创作的小说。

《西游记》 中国第一部长篇章回体神魔小说。一般认为作者是明代的吴承恩。小说取材于唐初玄奘西行事件，以及《大唐西域记》《大唐三藏取经诗话》等前代作品，作者对相关记载进行更深入的艺术加工，以神魔外壳，曲折反映世情。

全书主要描写了唐僧、孙悟空、猪八戒、沙僧师徒四人受佛祖点化，奉皇命赶赴西天，一路斩妖除魔，共历九九八十一难，最终取得真经的故事。全书资料丰富，想象多姿多彩，故事情节完整严谨，人物塑造鲜活丰满，语言朴实通达。尤其是塑造了孙悟空这个勇敢的、富有反抗精神的神话英雄形象。他敢于反抗天宫、地府的统治者，能上天入地、呼风唤雨。他的言行符合人民群众的愿望，寄托了古代人民征服自然的理想。小说神话描写和现实描写相统一，反映并批判了明后期的社会现实，寓言般地显现了人们改造现实的愿望和力量以及对封建秩序的反抗精神，并且指斥妖魔、调侃神佛，对天界人间进行揶揄嘲讽，具有高度的浪漫主义色彩。

　　清代是小说发展的另一个高峰期。文言、白话，短著、长篇齐头并进。原有的历史演义、神魔等题材继续流行，也出现了侠义与公案的交融、官场讽刺题材等。集大成式的作品不断涌现。尤其是《儒林外史》《红楼梦》《聊斋志异》等，代表着古代白话小说和文言小说的最高成就。

　　《儒林外史》出身于缙绅世家的吴敬梓，初入学为生员，后屡困科场，家业衰落，经历世态炎凉之苦。他历经二十年写就的长篇讽刺小说《儒林外史》，结合其所见、所历，多以真人真事为原型，围绕着"功名富贵"，塑造了近两百个人物，其中多为生活在封建末期和科举制度下的封建文人、知识分子与官绅。全书共五十六回，小说假托明朝，实际描写了康乾时期科举制度下读书人的生活。作者用讽刺鞭挞的手法，以连缀的故事、相互衔接的人物的另类结构方式，描写了周进撞号板、范进中举人、马二先生游西湖等众多令人发笑的人物和情节，对深受科举毒害的迂腐的读书人、虚伪的假名士等类型的知识分子的精神生活的腐朽进行了彻底揭露，进而抨击僵化的考试制度和由此带来的各种社会问题。这样的思想内容，在当时无疑有重大的现实意义和教育意义。准确、生动、洗练的白话语言，栩栩如生的人物形象塑造，优美细腻的景物描写，出色的讽刺手法，使《儒林外史》在艺术上也获得了巨大的成功，成为我国古代讽刺文学的典范，开创了以小说直接评价现实生活的范例。以《儒林外史》为开端，出现了一大批谴责小说，如《孽海花》《二十年目睹之怪现状》《官场现形记》等，形成了一股批判封建社会的潮流，这股潮流甚至影响了五四运动以后的新文学。

　　当然，由于时代的局限，作者在书中虽然批判了黑暗的现实，却把理想寄托在"品学兼优"的士大夫身上，宣扬古礼古乐，看不到改变儒林和社会的真正出路。

《儒林外史》，吴敬梓著，上海古籍出版社，2012年版

第五章 中国古代文学

《红楼梦》曹雪芹写就的这部巨著,堪称世情小说的巅峰之作,也是公认的中国古典小说的代表。小说以贵胄公子贾宝玉为主角,描写了他与林黛玉、薛宝钗的爱情婚姻悲剧。在上至皇宫、下及乡村的广阔历史画面中,描绘了一批举止见识出于须眉之上的闺阁佳人的人生经历,以及中国古代社会的世态百相;展现了真正的人性美和悲剧美;反映出进入末期的中国封建社会不可避免的崩溃结局和初步的民主主义思想倾向。

《红楼梦》情节缜密,细节真实,语言优美。林黛玉进贾府、元春省亲、宝玉挨打等事件和波澜都描写得非常出色。它的细节描写、语言描写继承发展了前代优秀小说。作者善于刻画人物,塑造出许多富有典型性格的艺术形象,如贾宝玉、林黛玉、薛宝钗、王熙凤、贾环、晴雯等,他们有正面的,有反面的,有主要的,也有次要的,但皆具有独特的个性特征,不少形象成为不朽的艺术典型。

《红楼梦》的结构布局宏大而严整,突破了以往以小说单线叙事为主的特点,人物众多,关系复杂多变,事件交错制约,形成多线并进的立体网状结构。

但曹雪芹只写完《红楼梦》的前八十回,今通行本后四十回一般认为系高鹗所续。

 《红楼梦》,曹雪芹著,人民文学出版社,1982年版

电视连续剧《红楼梦》,1987年

明清时期,小说发展臻于成熟。就文体价值而言,明清小说逐渐在文坛确立了其主体地位。就作品而言,明清小说与传统文化全面融合,无论是文学意识,还是思想内涵、艺术表现,都铸就了中国古典文学最后的辉煌。

第二节 古代文学的文化特征

中国古代文学的发展全貌和各文体的发展史鲜明体现了中国文化的人文色彩和理性精神,即以"人"为核心,追求人的完善,重视人的理性,渴望人与自然的和谐。

一、关注现实的理性精神

我国的上古神话中已体现出鲜明的人文色彩与理性精神。中华民族的先民所崇拜的是具有神奇力量并建立了丰功伟绩的人间英雄。例如后羿和大禹等神话人物,其实是有史可查的部落首领。他们率领部落民众战胜了水灾、旱灾等自然灾害,使人民得以安居乐业,以其丰功伟绩而令后人代代传颂。传颂过程中英雄人物被神化,他们的神格实际上是崇高伟大的人格的升华。上古神话中所体现的忧患意识、厚德载物思想和先民的反抗精神等,正是远古现实的回响。

中国古代文学与社会现实联系紧密,作品重视情与理的结合,情感发生的地点是现世人间,而非彼岸的地狱天堂。因而,无论是抒情文学还是叙事文学,作家总是面向生活,将眼光对准现实,显现出鲜明的现实主义创作特色。

这一特色的思想来源可以追溯到先秦儒学。考察对中国文化影响极深的儒家思想的创始人孔子的天命观和鬼神观,可以发现他明显是重人事而轻鬼神的。在孔子看来,鬼神属于"天道"的问题,与"人道"相关的人事才是人们在有限生命中应该关注的中心问题。比起迷信、依赖鬼神,孔子更强调人应该奋发有为,通过提高道德修养来解决各种问题。

受这种仁学心理结构影响,作家们自觉向政治靠拢,在作品中抒写忧国忧民、忠君爱国等思想情感。中国古代文学作品最主要的关注点是现实世界中的世道人情、社会变迁。即便是佛道盛行的魏晋、唐、元等时期,宗教对文学的影响也仅仅体现为文学思想与文学元素的多元化,而不是根本方向的偏移。

早在中国文学的源头《诗经》中,就已经明确表现出"饥者歌其食,劳者歌其事"的现实主义创作精神。这一观念让诗人把创作当成再现现实的利器,通过对战争徭役、农事耕作、情感活动等的描写,全面展示周人的社会生活和道德风貌,体现着对人及其命运的终极关怀。

在这一精神的影响下,后世的诗歌创作虽体式不断创新,艺术风貌千差万别,文化精神却始终如一地指向现实这一方向。杜甫、白居易等人的诗作自不必说,即便是李白、李贺这样喜爱描摹仙鬼世界的诗人,也只是通过浪漫主义的书写,来表达对现实的态度。

至于小说、戏剧等叙事文学,更加自觉地贯彻源于生活、再现现实的创作宗旨。

【第五章 中国古代文学】

关汉卿的写实剧作、明清世情小说的风靡就是很好的例证。即便是《西游记》这类披着神魔的外衣，充满奇幻性的作品也不例外。《西游记》的神魔世界，处处可以看到现实世界的投影。孙悟空敢于挑战权威，蔑视天庭的统治秩序，对佛祖、菩萨也敢嘲弄揶揄。他和十万天兵天将斗智斗勇，被抓后历经刀砍雷劈、烈火焚烧始终不屈不挠，这种斗争反抗精神和大无畏气概，表现出普通民众面对强权和困难的必胜信念，寄托了人民反抗社会邪恶势力的理想。

当今中国的文学创作，依然坚持着关注现实的传统。路遥的《平凡的世界》问世后，深受读者喜爱，一直延续至今。衍生出来的相关周边作品形式有话剧、影视剧、连环画等，均广受好评。在网络中，网友针对《平凡的世界》的留言、评论的数量不计其数，可见作品的人气之高。今天，人们仍然满怀热情地阅读路遥的作品、纪念路遥，正说明了现实主义创作不仅没有过时，而且正当其时。

二、"文以载道"的教化传统

中国文学一直看重文学的认识作用和教化作用。因此，用文章书写现实，表达思想，"文"必须阐明"道"就成为文人士子的为文宗旨。

其间虽一直有关于"文"与"道"的关系的论争，但"文以载道"得到普遍认可。

纵观中国古代文学所宣传的"道"，虽然略有不同，但主要还是儒家思想。儒家思想对中国文人的影响颇为深远，兼济天下的治世理想，修齐治平的人生目标，几乎植根于他们的骨血之中。因此，在他们创作的大量文学作品中，几乎都渗透着儒家思想。

"文以载道"的教化传统，对中国古代文学影响深远。首先，它从文学的功能入手，保证了文学发展的基本方向。即密切关注现实，强调文章的内涵表现，使作品言之有物，且充满政治热情、进取精神和社会使命感。

以诗歌而论，诗言志，其"志"，更侧重志向、理想、抱负等。例如，诗人杜甫之所以被称为"诗圣"，很大程度上是因为他的诗中展现的人格魅力，集中了儒家文化传统里的一些最重要的品质和情怀，如忠义仁爱、忧国忧民等。用杜甫自己的话来说，"穷年忧黎元"是他的诗作的中心思想，"济时肯杀身"是他的诗作的一贯精神。即使是"诗仙"李白，也在诗中强烈地表达了对孔子的仰慕，并明确表示要像孔子一样，留给后世如《春秋》那般伟大的作品。至于历代散文，更是在"文以载道"

思想的指导下发展起来的。从唐代开始，韩愈、柳宗元等古文运动的先驱者，就明确提出"文以贯道"，将"道"放在首位，重视作家的品德修养，重视写真情实感。至北宋，以欧阳修、苏轼等为代表的文人，继承和发扬了韩、柳的古文传统，强调文道统一。经此两代，"文以载道"思想更加成熟，也更加深入人心。

"文以载道"也给中国古代文学带来了一定的负面影响，使有些文学作品沦为政治和道德的附庸。

虽然不能否认文以载道的负面影响，但在漫长的古代文学发展历程中，其积极作用更是显而易见的。作为中华民族文学的传统特色，在文学发展日益全球化、多样化的今天，特别是在发展社会主义新文化的过程中，这一传统无疑是有价值的。

三、温柔敦厚的美学追求

温柔敦厚，语出《礼记·经解》，原指以《诗经》为教材，对贵族子弟进行教育，使他们在社交生活中遵从"礼"的要求，表达自己的观点看法时能够委婉含蓄，而不是锋芒毕露。

温柔敦厚作为一种审美标准，作为独具民族特色的美学原则，在中国文学史上影响深远，贡献巨大。将其引申至文学创作，则表现为艺术表现要蕴藉含蓄，委曲婉转；内容要深郁厚笃，既不叫嚣乖张，也不浅显直露；抒发感情要有所节制，维持合适的度。

这种适度之美在文学中具体体现为以下三个方面的和谐与统一。

1. 情理中和

孔子将其中庸思想引入文学鉴赏领域，以"发乎情，止乎礼义"的标准修订《诗经》。他评判《关雎》这类作品，指出其中的情感表达须有节制，不能逾越道德礼法，更不能过于强烈。"乐而不淫，哀而不伤"，中正平和的作品才是好的作品。

情理中和虽然强调节制，但不应被误读为压抑人性、否定情感。中国古代文学绝不缺少抒情类作品，情感表现也不可谓不真诚深挚，但在情感表达方式和美学呈现上，则习惯于克制的表达，情理统一，情感表现忌过、求和，自觉遵循理性的规范，作品在整体上呈现含蓄隽永、隐约朦胧的中和之美。

如陆游的《钗头凤》。词人陆游与表妹唐婉本为情投意合的恩爱夫妻，却因陆母的反对被迫分离。多年之后两人仍难忘旧情，遂有这首词的出现。"几年离索"给二

第五章 中国古代文学

人带来了巨大的精神折磨,作者的怨恨之情、怜惜之意、伤痛之感等百感交集,全篇却仅以"莫莫莫""错错错"六字直接传情,有极强的艺术感染力。

即使在今天,"中和"仍具有现实意义。对当前的诸如暴力血腥、荒谬奇诡等极致性书写具有一定的克制作用,使文学可以保持自觉的理性和尺度感。

2. 文质彬彬

孔子说过:"质胜文则野,文胜质则史,文质彬彬,然后君子。"(《论语·雍也》)虽是传授为人之道,但也可以引申至文学创作。"质"和"文"可以对应文章的内容和形式,而"文质彬彬"则可以理解为内容与形式的和谐统一。

虽然内容和形式都有相对独立的审美内涵和审美价值,但二者也是相互依附的。在孔子看来,只有二者达到统一,才符合"中和"的审美标准。后世的文学家也多遵循这一标准去创作。

汉代,赋体曾盛极一时,虽然在文体上有创新之功,书写上却往往过分追求华词丽句、排比对偶,以致单调重复,缺乏真情实感。王充曾批评这种舍本逐末的行为:"人之有文也,犹禽之有毛也。毛有五色,皆生于体。苟有文无实,是则五色之禽,毛妄生也。"(《论衡·超奇篇》)指出只有文质相称的作品才是好作品。

"文质彬彬"的要求对文学创作产生了积极作用。历代优秀的文学家都既重视文学的表现内容,自觉实践"文以载道"的文学理念,深入生活,反映现实,也不排斥在艺术上多做推敲,精益求精。因此,他们创作的杰出作品很多都达到了"文质彬彬"的美学境界,成为后世学习欣赏的典范。

苏轼作为唐宋古文运动的完成者,完善了古文运动的理论。他强调文章的思想内容和实用性,同时也重视表现手法,提倡"文"与"质"的和谐统一,大大提高了古文的表现力。他的诗文被士人学子争相传诵。南宋时举子们甚至有"苏文熟,吃羊肉;苏文生,吃菜羹"的谚语。苏轼的诗文对明代的公安派、竟陵派,清代的桐城派都产生了深远的影响。

3. 美善兼容

中国文学要求真善美的统一。早从孔子开始,就树立了以善为美、尽善尽美的观念。正如他在《论语·八佾》中所说:"子谓《韶》,'尽美矣,又尽善也。'谓《武》,'尽美矣,未尽善也。'"《韶》《武》虽都是宏大壮美的音乐,但因《武》乐赞美武王的杀伐之功,所以不如重仁德教化的《韶》乐,而《韶》乐也因为这种尽善尽美而成为"中华第一乐章"。

美和善本为不同的审美维度,但在儒家思想体系中,都可通向礼乐,因而二者的关系既独立又相通。美既是外在的,也存在于本质之中。美与善的不可分割,反映了中华民族"美善兼容"的传统美学观。

文学的重要性不言而喻,是"经国之大业,不朽之盛事",担负着"经夫妇,成孝敬,厚人伦、美教化、移风俗"的重任。作为重要的教化方式,文学既可以带来个体情感上的激荡,也对社会价值观念有一定影响。文学有了善的内涵,再加上真挚的情感、新颖独特的形式和技巧、形象生动的语言等,使美与善均达到更高层次,且能相兼相容。只有美善兼容,文学才能扬善抑恶,且寓教于美,于潜移默化之中实现"美刺",既避免了为教化而教化的枯燥无味,同时也与"为艺术而艺术"的唯美主义有着本质区别。

经典诵读

1.《诗经·国风·关雎》

关关雎鸠,在河之洲。窈窕淑女,君子好逑。
参差荇菜,左右流之。窈窕淑女,寤寐求之。
求之不得,寤寐思服。悠哉悠哉,辗转反侧。
参差荇菜,左右采之。窈窕淑女,琴瑟友之。
参差荇菜,左右芼之。窈窕淑女,钟鼓乐之。

2.《庄子·秋水》(节选)

秋水时至,百川灌河。泾流之大,两涘渚崖之间,不辩牛马。于是焉,河伯欣然自喜,以天下之美为尽在己。顺流而东行,至于北海,东面而视,不见水端。于是焉,河伯始旋其面目,望洋向若而叹曰:"野语有之曰,'闻道百,以为莫己若'者,我之谓也。且夫我尝闻少仲尼之闻而轻伯夷之义者,始吾弗信。今我睹子之难穷也,吾非至于子之门,则殆矣,吾长见笑于大方之家。"

北海若曰:"井蛙不可以语于海者,拘于虚也;夏虫不可以语于冰者,笃于时也;曲士不可以语于道者,束于教也。今尔出于崖涘,观于大海,乃知尔丑,尔将可与语大理矣。天下之水,莫大于海,万川归之,不知何时止而不盈;尾闾泄之,不知何时已而不虚。春秋不变,水旱不知。此其过江河之流,不可为量数。

而吾未尝以此自多者，自以比形于天地而受气于阴阳，吾在于天地之间，犹小石小木之在大山也。方存乎见少，又奚以自多！计四海之在天地之间也，不似礨空之在大泽乎？计中国之在海内，不似稊米之在大仓乎？号物之数谓之万，人处一焉；人卒九州，谷食之所生，舟车之所通，人处一焉。此其比万物也，不似豪末之在于马体乎？五帝之所连，三王之所争，仁人之所忧，任士之所劳，尽此矣！伯夷辞之以为名，仲尼语之以为博，此其自多也。不似尔向之自多于水乎？"

3. 李白《将进酒》

君不见，黄河之水天上来，奔流到海不复回。
君不见，高堂明镜悲白发，朝如青丝暮成雪。
人生得意须尽欢，莫使金樽空对月。
天生我材必有用，千金散尽还复来。
烹羊宰牛且为乐，会须一饮三百杯。
岑夫子、丹丘生，将进酒，杯莫停。
与君歌一曲，请君为我侧耳听。
钟鼓馔玉不足贵，但愿长醉不愿（复）醒。
古来圣贤皆寂寞，唯有饮者留其名。
陈王昔时宴平乐，斗酒十千恣欢谑。
主人何为言少钱，径须沽取对君酌。
五花马，千金裘，
呼儿将出换美酒，与尔同销万古愁。

4. 杜甫《春望》

国破山河在，城春草木深。　感时花溅泪，恨别鸟惊心。
烽火连三月，家书抵万金。　白头搔更短，浑欲不胜簪。

5. 苏轼《水调歌头》

丙辰中秋，欢饮达旦，大醉，作此篇，兼怀子由。

明月几时有？把酒问青天。不知天上宫阙，今夕是何年。我欲乘风归去，又恐琼楼玉宇，高处不胜寒。起舞弄清影，何似在人间。

转朱阁，低绮户，照无眠。不应有恨，何事长向别时圆？人有悲欢离合，月有阴晴圆缺，此事古难全。但愿人长久，千里共婵娟。

6. 李清照《声声慢》

寻寻觅觅，冷冷清清，凄凄惨惨戚戚。乍暖还寒时候，最难将息。三杯两盏淡酒，怎敌他、晚来风急！雁过也，正伤心，却是旧时相识。

满地黄花堆积，憔悴损，如今有谁堪摘？守着窗儿，独自怎生得黑！梧桐更兼细雨，到黄昏、点点滴滴。这次第，怎一个愁字了得！

7. 曹雪芹《红楼梦》（第三回节选）

两弯似蹙非蹙罥烟眉，一双似喜非喜含情目。态生两靥之愁，娇袭一身之病。泪光点点，娇喘微微。闲静时如姣花照水，行动处似弱柳扶风。心较比干多一窍，病如西子胜三分。（林黛玉）

诵读音频

参考书目

◎ 游国恩，王起，萧涤非，等．中国文学史 [M]．北京：人民文学出版社，2002．

◎《中国古代文学史》编写组．中国古代文学史 [M]．北京：高等教育出版社，2018．

◎ 朱东润．中国历代文学作品选 [M]．上海：上海古籍出版社，2006．

◎ 李修生，赵义山．中国分体文学史 [M]．上海：上海古籍出版社，2007．

◎ 杨义．中国叙事学 [M]．北京：人民出版社，2009．

◎ 叶舒宪．诗经的文化阐释 [M]．武汉：湖北人民出版社，1994．

◎ 萧涤非，程千帆，马茂源，等．唐诗鉴赏辞典 [M]．上海：上海辞书出版社，1983．

◎ 夏承焘，俞平伯，臧克家，等．宋词鉴赏辞典 [M]．上海：上海辞书出版社，2003．

◎ 周汝昌．红楼梦新证 [M]．北京：中华书局，2012．

◎ 乐黛云，陈珏．北美中国古典文学研究名家十年文选 [M]．南京：江苏人民出版社，1996．

【第五章　中国古代文学】

思考与练习

1. 为什么说中国古代文学是中国传统文化的重要组成部分？举例说明。
2. 关注现实的理性精神对于今天的文学创作和文化建设具有什么借鉴意义？
3. "文以载道"这一教化传统的主要内涵是什么？如今它是否有积极意义？请结合实际进行讨论。

第六章　中国古代艺术

文化看台

材料一：

2020年9月10日，北京，《丹宸永固——紫禁城建成六百年展》在故宫博物院午门开幕。2020年适逢紫禁城建成六百年，故宫博物院此次大展以三大主题、十八个历史节点线索，介绍紫禁城的规划、布局、建筑、宫廷生活，以及建筑营缮与保护概况，方便观众理解贯穿于紫禁城"时""空"的历史文化，感受宫殿建筑技术与艺术完美结合的最高境界，感悟中华优秀传统文化的无穷魅力。

（新华社：《故宫举办紫禁城建成六百年展览》，中华人民共和国中央人民政府网站，2020-09-10，http://www.gov.cn/xinwen/2020-09/10/content_5542350.htm#allContent.）

国庆假期，故宫博物院正常开放。今日起，故宫每日预约观众数量上调至3万人，上午、下午分别预约1.5万人。

在《丹宸永固——紫禁城建成六百年展》中，观众可以看到曾雄踞太和殿屋顶的脊兽、首次展出的符望阁漆纱等。《千古风流人物——故宫博物院藏苏轼主题书画特展》在文华殿展出，共有78件文物精品。《御瓷新见——景德镇明代御窑遗址出土与故宫博物院藏传世瓷器对比展》在景仁宫举办。

根据经验，假期的客流高峰时段为每日10时至13时，故宫建议观众错峰参观。院内文创商店、书店、冰窖餐厅等正常开放，区域室内观众人数达到一定密度时将采取限流措施。

不能到现场参观的观众，也可以线上逛故宫。《丹宸永固——紫禁城建成六百年展》《千古风流人物——故宫博物院藏苏轼主题书画特展》等最新展览的线上展厅已经进驻《故宫展览》APP，观众可以360°沉浸式感受展厅现场氛围，欣赏文物高清大图，聆听详尽解说。同时，观众搜索"数字故宫"微信小程序，更可将高清名画、三维立体文物、线上展览等装入手机。

【第六章　中国古代艺术】

（刘冕:《今天起，故宫每日预约观众数量上调至3万人！》，北京日报客户端，2020-10-01, https://baijiahao.baidu.com/s?id=1679337546298937058&wfr=spider&for=pc.）

讨论：如果有机会，你会选择以线上还是线下的方式参观故宫？你对故宫的哪些部分最有兴趣，为什么？

材料二：

最近，三星堆再次火了。据某在线旅游平台发布的数据显示，由于三星堆考古的新发现，公众对三星堆博物馆的热情暴增。3月20日至21日周末两天，预订三星堆博物馆门票的游客数环比上周末（3月13日至3月14日）增长近12倍，不少游客还会"打飞的"专门去看古蜀文明。

在社交媒体和直播时代，这次挖掘不再是单纯的考古行为，而变成了一场"当下的"文化事件。

这次要挖掘6个祭祀坑，被称为"连拆6个盲盒"。盲盒是这两年才流行的消费文化，盲盒店售卖的通常是一些文创用品或玩偶，先付款再拆开。在打开之前，你不知道到底买到的是什么——这种营利模式，售卖的其实是"偶然性"和"惊喜"，这让盲盒成为一种精神产品。

三星堆也一样，很多人连三星堆位于广汉还是成都都不知道，甚至有人半开玩笑地发问："为什么不叫华为堆？"但这并不影响大家看直播、发弹幕、参与讨论。三星堆本来就有一些待解之谜，社交媒体时代大众的参与，并没有让这些疑问消失，反而让悬疑更吸引人关注。

可以说，存在两种"三星堆考古"，一种是严肃的学术研究，专家会对着那些文物苦苦思索，小心求证。一位专家表示，30多年前的挖掘，大家写了数百篇论文，这次很多都需要"修正"，这种探索是没有尽头的。另一种则是充满想象的"网友考古"，相关帖子满天飞，充满幻想、激情和创造力。对网友的猜测，没必要太过认真，考古终究是一项专业的事。网友尽管"大胆想象"，专家则必须"小心求证"。

考古曾经是大学里所谓的"冷门专业"。去年湖南一位高分考生报考北大考古专业，曾引起巨大反响。老派的观点认为这个专业不好找工作，但是持这种观点的人很快会发现是自己过时了。很多考古队、博物馆都给这位同学送了礼物。这时人们才发现，"考古""博物"已经是潮流了。

三星堆博物馆本身就已是"网红"，其微博有众多粉丝，还会经常用那些"面具"做一些有创意的推文，深受网友喜爱。在更大范围内，博物和文创是过去几年新的经济增长点,最"出圈"的代表就是故宫博物院。参观博物馆,成为新的都市生活方式,各种博物馆如雨后春笋一般建立起来,以至于有网友戏言:"文物"都显得不太够用了。

在这种背景下,我们就能很好理解这次三星堆考古带来的热潮。在所有的考古项目中,三星堆是最神秘的,这次也出土了不少文物。对历史和文明的研究,其实是无止境的,而除了宏观、学术的论断,公众也会对更多历史细节产生好奇。尽量还原三星堆文化的细节,有助于我们了解当时这片土地上的人们到底是怎么生活的。

在社交媒体时代,网友对考古的热情值得珍视,它意味着中国人对传统文化与中华文明的兴趣和热情进一步迸发。作为一种文化现象,这关乎中国人的当下和未来。

(张丰:《三星堆考古为何会出圈》,中国青年报客户端,2021-03-24,https://baijiahao.baidu.com/s?id=1695062411067967400&wfr=spider&for=pc.)

讨论:你了解三星堆遗址考古的重大发现吗?有关三星堆的新闻多次冲上"热搜",出现这种文化现象的原因有哪些呢?

知识聚焦

第一节 中国古代艺术的辉煌成就

艺术是人类对于美的探索与发现,它源于人类的生产劳动和生活需要,是重要的文化门类之一。中国艺术具有悠久的历史,源远流长。距今一万八千年前,山顶洞人已经开始使用装饰品;新石器时代,河南舞阳贾湖出现了竖吹骨笛,黄河流域的其他地区还出现了彩陶、玉器,说明先民已经开始了艺术实践活动。在漫长的历史发展过程中,中国艺术的门类逐渐丰富,音乐、舞蹈、书法、绘画、建筑等都形成了自己独特的精神风貌和民族特色,并取得了灿烂辉煌的成就。

一、音乐

(一)中国古代音乐的起源与发展

《礼记·乐记》云:"凡音之起,由人心生也。人心之动,物使之然也。感于物而动,故形于声。声相应,故生变,变成方,谓之音。"郑玄注曰:"宫、商、角、徵、羽,杂比曰音,单出曰声。"孔颖达疏曰:"音,则今之歌曲也。"可见,"声"指的

【第六章 中国古代艺术】

是单一的音调，而"音"则是由不同声调组合而成、高低错落的音乐。

"乐"字的甲骨文写作" "，指丝弦绷在木架子上，可见"乐"字本来的意思是指能发出乐音的乐器。郭沫若在《青铜时代·公孙尼子与其音乐理论》中说："中国旧时的所谓乐，它的内容包含得很广，音乐、诗歌、舞蹈，本是三位一体可不用说，绘画、雕镂、建筑等造型美术也被包含着，甚至于连仪仗、田猎、肴馔等都可以涵盖，所谓乐（yuè）者，乐（lè）也。凡是使人快乐，使人的感官可以得到享受的东西，都可以广泛地称之为乐，但它以音乐为其代表，是毫无问题的。"

音乐是如何起源的？《礼记·乐记》认为音乐是人感应于物，而生于心的产物。后世学者众说纷纭，比较常见的说法有劳动起源说、异性求爱说、模仿自然说、巫术起源说等。目前认同度较高的观点是，音乐起源于原始社会的劳动和生活当中。至于音乐具体起源于何时，中国社会最早什么时候开始出现音乐，已经难以考证。

上文提到的骨笛（图6-1），已经具备了六声和七声音阶结构，可见，在新石器时代，我们的祖先已经"发现"了音乐，这亦是中国音乐的历史可以追溯到远古时期的明证。原始社会的音乐主要反映原始人的劳动和生活。传说黄帝时期所作的《弹歌》"断竹、续竹、飞土、逐宍（古同'肉'）"（《吴越春秋》）这首古老的歌谣就是对畋猎生活的描述，生动地反映了先民制作弓箭和追逐猎杀的过程。除此之外，还有关于农牧、战争、爱情婚姻、自然灾害、图腾崇拜、宗教活动等方面的内容。原始音乐的一个重要特征就是与诗和舞融合在一起，《礼记·乐记》云："诗，言其志也；歌，咏其声也；舞，动其容也。三者本于心，然后乐器从之。"诗、歌、舞三者一起形成了原始乐舞。

图6-1 河南舞阳贾湖出土的新石器时代的骨笛

随着阶级社会的到来，音乐也被打上了阶级的烙印。作为统治阶级的奴隶主将音乐作为娱乐的手段，不仅娱己，也娱神。从此，音乐与重要的典礼仪式结合起来，成为阶级社会统治工具的一部分。到西周时期，礼乐制度推行，礼乐机构产生，乐教的思想深入人心，音乐实际上对人们的思想、审美乃至于阶级统治都产生了巨大的影响，地位得到空前提高。

　　春秋战国时期，新兴贵族们开始僭越礼乐，不再遵守礼乐规定的等级制度，于是"礼崩乐坏"，雅乐不兴，取而代之的是民间新乐的发展繁荣。成书于春秋时期的《诗经》中的十五国"风"，大多数是反映地方民情与风貌的民歌作品，在黄河流域的陕西、山西、河南、山东和长江流域的湖北北部及四川东部地区流行。伟大诗人屈原不仅整理了流行于沅、湘一带的巫舞曲《九歌》，还根据楚地音乐填写了大量乐章，如《天问》《九章》《招魂》《离骚》等。筑、筝等一些新式乐器产生，用数学计算乐律关系的"三分损益法"也在此时出现。

　　秦汉以至魏晋南北朝，中国的音乐艺术获得长足发展。秦朝统一中国之后，设立了专门的音乐机构乐府，它大规模收集整理民间音乐，并在此基础上进行创作。汉代沿袭秦制并对乐府进行扩充和改建，音乐上取得丰硕的成果。作为主管乐府的乐官，音乐家李延年为宫廷音乐的创新发展作出了重大贡献。汉乐府音乐中影响最大的是"相和歌"，始于我国北方的民间音乐，由汉代宫廷乐官"被之管弦"，就成了"丝竹更相和，执节者歌"的新式艺术歌曲。相和歌在魏晋时期发展为"清商乐"，是汉魏六朝俗乐的总称。相和歌和清商乐进一步发展，成为大型歌舞"相和大曲"和"清商大曲"。魏晋南北朝时期，随着佛教的传入，佛教音乐也大为兴盛。

　　隋唐时期，燕乐兴起，它刚开始是用于宫廷朝会宴飨的乐舞，后来逐渐发展成为有别于雅乐的俗乐的总称，包括独唱、独奏、大型歌舞和歌舞戏等等。《秦王破阵乐》和《霓裳羽衣曲》是最有名的"燕乐大曲"，所谓大曲是唐朝宫廷对中原以外的各族和各国音乐进行吸收和融合之后形成的大型宫廷歌舞曲。大曲代表了唐朝的主要音乐成就。唐朝还在太常寺所属的大乐署、鼓吹乐署之外，另设教坊和梨园，培养专门的音乐人才。

　　北宋时期，经济的发展促进了城市商业和手工业的繁荣，城市市民阶层迅速发展起来，他们的娱乐需求催生了唱曲、说唱、戏曲、器乐演奏等各种音乐形式的兴旺发展，"瓦市""勾栏"等民间艺人表演的场所也大量出现，文人作词唱曲亦蔚然成风。元代时，市民音乐继续发展，戏曲艺术及其音乐发展成熟，杂剧和南戏取得了相当高的艺术成就。

　　明清时期，城镇经济较宋元时代更为繁荣，大量农民进入城市变为市民。市民阶层的壮大促进了小曲、小调的流行。说唱音乐、地方戏曲极为流行，发展、衍

【第六章 中国古代艺术】

生出更为多样的、具有鲜明地域特点的新曲种和新声腔。清乾隆年间,四大徽班进京演出,催生了京剧。此外,明代朱载堉发明的乐律"新法密率"是世界上最早的十二平均律。

(二)中国古代乐器及音乐名作

乐器在中国的起源非常早,上文已有提及。《诗经》中所提到的乐器就有约三十种,根据《周礼》的记载,周朝使用的乐器有七十余种。古人根据乐器的材质将其分为八类:金、石、土、革、丝、木、匏、竹,称为"八音"。按照乐器的演奏方式,我国古代的乐器可以分为以下几类。一是吹奏类乐器,如埙、箫、笙、竽、篪、笛、唢呐等。二是拉奏类乐器,如京胡、二胡等。三是弹奏类乐器,如古琴、琵琶、瑟、筑、阮、古筝、箜篌等。四是打击类乐器,如各种鼓、钟、磬、铙钹以及陶响器等。

中国古代音乐在漫长的发展过程中,产生了无数优秀的音乐家和音乐作品。

黄帝时的《云门》,尧帝时的《咸池》,舜帝时的《韶》都是传说中的优秀乐舞作品,孔子也曾说听闻《韶》乐,"三月不知肉味"(《论语·述而》)。流传至今的《阳春》《白雪》是两首琴曲,相传为春秋时代的师旷所作。战国时,传说伯牙创作了《水仙操》《高山流水》等琴曲,伴随着"伯牙摔琴谢知音"的故事,琴曲《高山流水》广为人知,其琴谱有多种版本流传于世。

东汉时蔡邕所著的《琴操》收录了《聂政刺韩王曲》,因为表现内容和音乐节奏基本一致,名曲《广陵散》(又名《广陵止息》)被认为源于《聂政刺韩王曲》。曹魏时期的嵇康因与掌权者司马氏不和,被司马氏杀害。嵇康"临刑东市,神气不变,索琴弹之,奏《广陵散》"(《世说新语·雅量》),此曲因其慷慨之气而为人所重。《胡笳十八拍》相传由蔡邕的女儿蔡琰融入胡笳特有的音调创作而成,表现她思怀故国又不忍与亲人分离的复杂情感,叙述自己一生不幸的遭遇。《梅花三弄》相传为晋代"笛圣"桓伊所作,原名"梅花落",后来被唐人改为琴曲,清代文献中还记载了琴箫合奏的乐谱,此曲节奏跌宕,格调清幽,表现梅花高洁的品质。

魏晋名士阮籍好饮酒,作《酒狂》,据明代古琴谱集《神奇秘谱·酒狂》题解曰:"籍叹道之不行,与时不合,故忘世虑于形骸之外,托兴于酗酒,以乐终身之志。其趣也若是,岂真嗜于酒邪?有道存焉。妙在于其中,故不为俗子道,达者得之。"

《阳关三叠》,又称《阳关曲》《渭城曲》,是根据唐代大诗人王维的《送元二使安西》谱写的乐曲,在唐代时就流行开来,人们在送别亲友时为表达哀婉不舍之情经常吟唱。《阳关三叠》传至后代，有多种曲谱和唱法，现存最早的谱本是明代初年龚稽古所编。《秦王破阵乐》为集歌、舞、乐于一身的大曲，是唐太宗李世民率兵平定叛乱后，由军中将士按照隋末军歌《破阵乐》曲调填上新词而成，此乐影响深广，流传到了印度、日本等国。

另有琴曲《平沙落雁》，作者不详，传说甚多。《古音正宗》说此曲"盖取其秋高气爽，风静沙平，云程万里，天际飞鸣。借鸿鹄之远志，写逸士之心胸也"。该曲延绵起伏，委婉隽永，至今仍深受欢迎。大型琵琶曲《十面埋伏》又名《楚汉》，取材于楚汉二军战于垓下的著名历史故事，调动了一切琵琶演奏技巧，表现激烈的战斗场面，模拟千军万马冲锋陷阵的情景，极为生动。这首琵琶名曲曲风豪放雄健，具有极大的艺术魅力。

二、舞蹈

（一）中国古代舞蹈的起源与发展

关于中国古代舞蹈的起源，有多种说法。一说起源于黄帝，《事物纪原》中说："舞乐之兴，始于黄帝，故周用六代之乐，越取黄帝以为始舞，可遵也。"《山海经》以为起于帝舜，"帝俊有子八人，是始为歌舞"。也有说法认为起源于先于黄帝的阴康氏，据《路史·前纪》记载："阴康氏时，水渎不疏，江不行其原，阴凝而易闷。人既郁于内，腠理滞着而多腿重，得所以利其关节者乃制为之舞，教人引舞以利导之，是谓《大舞》。"

实际上，舞蹈的产生远早于文献的记载。中国最早的舞蹈遗迹，可以通过各类出土文物得以窥见。20世纪70年代，青海大通县上孙家寨出土了一件有舞蹈纹饰的彩陶盆。陶盆内壁上画着结队跳舞的图画，生动而直观地展示了五千年前中国的舞蹈艺术形象。还有在云南、内蒙古、广西、甘肃等地发现的岩画，也刻画了原始先民舞蹈的场面。例如，在内蒙古狼山岩画中，就可以看到舞者戴着尾饰，模仿鸟兽的动作翩然起舞，而且既有单人舞，又有双人和团体舞，姿态各异。原始舞蹈既包括生产劳动、战斗等场面的再现，也有反映求偶繁衍、图腾崇拜等方面的内容。

进入奴隶制社会后，舞蹈跟音乐一样，变成了娱神和维护统治的工具。在这个阶段，舞蹈一方面被应用到原始祭祀中，另一方面成为宫廷娱乐的重要内容，当然民间乐舞也有一定的发展。严格的等级制度是这一时期的特点，舞蹈也有相应的规

【第六章 中国古代艺术】

定，如周朝规定在舞蹈队伍方面，天子用八佾，诸侯用六佾，卿大夫用四佾，士用两佾。

秦汉时期，舞蹈艺术进一步发展，新的艺术形式和舞蹈节目出现了。"百戏"，又叫"散乐"，是包含了杂技、武术、魔术、歌舞、乐器演奏等各种民间技艺的一种新的表演艺术，广泛流传于宫廷和民间。百戏中的舞蹈又可以分为巾袖舞、道具舞、情节舞和舞像。魏晋南北朝时期最具代表性的大型乐舞是清商大曲，包含《巾舞》《拂舞》《明君舞》《鼙乐》《白鸠舞》等。

隋唐是中国古代艺术发展空前繁荣的时期，舞蹈艺术也在唐朝进入了巅峰期。这一时期，由于社会的开明和对外交流的频繁，舞蹈活动也极为普遍，从宫廷到酒肆，从街头到佛寺，到处都有人载歌载舞。最有艺术特色的唐朝舞蹈要数小型乐舞软舞和健舞。软舞以《绿腰》《凉州》《春莺啭》《乌夜啼》为代表，健舞以《剑器》《柘枝》《胡旋》《胡腾》为代表。软舞动作轻柔、舞姿舒缓、抒情灵动，唐朝著名诗人李群玉曾在观看《绿腰》表演后，写诗道："南国有佳人，轻盈绿腰舞。华筵九秋暮，飞袂拂云雨。翩如兰苕翠，婉如游龙举。……坠珥时流吟，修裾欲溯空。唯愁捉不住，飞去逐惊鸿。"健舞有著名的《胡旋舞》等。太常寺、教坊、梨园、宜春院等，也集中和培养了大量的乐舞伎。

到了宋代，舞蹈艺术开始在民间焕发出勃勃生机，民间歌舞极为盛行，老百姓为庆祝节日集中在一起，载歌载舞，逐渐形成了传统，著名的民间舞蹈有《村田乐》《舞鲍老》《旱龙船》等。宋元时期，词曲艺术繁荣，戏曲兴起，融合宫廷和民间歌舞而成的独具特色的"歌舞剧"逐渐取代了汉唐歌舞大曲，在宫廷音乐表演中占据了核心地位。明清时期，戏曲艺术高度发展，戏曲舞蹈是戏曲的重要组成部分，从宫廷到民间，都有大量的戏曲舞蹈演出。纯粹的歌舞演出已经逐渐在宫廷中减少，一般只在大型的节庆宴会中出现，清代宫廷中的宴享舞蹈通常具有满族特点。民间歌舞在这个时期获得长足发展，表演形式多样，如秧歌、旱船等在节庆时经常见到，并一直流传至今。

（二）中国古代舞蹈的特征与著名舞蹈作品

中国古代舞蹈历史悠久，在漫长的发展过程中形成了自己的特色、体系和风格。总结起来，具有如下几个特征。

第一，中国古代舞蹈与音乐、诗歌联系紧密。中国古代的诗、乐、舞是不可分割的,人们将舞蹈与音乐结合来表达内心感受,同时追求诗的意境。从最开始出现的原始舞蹈,到唐代的大曲,以及明清时流行的戏曲舞蹈,无不体现出这一特点。

第二,中国古代舞蹈吸收了不同民族和地区的舞蹈特点,在交流和传播中不断发展,并逐渐形成了自己的特色。

第三,中国古代舞蹈以大型的群体性舞蹈为主,追求动作整齐划一、舞姿优美,并注重对形象的塑造。

中国古代舞蹈艺术在发展过程中出现了许多优秀作品,兹列举以下几种:

(1)《大武》。《大武》是周代编创的乐舞作品,用以歌颂武王伐纣的功绩。此舞共分为六段,分别表现武王伐纣的决心,武王伐纣的战斗过程,灭商后继续向南进军,南方疆域获得稳定,周公、召公辅佐统治,对周王的崇敬。此舞配合音乐与歌唱,颇有气势。

(2)《盘鼓舞》。《盘鼓舞》又名《七盘舞》,是汉代诗文和绘画作品中比较常见的舞蹈,表演者需要掌握精熟的舞蹈技艺。盘鼓即蒙着皮革的扁圆形鼓,舞者用脚以不同的节奏和动作击打鼓面,有时腾空而起,有时跪倒在地,有时仰面折腰,但脚总是在盘鼓上,不能落于地面。从出土的汉代画像砖可以知道,《盘鼓舞》有多种形式,舞者有男有女,男舞者动作雄健有力,女舞者则显得美丽婀娜。

(3)《霓裳羽衣舞》。《霓裳羽衣舞》简称《霓裳》,根据《霓裳羽衣曲》编成,相传为唐玄宗所作,是著名的唐代大曲,一般在宫廷中演出。白居易曾作《霓裳羽衣歌》:"千歌百舞不可数,就中最爱霓裳舞。"根据记载,舞者身着彩虹一般的衣裳,身上头上装饰着漂亮的装饰,各种环佩铃铛,飘飘然像仙女下凡,她们翩翩起舞,舞姿妙曼,观赏者宛若进入仙境一般。此舞对舞者要求甚高,唐玄宗宠爱的杨贵妃即擅长此舞,亦使得《霓裳羽衣舞》更添声名。

(4)《胡旋舞》。《胡旋舞》是一种以鼓弦乐器伴奏、流行于西域的舞蹈,唐代时从西域传入我国。舞者跟随节拍旋转,舞姿刚健、蹬踏如风。白居易有《胡旋女》诗:"胡旋女,胡旋女,心应弦,手应鼓。弦鼓声双袖举,回雪飘飖转蓬舞。左旋右转不知疲,千匝万周无已时。"舞者配合着音乐的旋律和节奏,旋转时高举双袖,如雪花一般轻盈飘摇,身体不断旋转,似乎不知疲倦,给人以新颖的观感。

《中国古代音乐史稿》(上、下册),杨荫浏著,人民音乐出版社,1981年版

【第六章 中国古代艺术】

三、书法

(一)中国古代书法的起源与发展

书法是一门古老的艺术,它随着古文字的产生而产生,也随着文字的演变和发展而演变发展。从甲骨文、金文到大篆、小篆、隶书,再到草书、楷书、行书等诸体,书法艺术源远流长,几千年来一直散发着巨大的艺术魅力,反映出不同时代的精神风貌。中国书法史的分期,一般以唐代作为分界点,唐以前称作"书体沿革时期",书法的发展主要表现为书体的沿革;唐以后称作"风格流变时期",因诸体具备,书法家们无须再创新字体,于是着意于"尚意"。

中国最早的书法艺术是一些象形的符号。在距今八千多年的黄河流域的裴李岗文化中,就出现了许多刻画在陶瓷器上的符号。这些符号虽然不是真正的文字,但是具备了一定的交际、记事功能,它们与用于装饰的图案混在一起,算是汉字的混沌形态。在距今五六千年的仰韶文化时期,则出现了一些有别于花纹的符号,是原始的文字开端。后来的二里头文化中,有刻画记号的陶片出现,这些记号都是单个独立的,被认为类似于殷墟的甲骨文。

出现于殷商时期的甲骨文(图6-2),是殷商王室占卜的记录,又被称为"卜辞"。这种大小有别,笔法富于变化的文字,线条比陶文更流畅,转折处方圆有度,结体长方,虽然并不是有意为之的书法艺术作品,但是却具有了艺术的美感,为书法艺术的发展奠定了基础。

商、周以至战国,金文流行。金文是指铸刻在青铜器上的文字,周代最为兴盛,又称为"钟鼎文"。金文在字形、笔画方面与甲骨文都有较大的不同,线条更粗壮。周朝时还产生了石刻文字。目前我国发现

图6-2 河南安阳小屯村出土的甲骨文

的最古老的石刻文字,被称为石鼓文,是刻写在十块鼓形石头上的四言诗,产生于东周时期的秦国,这些诗歌歌咏周代贵族狩猎的情况,石鼓文也叫"籀文"。

春秋战国时期,各国的文字不同,直到秦国统一六国后,文字才逐渐统一。秦国统一以后的文字,称为小篆。小篆已经是比较规范的字体,很多偏旁部首都有了

相对固定的写法，它们是在籀文的基础上发展而来的。小篆是我国书法史上一个重要的飞跃，它结体圆融、对称、均衡，对后世书法发展产生了重要的影响。

据汉许慎《说文解字》所载，秦始皇认定的书体有八种："一曰大篆；二曰小篆；三曰刻符；四曰虫书；五曰摹印；六曰署书；七曰殳书；八曰隶书。"隶书在战国时已经产生，经历了秦代，到汉代成为通用的文字形体。隶书的出现是汉字书写史上的重要革命，它改变了篆书曲折圆转、笔画繁多的特点，将文字形状变为方正，线条变为顺直，结体由纵势变为横势，并突破了篆书单一的中锋运笔特点，为以后书体的流变奠定了基础。隶书在汉代进入定型化时期，完成了汉字"隶变""隶定"的过程，更多地消除了小篆文字中的象形意味。两汉时期，是汉字书法发展最重要的时期，文字不仅由篆变隶，草书、楷书、行书也在这一时期产生。到汉末，汉字诸体基本齐备。汉代流传下来的各种石刻文字、瓦当文字以及简牍和帛书文字，无不向我们展示着汉代书法百花齐放的热闹局面。

魏晋时期是汉字书法艺术不断自我完善的时期，是承上启下的重要阶段。在这个阶段，篆、隶、真、行、草诸体具备，并走向成熟。由钟繇、王羲之等书法革新家完善了楷书、行书、草书三体，确立了这些书体在结体、章法等方面的艺术技巧，总结了书法的艺术规律，为中国书法理论体系的建立作出了重要贡献，揭开了中国书法史新的一页。汉末至魏晋是我国书法发展的重要时期，总结起来，这一时期的书法艺术有如下特点：第一，篆、隶、真、行、草各体具备，并走向成熟，书写技法体系建立，后世书法虽在此基础上变化和发展，但不再有本质性的突破。第二，文人开始有意识地进行书法艺术实践，并在精神层面和技法层面不断追求。如"钟王"在进行书法创作时，有意识地追求书写的优美、快速和简便。第三，书法艺术理论初步形成体系，出现了一些书法评论家和书法理论论著。如钟繇的《用笔法》、庾肩吾的《书品论》、袁昂的《古今书评》、梁武帝萧衍与陶景弘的《论书启》等。

唐代是中国书法步入繁荣昌盛的时期。唐代书法的发展可分为初唐、盛唐、晚唐三个时期。初唐时期，太宗李世民推崇王羲之的书法，确立了其"书圣"的地位。一些由隋入唐的书法家，如欧阳询、虞世南、褚遂良等人的书法独具风格，各自成体，但是他们的法度并未脱离魏晋书法的藩篱。盛唐时期，名家辈出，各种书体都达到新的高峰，出现了一大批书法名家，如李邕、张旭、颜真卿、李阳冰、怀素等人。晚唐时期，书法逐渐衰落，书风趋于保守，较有影响的书法家有柳公权、杨凝式二人。

【第六章 中国古代艺术】

总体而言,唐代以楷书、草书成就最高,楷书方面欧阳询、颜真卿、柳公权三人对后世影响尤巨,而张旭与怀素齐名,皆以草书名世。

两宋时期,楷书、篆书成就不大,草书、隶书较前人有所发展。但是由于帝王对书法的爱好,帖学盛行。宋徽宗所创瘦金体书法,结体枯瘦,独具特色,后世人竞相效仿。宋代书法成就最高的,要数"宋四家"(苏轼、黄庭坚、米芾和蔡襄)的行书。元代书法主要是继承前人,最有名的书法家为赵孟頫,赵孟頫的楷书结体圆润,字态优雅,被称为"赵体"。

明代书法前期承袭元人传统,以学习古法为宗,但又因受到传统的束缚而导致台阁体盛行。明代中期,台阁体逐渐没落,书法家力主革新,祝允明、文征明、王宠、唐寅等人上追晋唐,卓有成就。明代晚期,行书、楷书以董其昌为最,草书则以傅山、王铎等为代表,另外,邢侗、米万钟、张瑞图与董其昌一起,被称为"晚明四大家"。清代前期,仍然沿袭明代传统,帖学占主要地位;到了中晚期,则碑学盛行,书道中兴,书法艺术大有重振雄风之势,涌现出一大批个人风格突出、成就斐然的大书法家,如郑燮、金农、邓石如、伊秉绶、包世臣、何绍基等人。

(二)中国古代重要书法作品

中国古代书法家灿若星辰,书法作品更是浩如烟海,杰出者亦多,以下仅略举其中一小部分作简要介绍。

1. 西周佚名《散氏盘》

《散氏盘》铸刻于西周厉王时期,与毛公鼎、虢季子白盘并称西周三大青铜重器。《散氏盘》高20.6厘米,腹深9.8厘米,口径54.6厘米,附大耳,留高圈足,盘底刻有铭文357字。该铭文书法结体形方势圆,用笔质朴浑厚,形态壮美多姿,兼具金文与草书之美,开"草篆"之先,是碑学体系中的重要作品。

2. 秦(传)李斯《泰山刻石》

《泰山刻石》又称《封泰山碑》,刻于秦始皇二十八年(公元前219年),相传为秦相李斯所书。其书用笔精美、粗细均匀,结体讲究平衡,上紧下松、横密纵疏,被后人称为"小篆极则"。

3. 东汉佚名《礼器碑》

《礼器碑》又称《韩明府孔子庙碑》,东汉永寿二年(156年)镌立于山东曲阜孔庙内，现藏于山东曲阜汉魏碑刻陈列馆。《礼器碑》碑高173厘米，宽78.5厘米，厚20厘米，四面皆有隶书文字，与《乙瑛碑》《史晨碑》合称孔庙三碑。《礼器碑》是东汉隶书成熟时期的代表作，被清代翁方纲称为"汉隶第一"。清代王澍《虚舟题跋》评曰："此碑尤为奇绝。瘦劲如铁，变化若龙，一字一奇，不可端倪。"其书法结体瘦劲有力，开合有度，捺角处粗壮斜行，横平竖直，秀雅挺拔，历来被习书者奉为楷模。

4. 东汉佚名《张迁碑》

《张迁碑》全称《汉故谷城长荡阴令张君表颂》，又称《张迁表》，明初时出土。该碑刻于东汉灵帝中平三年（186年），碑高3.14米，宽1.07米，今藏于山东泰安岱庙。《张迁碑》结体方严，用笔方起方收，大巧若拙、古朴厚重，古今书法家无不推崇之至，是汉隶的优秀代表作。

5. 东晋王羲之《兰亭序》

《兰亭序》又名《兰亭集序》《临河序》《禊帖》。晋穆帝永和九年（353年）上巳节，王羲之在会稽山阴（今浙江绍兴）兰亭与谢安、孙绰等人雅集，《兰亭序》则是为雅集诗作《兰亭集》所作之序。《兰亭序》系王羲之用蚕茧纸、鼠须笔写成的行书，全文28行、324字，通篇中锋行笔，柔中带刚，线条流畅飘逸，点画浑然天成，观者无不倾心膜拜，被米芾誉为"天下行书第一"，历代书界皆奉其为极品。《晋书·王羲之传》云："论者称其笔势，以为飘若浮云，矫若惊龙。"《兰亭序》传世有五大摹本，包括天历本、米芾诗题本、黄绢本、神龙本和定武本。

6. 北魏佚名《张猛龙碑》

《张猛龙碑》（图6-3）全称《魏鲁郡太守张府君清颂之碑》，此碑立于北魏正光三年（522年），楷书，现藏于山东曲阜汉魏碑刻陈列馆之内。《张猛龙碑》碑高280厘米，宽123厘米，碑阳26行，每行46字，碑阴刻立碑诸人官名姓氏等。《张猛龙碑》书法以方笔为主，融圆于方，整体风格刚健有力，斩钉截铁，既灵动生趣，又古朴典雅，雍容大度。碑额所书"魏鲁郡太守张府君清颂之碑"尤为险峻。该碑为北魏

图6-3 《张猛龙碑》局部

【第六章　中国古代艺术】

碑刻之极品名作,为精严雅正书风的代表。

7. 唐颜真卿《祭侄文稿》

《祭侄文稿》全称《祭侄赠赞善大夫季明文》,又称《祭侄稿》,颜真卿于唐乾元元年(758年)创作的行书纸本。《祭侄文稿》23行,共234字。该书为颜真卿追祭以身殉国的侄儿颜季明所作,通篇气势磅礴、情感奔涌,悲愤之情填塞于其中,用笔豪放,一气呵成。《祭侄文稿》与《兰亭序》《黄州寒食帖》并称为"天下三大行书",亦被誉为"天下行书第二"。作者在书写时,毫无艺术创作之志,在"手我两忘"的情况下创作出不朽之作,纯粹是当时心境和平日功力的自然流露,具有极高的艺术价值。

8. 唐怀素《自叙帖》

《自叙帖》是由唐代书法家怀素创作于唐大历十一年或十二年(776或777年)的草书纸本。该书纵28.3厘米,横775厘米,共126行,698字。该书中怀素自述其学书经历并罗列他人对自己的品评,通篇狂草,笔笔中锋,连绵恣肆,不假思索,纵横变化发于笔端,美妙绝伦而不可名状,运笔于法度规矩中讲究变化无穷,把怀素那种目空一切、狂放不羁的气质表现到了极致,人称"天下第一草书"。

9. 唐柳公权《玄秘塔碑》

《玄秘塔碑》是唐会昌元年(841年)柳公权所书楷书书法作品,其文为裴休所撰,现存于西安碑林第二室。《玄秘塔碑》共28行,每行54字。此书结体紧密,笔法利落,运笔健劲舒展,引筋入骨,寓圆融于清刚之中。《玄秘塔碑》为柳公权六十四岁时所书,是"柳体"书法完全成熟的标志,充分展示了"柳骨"的风貌。

10. 宋苏轼《黄州寒食帖》

《黄州寒食帖》又名《黄州寒食诗帖》。该帖由苏轼撰诗并书,纵34.2厘米,横199.5厘米,行书,17行,129字。《黄州寒食帖》为苏轼被贬黄州的第三个寒食节所写,书法与诗歌情感相谐,通篇跌宕起伏、错落变化、气势豪放。《黄州寒食帖》字体大小不一,颇显随意,却又错落有致、各成法度,情感自然流露,笔力自在毫端,在书法史上影响很大。

《中国书法美学》,金学智著,上海书画出版社,1984年版

纪录片《兰亭集序》

四、绘画

（一）中国画的主要类型

中国画是采用中国传统的绘画工具，包括毛笔、墨和颜料等，按照中国人独特的审美理念、技法手段，依据东方艺术法则和表现形式创作的绘画作品。中国画按照题材分，可以分为人物、山水和花鸟三类。

人物画是指以表现人物形象和事迹为主要内容的绘画，是中国画中成熟最早的艺术类型。早在西周和春秋战国时期，王室中就已经出现了专职描绘人物肖像的画工。在魏晋南北朝时期，人物画全面兴盛，涌现出大量人物画画家，如顾恺之、张僧繇、杨子华、曹仲达等人。他们的画作对人物外在形象和内在风度的表现，达到了极高的艺术水准。隋唐时期是人物画走向高度成熟的时期，主要表现在释道人物和仕女画创作中。隋唐以后，画家突破传统的佛道帝王、仕女题材，开始描绘平民。宋代，由于社会经济的发展，社会生活丰富，人物画获得了高度发展，一些"院体"画家受到"士大夫画派"的影响，创作出不少优秀的写意人物画作品。元代时，人物画逐渐衰微。晚明清初人物画又有所复兴，出现了陈洪绶、崔子忠、丁云鹏、吴彬等一些杰出的人物画家，但论总体成就而言不如唐宋。

山水画是以描绘自然山水为主，表达对自然的崇拜和热爱的绘画。从技法上而言，山水画又可以分为水墨山水、青绿山水、金碧山水、浅绛山水、淡彩山水、没骨山水等形式。从内容上而言，凡是自然界存在的山川河流、田野村落、亭台楼阁、名胜古迹等皆可入画。汉代以前的绘画，多以人物画为主，即便涉及山水，也只是作为背景存在。山水画从晋代开始渐渐从人物画中剥离出来。隋代展子虔的《游春图》是山水画成为独立画种的重要标志。唐代是山水画的繁荣期，出现了不同风格的作品。这一时期，杰出的山水画家如李思训父子、王维、郑虔、王默、王宰、卢鸿、项容等人，创作上都各有成就，李思训、王维等人在画理、画法、章法等方面颇有建树。五代到北宋时期，山水画大兴，涌现出一批山水画大师，如北方的荆浩、关仝、李成、范宽，南方的董源、巨然等人以水墨山水闻名，王希孟、赵伯驹等人以青绿山水闻名，北宋后期，米芾、米有仁父子开创了湿笔水墨写意山水画派，世称"米

【第六章　中国古代艺术】

家山水"，对后世的影响颇深。山水画在宋代可谓发展到高峰。之后，元代山水画家杰出者有黄公望、吴镇、倪瓒和王蒙，史称"元四家"。明清两代，山水画作数量繁多，也涌现出不少优秀的山水画家，如"明四家"沈周、文征明、唐寅、仇英，清初的弘仁、髡残、朱耷、石涛等，但是总体上而言，成就并没有超越前代。

花鸟画的肇端早于山水画，新石器时代的彩陶上已经画有鱼、鸟和花草图案，殷商时期的青铜器上，有了较多龙、凤、鱼、蛙等图形的饰纹，马王堆战国墓葬出土的缯书上有树木的图画，汉代画像砖和壁画上，则有较多的花木鸟兽图案。南北朝时期，出现了擅长绘花木、鸟兽的画家，但是这些都只能算是花鸟画独立成科之前的萌芽。花鸟画成为专门的画科是在唐代。薛稷、刁光胤、滕昌祐、冯绍正、姜皎、卫宪、郑华原等人是专绘花鸟的名家，他们专攻鸟雀、草木、蜂蝶、树石等题材，而韩滉、韦偃、韩幹以擅画马、牛等兽而闻名。唐末五代时期，出现了黄筌、徐熙两位优秀的花鸟画家。黄筌的画作富丽而精巧，他采用的"双钩填彩"画法，用笔极精，不着痕迹，号称"写生"。两宋时期是花鸟画的繁盛期。北宋历朝皇帝都热衷绘画，在宫廷中专门设立了画院，网罗了全国有名的画家，花鸟是从皇帝到宫廷画师的重要表现题材。两宋画坛名家辈出、璀璨夺目，著名的花鸟画家层出不穷，如继承家学的黄居寀、徐崇嗣；擅长写生的赵昌、易元吉；院体画家赵佶、崔白、李嵩；精于水墨写意的文同、苏轼、赵孟坚、郑思肖等。元代时，水墨花鸟画占主导地位。明朝的徐渭成为水墨写意花鸟画的集大成者，他的作品兼收并蓄、大胆创新、一气呵成，展现出新的气象。清初的朱耷、石涛则将写意花鸟画推向了高峰。恽寿平的"没骨画法"为花鸟画另辟蹊径。

（二）中国古代重要的画家及其代表作

1. 东晋顾恺之《女史箴图》

顾恺之（348—409年），字长康，晋陵无锡（今江苏无锡市）人。顾恺之精于人像、佛像、禽兽、山水等，画人物主张传神，重视点睛，用细节描绘和环境刻画来表现人物的神情与风度。代表作有《洛神赋图》《女史箴图》《列女仁智图》等。

《女史箴图》原作失传，现存两个摹本。其一藏于北京故宫博物院，为南宋摹本；其二藏于英国伦敦大英博物馆，为唐代摹本。该画内容根据西晋文学家张华所创作的《女史箴文》而作，意在劝诫妇女遵守清规戒律。本画独具特色之处在于并没有使用传统的"铁线描"或"高古游丝描"，而使用细线描，人物因此而别有韵致。

2. 唐阎立本《步辇图》

阎立本（601—673年），雍州万年（今陕西西安市）人。其父阎毗、兄阎立德皆以善画而著名。阎立本承其家学，后转师张僧繇等人，所画人物、车马、台阁皆精妙，阎立本善于写真，其绘画线条生动，人物刻画细致，神采如生，尤受世人推崇，人称其画为"神品"。代表作有《步辇图》《历代帝王图》《职贡图》等。

《步辇图》原作失传，现存宋代摹本，藏于北京故宫博物院。设色绢本，纵38.6厘米，横129.6厘米。该画真实地记录了文成公主与吐蕃赞普松赞干布联姻的历史事件，描绘了唐太宗李世民接见使节禄东赞的情景。

3. 唐张萱《虢国夫人游春图》

张萱，长安（今陕西西安市）人，唐代画家，生卒不详，开元年间（713—741年）可能担任过宫廷画师，以善绘仕女、贵胄、鞍马著称。

《虢国夫人游春图》原作失传，现存摹本相传为宋徽宗所临，绢本设色，纵52厘米，横148厘米。该画描绘的是虢国夫人带领女眷骑马游春的情景。画中共有八位骑马的女性，中间的两位是虢国夫人和秦国夫人。该画富有节奏感，松紧适度，疏密相间，设色富丽典雅，格调清新明快，反映出盛唐时期宫廷人物的风貌。

4. 南唐顾闳中《韩熙载夜宴图》

顾闳中（约910—980年），江南人，南唐李后主时期画院待诏，唯一传世作品为《韩熙载夜宴图》。

《韩熙载夜宴图》原作失传，现存宋代摹本，绢本设色，纵28.7厘米，横335.5厘米，现藏北京故宫博物院。该画采用连续故事的手法，描绘了五代十国南唐中书侍郎韩熙载纵情声色的夜生活场景。画中人物动作姿态各异，安排上疏密有致，情态生动，用笔圆劲，设色浓丽，线条流转自如，塑造了生动的艺术形象。

5. 南宋梁楷《泼墨仙人图》

梁楷，生于1105年，卒年不详，嘉泰年间（1201—1204年）为画院待诏。梁楷生性狂放，放浪不羁，常纵酒以度日，世称"梁疯子"。梁楷工人物、佛道、鬼神，画史上称其用笔为"减笔描"，称其用墨为"大泼墨法"。代表作有《泼墨仙人图》等。

《泼墨仙人图》，墨笔纸本，纵48.7厘米，横27.7厘米。《泼墨仙人图》描绘了一位仙人粗服乱头、袒胸露怀、步履蹒跚的样貌，人物形象憨态可掬。此画构图、用墨皆大胆，寥寥数笔，充分表现了梁楷"减笔""泼墨"的风格，表现了作者敢于标

【第六章 中国古代艺术】

新立异、大胆创新的特点。

6. 隋展子虔《游春图》

展子虔（约550—604年），隋朝著名画家，渤海（今山东阳信县）人，工人物、车马、楼阁、山水等，尤擅人像。仅《游春图》存世。

《游春图》，绢本设色，纵34厘米，横80.5厘米，是一幅青绿山水画，也是我国目前存世的山水卷轴画中年代最早、保存最完整的一幅。它描绘的是贵族游春的场景。该图以山水为主体，人物在景中，采用了纯山水画的手法，将画中的山水、人物和舟车等的大小、远近、前后关系进行了合理处理，摆脱了魏晋山水画或"水不容泛"或"人大于山"的布局。

7. 五代黄筌《写生珍禽图》

黄筌，字要叔，生卒年不详，成都人，五代西蜀画家，宫廷画师，擅画山水、人物、松石等，尤精花鸟草虫，所画多为奇花异石，珍禽瑞鸟，画风富丽，被宋人称为"黄家富贵"。

《写生珍禽图》，绢本设色，纵41.5厘米，横70厘米，现藏北京故宫博物院。该画在不大的绢素上刻画了包括昆虫、鸟雀及龟类在内的共二十余种动物，是禽鸟写生画的经典范本。此画虽禽鸟众多，但各具特征，画家用细密的线条和浓丽的色彩，重视形似与质感，体现了黄筌"用笔新细，轻色晕染"的特点。

8. 北宋范宽《溪山行旅图》

范宽（约950—约1027年），本名中正，字中立，耀州华原（今陕西铜川市耀州区）人，因性情宽厚，人称"范宽"，遂改此名。范宽嗜酒，落魄不拘世故，画作雄美阔壮，笔力浑厚，被《圣朝名画评》列为"神品"。有《溪山行旅图》《雪山萧寺图》《雪景寒林图》传世。

《溪山行旅图》，绢本墨笔，纵206.3厘米，横103.3厘米。该画巨峰矗立，气势雄伟，山巅杂树茂密，瀑布直流，山脚下巨石纵横。画中的商旅队伍为画面平添生气。明董其昌评此画为"宋画第一"。

9. 北宋张择端《清明上河图》

张择端（1085—1145年），字正道，东武（今山东诸城市）人。张择端早年游学京师，后习绘画，宣和年间任翰林待诏，擅画楼观、屋宇、林木和人物等。存世作品有《清明上河图》《金明池争标图》等。

《清明上河图》，绢本设色，纵24.8厘米，横528.7厘米，现藏北京故宫博物院。该画采用我国古代绘画中特有的长卷形式，是具有重要历史价值和艺术价值的风俗画杰作。该画以鸟瞰的角度，不断推移视点取景，描绘人物达数百人，可谓形形色色。画中店铺作坊、茶房酒肆、行商走贩遍布，街市熙熙攘攘，反映了北宋的一派盛景。

10. 元黄公望《富春山居图》

黄公望（1269—1354年），本姓陆，名坚，元代画家。因过继浙江永嘉黄氏而改姓名。与王蒙、倪瓒、吴镇并称"元四家"，擅画江南景物，是元代画坛山水画巨擘。

《富春山居图》，纸本墨笔，描绘富春江两岸的秀美山水风光，山峦起伏，绿树掩映，渔舟出没。全卷虽运用多种勾、皴笔法，但却浑然一体、不事雕琢。该画为黄公望晚年呕心沥血之作，历时数载完成，被称为中国十大传世名画之一。

11. 明唐寅《王蜀宫妓图》

唐寅（1470—1523年），字伯虎，一字子畏，号六如居士、桃花庵主等，南直隶苏州府吴县（今江苏苏州市）人。明弘治十一年（1498年）举乡试第一，次年入京会试，因受科场舞弊案牵连下狱。之后便绝意科场，佯狂纵酒，筑室桃花坞，以布衣终老，自镌印曰"江南第一风流才子"。工诗、善书，尤长于山水、花鸟、人物画。有《王蜀宫妓图》（图6-4）、《秋风纨扇图》等作传世。

图6-4　唐寅《王蜀宫妓图》（局部）

《王蜀宫妓图》，绢本设色，纵124.7厘米，横63.6厘米，现藏北京故宫博物院。该画采用工笔重彩画法，色彩浓艳。图中宫妓四人，交错而立，皆衣着华贵，云髻高耸，面貌清秀，下巴尖俏。人物面部采用"三白法"，即用白色颜料涂抹人物的额、鼻、下颌部位以突出面部三个高光部位。画上有唐寅题诗，抨击和讽刺了蜀后主荒淫糜烂的生活。

【第六章　中国古代艺术】

12. 清郑燮《兰竹图》

郑燮（1693—1765），字克柔，号板桥，江苏兴化人，"扬州八怪"之一。其诗、书、画被称为"三绝"，乾隆元年（1736年）进士。乾隆中，因赈济灾民忤逆大吏被罢官，后寓居扬州，以鬻画为生，擅绘竹、兰、松、石等。

《兰竹图》，纸本墨笔，现藏上海博物馆。该画竹枝细瘦，兰叶多姿，石块硬朗峻拔，用墨浓淡相宜，走笔迅疾利落，整幅画疏密有致、气韵通畅，给人以生动自然之感，表现了作者高洁的志趣。

五、建筑

（一）中国古代建筑的发展

中国古代建筑不但具有悠久的历史，且具有独特的风格和文化特征，取得了辉煌的成就。中国古代建筑的发展大致可以分为以下几个时期。

1. 原始社会晚期（约5万年前—公元前21世纪）

距今约5万年以前，在黄河中游的氏族部落的土穴中，先民们利用黄土层作为壁体，用木架和草泥建造简单的穴居和浅穴居，并逐步发展为地面上的房屋。

2. 奴隶社会时期（约公元前21世纪—前476年）

夏朝时已经出现大型地面建筑，商朝时人们已经掌握了较成熟的夯土技术，商朝后期，建造了规模相当大的宫室、宗庙和陵墓，并且修建了规模庞大的灌溉工程和防御工程。西周以后，很多以宫室为中心的大小城市出现。

3. 封建社会时期（公元前475—1840年）

中国进入封建社会后，铁器的广泛使用大大推动了生产力的发展，新的生产方式促进了工农业、商业和文化的发展，城市规模进一步扩大。春秋战国时期，各诸侯国都建立了以宫室为中心的都城，宫殿设置在城内，建造在高高的夯土台上，房屋主体使用经过改进的木构架，木构成为中国建筑的主要结构方式。

公元前221年，秦始皇统一六国之后，建立起中央集权的庞大帝国，修建了规模空前的宫殿、陵墓、长城，还有大量的驰道和水利工程等；继之而起的西汉建都长安，仍然延续了高台建筑；东汉时期，建筑不断进步，体现在人们开始大量使用斗拱，木构的楼阁增多，砖券结构也获得了较大的发展。中国古代建筑在汉朝已经基本形成了独特的体系。

【中国传统文化概论】

魏晋南北朝时期是民族大融合的时期,佛教建筑传入,中国开始大量兴建寺、塔、石窟,并装饰有精美的雕塑与壁画。根据记载,北魏建有佛寺三万多座,南朝的都城建康也有寺庙五百多座。

隋、唐时期的建筑继承前代,又受到外来文化的影响,形成了自己独立完整的建筑体系。隋朝营建东都洛阳,又开凿贯通南北的大运河,促进了此后千余年间中国南北地区的经济与文化交流,影响深远。唐朝,长安城成为当时世界上最大的城市,且在全国各地出现了很多规模不小的城市,如泉州、益州、幽州、荆州等。此时建造的殿堂、陵墓、石窟等,无论从布局还是造型上来说,都具备了较高的技术和艺术水平,雕塑和壁画尤为精美,说明中国封建社会的建筑已经发展到成熟阶段。

宋代的农业、手工业和商业都得到较大的发展,城市格局发生了变化,建筑风格也呈现出新的变化,晚唐以后形成的封闭式里坊制度得到改变,开放的街巷制形成,各种商铺、酒肆、茶坊增多。建筑的室内布置也发生改变,审美趋向柔和、绚丽。宋代李诫所作的《营造法式》,涉及工程结构学、测量学、材料力学等广泛领域,是我国古代最完整的总结建筑技术的著作。辽代建筑上承唐五代遗风,吸收北宋同期建筑影响,在建筑上使用"减柱法",取得了辉煌成就,天津蓟州区独乐寺、山西大同华严寺、辽宁义县奉国寺为这个时期的著名建筑。

明清建筑是中国古代建筑史上的最后一个高峰。这一时期的建筑呈现两个方面的特点:一是建筑制度的规范化。这一时期的宫室建筑完全程式化、定型化。二是建筑装饰的烦琐化。园林、家具、彩画等都追求精细。此时的民间建筑和公共建筑得到了较大发展。

(二)中国古代木构建筑的特点及现存代表性建筑

中国古建筑在世界建筑史上是独具风格的,具有极高的历史、艺术和科学价值,是中国文化的重要组成部分。中国古建筑主要采用的是木构架形式,使用的建筑材料是木材,这种建筑体系被称为木构建筑,木构建筑是中国古建筑的主体。

木构建筑又可以分为三种主要类型,分别是抬梁式、穿斗式和井干式。

抬梁式,又叫叠梁式,它的建筑特点是屋基上立柱,柱上架梁,梁上再放短柱,柱上再放梁,层叠向上,最上面中央放脊柱。中国的殿堂基本上均采用这种形式。穿斗式的建筑特点是由柱、檩、穿、挑四大类基本构件组成,每条檩都用柱子直接

【第六章　中国古代艺术】

承托，再用斗枋把柱子串联起来，形成一个整体框架。这种结构用材较少，在湖南、四川、江西等地多见。井干式的建筑特点是用天然圆木或半圆木两端开凹榫，组合成矩形的木框，然后层层累叠，构成房屋的壁体。这种房屋构造简单，但是耗费木材，外观显得厚重，因此仅在一些森林资源丰富的林区存在。

我国木构建筑的屋架基本由梁和柱构成，在结构上采用简支梁和轴心受压柱的形式，各节点之间使用榫卯结构，用斗拱承托出挑重量是我国建筑的特色之一。如今存世的木构古建筑仍有不少，我们略举其中较著名的一些进行介绍。

1. 唐代五台山南禅寺

南禅寺位于山西省五台县李家庄附近，始建年代不详，重建于唐建中三年（782年），距今一千二百多年。寺宇坐北向南，占地面积3078平方米。寺内的主要建筑有山门、东西配殿和大殿，组成一个四合院式的建筑。

2. 唐代五台山佛光寺

佛光寺位于山西省五台县佛光新村，始建于北魏孝文帝时期，重建于唐大中十一年（857年）。佛光寺东大殿是我国现存最大规模的木构建筑。大殿外圈有二十二根木柱，内圈有十四根木柱，木柱之间都有木枋连接。东大殿内的佛坛宽及五间，坛上有唐代彩塑三十五尊，墙壁上还留有唐代壁画10余平方米，我国著名的建筑学家梁思成称其为"中国第一国宝"。

3. 辽代蓟县独乐寺

独乐寺，又称大佛寺，位于天津市蓟县（今天津市蓟州区西大街），是中国仅存的三座辽代寺院之一。现存观音阁及山门两建筑建于辽统和二年（984年），观音阁内设置圆曲形佛坛，坛上安置五丈多的观音像，左右有胁侍菩萨像，颇为壮观。

4. 辽代大同华严寺

华严寺位于山西省大同市大西街，因佛教华严宗而得名，始建于辽重熙七年（1038年），后毁于战争，金天眷三年（1140年）重建。寺庙坐西朝东，建于一座三米高的台基之上，前有大型大月台，这种建筑样式为辽、金建筑特有。寺内有辽代的薄伽教藏殿、金代的大雄宝殿及诸多彩塑，具有极高的文物价值和艺术价值。

5. 辽代应县木塔

应县木塔（图6-5）位于山西省朔州市应县县城西北佛宫寺内，建成于辽清宁

图6-5 应县木塔

二年（1056年）。木塔本名为"释迦塔"，是该寺内的主要建筑，高67.31米，底层直径30.27米，平面为八角形。第一层为重檐，以上各层均为单檐，共五层六檐，因各层之间夹设暗层，实为九层。塔顶作八角攒尖式，上立铁质塔刹。应县木塔是世界上现存最高的木塔。除了石质基础和塔刹外，纯木建造，整个塔身不用一颗铁钉。木塔曾经历洪水、强地震、炮火等袭击，仍安然无恙，与意大利比萨斜塔、巴黎埃菲尔铁塔并称"世界三大奇塔"。

6. 明清北京故宫

北京故宫位于北京市中轴线的中心，是明、清两代的皇家宫殿，也是世界上现存规模最大、保存最为完整的木构古建筑群之一。北京故宫从明成祖永乐四年（1406年）开始建设，到明代永乐十八年（1420年）建成，占地面积约为72万平方米，建筑面积约15万平方米，整个宫殿由"前朝""内廷"两部分组成，城周有城墙围绕，墙边有护城河，城四角有角楼，四面各有一门，全城又称"紫禁城"。整个故宫在建筑布置上注意形体变化和高低起伏，在功能上严格遵守封建社会的等级制度，同时又注意艺术效果，是皇家建筑的杰出代表。

第二节 中国传统艺术的基本精神

一、"天人合一"的哲学境界

（一）"天人合一"思想的产生

在中国传统哲学中，"天"和"人"的关系是哲学层面讨论的最重要的问题。原始先民们认为"天"是可以主宰人类的有意志的神，认为"天"就是"天帝"。战国时代的哲学家们对"天人关系"有了更深入的思考，孟子认为"天"是人伦道德的

第六章 中国古代艺术

本原，人的心性受之于"天"。庄子认为天是自然，人是自然的组成部分，因此人与天是合一的。西汉时的董仲舒则明确提出了"天人合一"的思想，他在《春秋繁露》中说："以类合之，天人一也。""天人合一"的思想代表了中国古代哲学天人关系论的主要潮流，它强调人生活在天地与宇宙之中，一切活动与大自然都息息相关，人与自然的和谐统一是"人道"和"天道"的体现。

（二）"天人合一"思想在中国古代艺术中的体现

"天人合一"思想对中国古代艺术有非常深刻的影响，中国古代的艺术家对自然的崇拜和热爱，使其思考人与自然的关系，强调人与自然的和谐，表达对"天人合一"境界的追求。

在艺术创作中，中国古代的艺术家对"天人合一"思想的表达是无处不在的。人是自然的一部分，人与自然的融合是中国画的最高追求，例如山水画家在表现自然山水时，往往置身于山川之间，对景物作环视、俯视或仰视的描绘，这完全有别于只站在景物对立面进行观察的"外在审美者"所进行的创作。中国古代建筑则始终以尊重自然为前提，强调建筑融入环境，格局开放，强调内外空间的呼应与流动。在形态上，巧妙运用曲线，避免僵硬冷峻；取材上，以木料为主，顺应自然，并有节制地利用和改造自然，从而达到阴阳调和、天人合一的完美境界。孙过庭《书谱》中说书法"同自然之妙有，非力运之能成"，清代书学家刘熙载提出"书当造乎自然"（《艺概·书概》），辛弃疾说"我见青山多妩媚，料青山见我应如是"（《贺新郎》），都是"天人合一"思想在艺术领域的深刻体现。

二、"气韵生动"的内在精神

（一）"气韵生动"说的产生

"气韵"说是中国传统艺术美学范畴的学说，是在历史发展过程中逐渐形成的富有民族特征的审美命题。"气"和"韵"本是两个概念："气"最早是用于说明自然界物质运动、变化和人的生成及其精神现象的概念，先秦思想家如老子、管子、孟子、庄子、荀子等都有关于气的讨论；两汉时期出现了大量关于"气"化生万物的论述，如《礼记·乐记》中说："地气上齐，天气下降，阴阳相摩，天地相荡，鼓之以雷霆，奋之以风雨，动之以四时，暖之以日月，而百化兴焉。"认为"气"是推动天地万物运动变化的无形的力量。《庄子·知北游》云："人之生，气之聚也。聚则为生，散则为死。"后来，"气"的概念逐渐为艺术领域所接受，曹丕的《典论·论文》中说"文以气为主"，将"气"这个具有生命、生机的概念引入艺术理论之中。

"韵"字在《广雅》中释为"和"，指和谐的声音。"韵"字的出现与音乐有关，东汉蔡邕《琴赋》云："繁弦既抑，雅韵复扬。"可见，"韵"指音乐的和谐、韵律等。刘勰的《文心雕龙·声律》云："异音相从谓之和，同声相应谓之韵。"魏晋南北朝时期，"韵"字开始广泛应用于审美领域，《世说新语·赏誉》云"澄风韵迈达，志气不群"，甚至用于品评人物，如陶渊明《归园田居》云"少无适俗韵，性本爱丘山"，"气"与"韵"最终结合在一起，表达了中国艺术所追求的生命力与韵律美的和谐统一。

"气韵生动"这一说法由南齐绘画理论家谢赫首次在《古画品录》中提出，并将其置于绘画"六法"之首。所谓"气韵生动"代表了艺术作品中蓬勃的生机、充沛的气势和独到的神韵，这一提法逐渐成为中国艺术鉴赏与批评的关键词。

（二）中国古代艺术蕴含的生动气韵

宗白华先生说过："希腊人很早就提出'模仿自然'。谢赫'六法'中的'应物象形''随类赋彩'是模仿自然，它要求艺术家睁眼看世界：形象、颜色，并把它表现出来。但是艺术家不能停留在这里。否则就是自然主义。艺术家要进一步表达出形象内部的生命。这就是'气韵生动'的要求。气韵生动，这是绘画创作追求的最高目标，最高境界，也是绘画批评的主要标准。"[①]

中国古代绘画艺术倡导不能"空陈形似"，而应当"气质俱盛"，认为绘画应当表现流动的生命力和蕴含在内里的气质；中国古代书法则强调由内至外所散发的气质，书写上要讲究笔势，线条上要流动连贯而不凝滞，体势上要"一波三折""飞泻千里"，精神上要饱含"骨气"和"神采"；中国古代戏曲演唱讲究字正腔圆、气韵生动，如京剧中的铜锤花脸就以"韵"取胜；中国古代园林，亭台楼阁、山石花木，无不随地赋形，讲究线条的流动和变化，避直就曲；"气韵"不仅是中国古代舞蹈动作和形态的要求，更是舞者"神"的载体，通过肢体韵律性的变化和柔韧自由的舞动，彰显舞者内在的生命力和精神的流动，故南朝梁时的文学批评家钟嵘在《诗品·序》中说："气之动物，物之感人，故摇荡性情，形诸舞咏。"总之，所有中国古代艺术都将"气韵生动"列为一种更高境界的追求。

---

① 宗白华：《美从何处寻》，山东文艺出版社，2019，第125页。

【第六章　中国古代艺术】

三、"中和"的审美之道

（一）"中和"思想的起源

"中和"思想是中国古代出现较早的、中国特有的美学观。《中庸》云："喜怒哀乐之未发谓之中，发而皆中节谓之和。中也者，天下之大本也，和也者，天下之达道也。致中和，天地位焉，万物育焉。"第一次提出了"中和"的概念。中庸是儒家的最高道德标准，"中和"则是中庸之道的主要内容之一。所谓"中和"，包含了中正、平衡、平和、和谐等意思。"致中和"是儒家的基本价值目标和精神追求，也就是说如果达到"中和"状态，那么天地可以各归其本位，万物得到化育而繁荣昌盛。

（二）"中和"之美在中国古代艺术中的体现

"中和"思想不仅仅用以阐述人的精神状态，还引申到了文学和艺术的审美要求上，即艺术创作要把多元的，或者是二元对立的审美要素融会贯通，通过艺术形象表达出来。

"中和"之美体现了多样统一、相反相成的思想。《左传·襄公二十九年》记载了吴公子季札对周乐的赞美，说："至矣哉！直而不倨，曲而不屈；迩而不逼，远而不携；迁而不淫，复而不厌；哀而不愁，乐而不荒；用而不匮，广而不宣；施而不费，取而不贪；处而不底，行而不流。五声和，八风平，节有度，守有序，盛德之所同也。"对音乐中和之美的推崇达到极致。中国古典舞在肢体形态、行径路线上追求"圆"，要求动作圆柔、衔接流畅圆合、气息有度、内心守中等，实际上是"中和"之美的体现。中国书法要求书写者在书写的过程中做到点画呼应、斜正相揖、疏密有度，顺乎自然，圆笔与方笔兼具，连笔与断笔共用，做到纵与收、疾与徐、轻与重、刚与柔、文与质的和谐。中国历史上的大书法家如王羲之、颜真卿等人的书法无不是天真拙朴又疏朗雅致，既得自然之趣，又有韵味风神。中国画在空间布局和笔墨运用上体现了对立统一的原则，通过黑白、虚实、有无、浓淡、疏密等对比手法进行创作。

"中和"之美在古代艺术中还表现为对中心的追求。中国古代重要的建筑，如宫殿、庙宇、陵寝等，大多都是以中轴线为对称轴来建设营造；文学创作有所谓"主宾之分"，王夫之《姜斋诗话》云"诗文俱有主宾。无主之宾，谓之乌合"；绘画要突出主要景物；书法要每字立定主笔；音乐须有主音；佛教造像通常在洞窟或殿堂正中立主佛像。

【中国传统文化概论】

《美的历程》，李泽厚著，生活·读书·新知三联书店，2017年版

经典阅读

1. 李白《草书歌行》

少年上人号怀素，草书天下称独步。
墨池飞出北溟鱼，笔锋杀尽中山兔。
八月九月天气凉，酒徒词客满高堂。
笺麻素绢排数箱（厢），宣州石砚墨色光。
吾师醉后倚绳床，须臾扫尽数千张。
飘风骤雨惊飒飒，落花飞雪何茫茫。
起来向壁不停手，一行数字大如斗。
怳怳如闻神鬼惊，时时只见龙蛇走。
左盘右蹙如惊电，状同楚汉相攻战。
湖南七郡凡几家，家家屏障书题遍。
王逸少，张伯英，古来几许浪得名。
张颠老死不足数，我师此义不师古。
古来万事贵天生，何必要公孙大娘浑脱舞。

2. 王维《画》

远看山有色，近听水无声。春去花还在，人来鸟不惊。

3. 韦庄《金陵图》

谁谓伤心画不成，画人心逐世人情。
君看六幅南朝事，老木寒云满故城。

4. 白居易《琵琶行》（节选）

浔阳江头夜送客，枫叶荻花秋瑟瑟。主人下马客在船，举酒欲饮无管弦。醉不成欢惨将别，别时茫茫江浸月。
忽闻水上琵琶声，主人忘归客不发。寻声暗问弹者谁，琵琶声停欲语迟。移船相近邀相见，添酒回灯重开宴。千呼万唤始出来，犹抱琵琶半遮面。转轴拨

【第六章 中国古代艺术】

弦三两声，未成曲调先有情。弦弦掩抑声声思，似诉平生不得志。低眉信手续续弹，说尽心中无限事。轻拢慢捻抹复挑，初为《霓裳》后《六幺》。大弦嘈嘈如急雨，小弦切切如私语。嘈嘈切切错杂弹，大珠小珠落玉盘。间关莺语花底滑，幽咽泉流冰下难。冰泉冷涩弦凝绝，凝绝不通声暂歇。别有幽愁暗恨生，此时无声胜有声。银瓶乍破水浆迸，铁骑突出刀枪鸣。曲终收拨当心画，四弦一声如裂帛。东船西舫悄无言，唯见江心秋月白。

5. 柳永《望海潮》

东南形胜，三吴都会，钱塘自古繁华。烟柳画桥，风帘翠幕，参差十万人家。云树绕堤沙，怒涛卷霜雪，天堑无涯。市列珠玑，户盈罗绮，竞豪奢。

重湖叠巘清嘉，有三秋桂子，十里荷花。羌管弄晴，菱歌泛夜，嬉嬉钓叟莲娃。千骑拥高牙，乘醉听箫鼓，吟赏烟霞。异日图将好景，归去凤池夸。

6. 李群玉《长沙九日登东楼观舞》

南国有佳人，轻盈绿腰舞。	华筵九秋暮，飞袂拂云雨。
翩如兰苕翠，婉如游龙举。	越艳罢前溪，吴姬停白纻。
慢态不能穷，繁姿曲向终。	低回莲破浪，凌乱雪萦风。
坠珥时流盼，修裾欲朔空。	唯愁捉不住，飞去逐惊鸿。

诵读音频

参考书目

◎ 葛路. 中国古代绘画理论发展史[M]. 北京：人民美术出版社，1982.

◎ 潘天寿. 中国绘画史[M]. 北京：团结出版社，2011.

◎ 王克芬. 中国舞蹈发展史[M]. 武汉：武汉大学出版社，2012.

◎ 彭松，于平. 中国古代舞蹈史纲[M]. 杭州：浙江美术学院，1991.

◎ 刘芹. 中国古代舞蹈[M]. 北京：商务印书馆，1991.

◎ 杜茜. "一带一路"视野下中国传统文化的传承与发扬[M]. 北京：中国商业出版社，2018.

◎ 余甲方. 中国古代音乐史[M]. 上海：上海人民出版社，2014.

◎ 王伯敏. 中国绘画通史[M]. 北京：生活·读书·新知三联书店，2018.

◎ 刘敦桢. 中国古代建筑史[M]. 北京：中国建筑工业出版社，1980.

思考与练习

1. 对于中国古代艺术，你最喜欢哪些门类，为什么？
2. 你怎么理解中国古代艺术"气韵生动"的特点？请结合自己的观察和体会具体论述。
3. 中国古代艺术的"中和"之美是怎样体现出来的？请结合具体作品进行论述。

第七章　中国古代史学

文化看台

材料一：

在多元多样多变、交融交流交锋的当下，在一些人那里，虚无历史成为"时尚"，解构英雄成为"潮流"。有的人要么以学术研究为名歪曲历史真相，要么以假设推断代替历史事实，要么用拼凑的细节否定事件的本质。"烈士保卫国家，谁来保卫烈士？"面对我们的英雄被一些人无端地嘲讽、污蔑、攻击，我们有必要发此一问。

有学者指出，历史意识是一个中轴，民族共同体就是围绕这根轴形成的。英雄记忆、英雄精神、英雄文化，无疑是历史意识中重要的支撑。如果听任历史虚无主义者颠倒黑白，"重构历史"，只能撕裂社会的主流价值，蛀空民族的精神支柱，最终一个民族走向的不是自由而是迷途，得到的不是清醒而是迷惘。

（辛士红：《忘记英雄的民族没有魂》，《人民日报》2015年6月17日第4版）

讨论：你认为虚无历史思想出现的原因有哪些？如何看待虚无历史成为"时尚"的现象？

材料二：

中国历史研究院成立以来，于2019年开设话题#人民历史课堂#，强力反击历史虚无主义。

事例一：博主"@历史秘闻"为晚清名妓赛金花唱赞歌，被中国历史研究院考证反击：

历史秘闻：1900年，赛金花在琉璃厂罗家大院内设立了采购粮秣办事处，为德军提供粮饷。为此，八国联军统帅瓦德西答应了她的两个条件：一、不能伤害无辜，不能随便杀人放火；二、保护北京的名胜古迹。　　　　（2019年9月3日微博原文）

中国历史研究院："瓦赛公案"种种情节出自小说《孽海花》，后期根据赛金花自述编写的传记和衍生的文学艺术作品，目前学者考证均不存在。

（2019年9月5日微博原文）

事例二：博主"@口袋野史"发文称"李鸿章在万国运动会唱茉莉花"，被光速"打脸"：

口袋野史：当年万国运动会的时候，各国国旗都是伴随着国歌依次升起，轮到中国的时候，当时的清政府一首国歌都没有，只有一条黄龙旗，能不引来西洋人的嘲笑吗？被嘲笑得头都抬不起来，这时，有一位年过七旬的老人，神态毅然地走到黄龙旗下，唱起了一首他的家乡小调《茉莉花》，一曲唱完，雷鸣般的掌声顿时而起，这一位捍卫国家尊严的人叫李鸿章。

（2019年9月5日微博原文）

中国历史研究院：李鸿章1896年出访欧洲，第一届奥运会（万国运动会）在雅典举办，但清朝并未派代表参加。运动会4月开幕，根据李鸿章访欧记录，当时其在俄国。另外，当时很多国家都没有国歌，例如美国。

（2019年9月5日微博原文）

讨论：中国历史研究院的辟谣引发网络热议，你怎么看？

知识聚焦

第一节 源远流长的史学发展历程

中华民族自古以来就是一个具有深刻历史意识的民族。最早的文化典籍很多都是史学著作。中国历史悠久，文明传承不息，得益于中国历代史家对自身文明连续不断的记录和思考，而对这些记录和思考进行历史考察的就是中国史学史，史学史是研究和阐述史学本身发展历程的学科。中国史学的发展，大致可分为古代、近代、现代三个段落。其中，古代史学史包括先秦、秦汉—隋与唐代—乾嘉三个时期。

一、源起期：先秦

中国古代史学史萌发于远古的神话传说。图腾崇拜、祖先崇拜就是先民的历史意识。这一时期的神话大致有创世神话、起源神话、英雄神话等类型。其中起源神话体现了人对自我过去的一种主观认识，保存了一些历史真实，反映了氏族社会时期人们的历史意识，是史学发展的启蒙期。传说中反映出来的自然、社会、神和人

第七章 中国古代史学

及其相互关系的意识,影响了后世史家的观点和史学风貌。

文字与历法 商周时期,人类发展进入文明阶段,出现了文字和历法。其中,文字用来记录当时人们的生产生活,如从甲骨文、金文及《尚书》的部分篇章中,可以看到当时的时令、战争、占卜等相关信息。作为文明的重要标志,文字与口语的意义不同,文字可以突破时空的限制,凝固所记录的内容,从而避免口语追述时因为记忆的易变性和口头表达的局限性,不断增删而导致的不确定性,而不确定性恰恰是历史的大忌。历法对于记录历史而言,也是非常重要的。历史的发展总是与时间的推移联系在一起。时间要素的考订,对人们对历史事件的发生发展进行深入理解和研究有重要影响。这二者是史学产生的重要条件。

史官 中国传统社会对史事的记载是非常重视的。自远古时代起,最迟在商代或夏代,我国就设立了及时记载天下事的史官,这是领先于世界的。而且中国古代设立史官,从中央到地方,普遍设立,数目相当可观。以周代而言,见于文献及金文中的史官,据近人统计有百余人,实际史官的数量必定更多。

中国史官最初的职责近乎卜祝之间,故有学者认为史官是在原始社会末期出现的,是由"巫"发展而来的。《国语》中记载:少昊之世,"家为巫史(韦昭注:巫主接神,史次位序)"。《吕氏春秋》中记载:"夏太史令终古出其图法,执而泣之。夏桀迷惑,暴乱愈甚。太史令终古乃出奔如商。汤喜而告诸侯曰:'夏王无道,暴虐百姓,穷其父兄,耻其功臣,轻其贤良,弃义听谗,众庶咸怨,守法之臣,自归于商。'"

此外,史官还掌管天人之间的各种事务。如祭祀、卜筮、记事、观测天象、解说灾异、典藏图书等。不过需要注意的是,早期史官尚非专职的史学工作者,"观象制历"是他们的主要职掌。司马迁父为太史令,其本职工作是观测天象并如实记载下来,为制定历法及现实决策提供资料。东汉时政府设官修撰《东观汉记》,但修史地点常有变动,并无专门的修史机构,也无专职修史之官员。班固是以兰台令史的身份撰成《汉书》。真正出现专职史官和修史机构,是在三国魏晋时期,"设官修史始三国,设置机构始西晋"。三国时,魏明帝太和年间(227—233年),"诏置著作郎"(《晋书·职官志》),于此始有专职史官。两晋时期,置大著作一人,掌国史。此后历代政府均设专职人员负责记录历史,中国史官记事数千年如一日,"举目世界,未有其比",为后人留下了大量的历史文献,成为保存民族记忆的宝贵财富。

《春秋》 春秋战国时期,历史记述方法有很大进步。真正的史学撰著是从《春秋》开始的。《春秋》用鲁君在位的时间编年，按周历记时，初步将时间、地点、人物、事件四要素结合起来记述历史，从而确立了按年、时、月、日记事的方法，是中国最早的编年体史书。它原是鲁国的国史，记录了从鲁隐公元年（前722年）到鲁哀公十四年（前481年）共二百四十二年的大事。出自鲁国史官之手，经孔子整理、修订而成。

《春秋》记事十分简略，最少者一条仅一字，也有二三字的，一般不超过十字。虽然记载简单，但它对史学的发展却影响甚巨。主要体现在不单纯记载史事的"笔削"手法。孔子编纂《春秋》的指导思想是"义"，即正名分。按照这一指导思想，孔子对史料进行取裁，遣词造句体现出"微言大义""字字针砭"的独特文风，被称为"春秋笔法"，为历代史家奉为经典。

可以看出，孔子对历史有浓厚的兴趣，他通过修史来宣传自己的政治主张。相较于单纯的记录，他更注重对历史人物和事件进行评判，并且比较明确地区别了历史与史学。

 纪录片《中国》，2020年

《春秋》之后相继出现了一些记录春秋战国史事的著作，它们体裁不一，各有风采。如编年体的"春秋三传"（《左传》《公羊传》《谷梁传》）；国别体的《国语》《战国策》；记录统治者世系的谱牒类的《世本》；堪称上古社会生活百科全书的《山海经》；以及表达各家各派思想的诸子百家之书等。其中，《左传》代表了先秦史学的最高成就。

《左传》《左传》以《春秋》为纲，然而其记事范围之广，叙述内容的具体、详赡，则大大超出了《春秋》。相较于当时其他内容一般都比较零散、简约，载事也往往只是列述一些纲目的史书，《左传》以近二十万字的规模，采用编年记事的方式，全面、系统记载春秋一代大事，涉及周王朝和晋、鲁、楚、郑、齐、卫等十多个诸侯国，并且屡见追记西周与商殷，甚至有夏以前的史实，标志着我国古代史书的编纂步入了新的发展阶段。《左传》的作者继承了《春秋》"惩恶劝善"的思想，强调历史变动论，尤其是面对纷纭史实敢于秉笔直书，提倡不虚美、不隐恶，所记事件与人物具有很高的历史真实性，体现出一种史家的目光与胆识。《左传》首创文史结合的先例，结合史料、重要人物的言论，以"君子曰""君子谓"等成就一家之言，显示出

第七章 中国古代史学

鲜明的思想倾向。其总结史书的体制、章法的"五十凡例",也为后世史书起到了示范作用。

先秦时期是中国古代史学蓬勃发展的时期,对后世史学具有"发凡起例"的奠基之功,为中国古代史学的发展开辟了道路。如在对史学的认识上,初步完成了从神的历史到历史是人的活动这一历史过程;在对史学价值的认识上,提出"良史"的概念,形成以史借鉴、以史教化、以史辅政和从史学中学习治国之策的史学观念;在写史笔法上,"直笔""曲笔"现象并存;在编撰体例上,编年体渐趋完备,国别记言体形成,纪传体通史规模初具。但由于社会客观因素的制约,先秦史学在体例、内容、文字等方面都还存在一些问题,所以,从总体上看,尚处萌芽阶段。

 《春秋左传注》,杨伯峻编著,中华书局,2017年版

二、奠定期:秦汉—隋

如果说先秦是中国史学的童年,那么,秦汉时期则是中国史学的成长期。与先秦史学相比,秦汉史学有着显著特点。首先是史学由处于附属地位而逐渐独立。东汉之前,史学发展缓慢,专门的史籍不多。当时的官修目录著作《别录》《七略》的三十八种分类体系中,均不见史部一类。《汉书·艺文志》虽有史书的身影,却将其归于《六艺略》的"春秋家",明显的经史不分,甚至史从属于经。至东汉后,史学才开始得到重视,朝廷设立了专门的机构和官职,史籍的数量质量都得到了提升,目录中也开始出现史部类目,这标志着史学脱离了附庸地位,成为一门独立的学科。这一时期的历史著述,有官修、私修、奉诏私修等几种形式,官修日占上风。

历史巨著《史记》和《汉书》,奠定了中国古代史学发展的基础。西汉初年诸家史论和东汉末年荀悦撰写的第一部断代编年史《汉纪》,也是这个时期的重要史学成果。

《史记》 虽然此期史籍数量多,《史记》还是当之无愧的扛鼎之作,作者为西汉史学家司马迁。作为二十四史的开篇之作,历史上第一部纪传体通史,《史记》具有空前的意义。

司马迁子承父志,继任太史令。太初元年(前104年),他按部就班地开始进行《史记》的撰写工作。不料横祸飞至。武帝天汉二年(前99年),飞将军李广之孙,名将李陵奉命讨伐匈奴,因得不到主力部队的支援而战败被俘,随后投降匈奴。司马迁

为其陈情，受到迁怒，被处以宫刑。遭此大难，司马迁并没有一蹶不振，出狱后，发愤著书，终于完成了这部"究天人之际，通古今之变，成一家之言"的巨著。

《史记》记录了上至黄帝、下至汉武帝太初四年（前101年）间三千多年的历史。由于修史态度严肃认真，故《史记》取材广泛，记事翔实，规模巨大，体系完备。全书包括十二本纪、三十世家、七十列传、八书、十表，共五部分，各体分工明确。其中"本纪"为全书提纲，以王朝更替为体，记述历代帝王之言行政绩；"世家"主要记录各诸侯王以及诸如孔子这样的重要人物的生平事略；"列传"则是世家之外的不同类型、阶层、民族等的代表人物的传记，此类最后一篇为自传；"书"为专门史，主要为对天文、历法、经济、地理等方面的个别突出事件的记录；"表"为大事年表。其中本纪和列传是全书的主体，可以看出作者以皇帝、诸侯王等政治中心人物为历史发展主线的编撰思路。

《史记》对后世史学的发展意义巨大。自其而始的纪传体从此成为正史的模板，历代传承。此外，作为中国史学史上第一部贯通古今的通史名著，《史记》一直影响着史学研究与写作。

不仅史学成就彪炳，《史记》在文学方面也意义非凡，被鲁迅誉为"史家之绝唱，无韵之离骚"，刘向也赞此书"善序事理，辩而不华，质而不俚"。

《史记》，司马迁撰，裴骃集解，顾颉刚等点校，中华书局，2014年版

《汉书》 继《史记》之后，与《史记》同列"二十四史"，同为"前四史"之一的又一部重要史书是由东汉史学家班固编撰的中国第一部纪传体断代史——《汉书》。记述了上起汉高祖刘邦元年（公元前206年），下至新朝王莽地皇四年（公元23年）共二百三十年的史事。包括纪十二篇、表八篇、志十篇、传七十篇，共一百篇，总计八十万字。其中"表"由班固之妹班昭补写而成，《天文志》由其弟子马续补写而成。

与《史记》相比，《汉书》多有不同。《史记》是通史，《汉书》则是断代史。它简称"本纪""列传"为"纪""传"，改"书"为"志"，取消"世家"类目，而统编入"传"类。这些变化，也为后世史书所承袭。

汉武帝中期以前的西汉史，两书都有记述。这部分内容《汉书》常移用《史记》。但由于作者观念的差异和材料取舍标准的不同，移用时也有增删改易。

【第七章　中国古代史学】

《汉书》新增四志，分别是《刑法志》《五行志》《地理志》《艺文志》，扩大了历史的记载范围，更全面地反映了当时的社会。

西汉后期刘向、刘歆父子整理了西汉以前的各种书籍文献，探索出一套整理古籍文献的方法，编写出具有很高价值的《别录》和《七略》。其中《七略》是中国第一部系统目录，著录了当时几乎所有的重要典籍，反映了西汉末期以前中国学术文化发展的概况，为以后图书的分类体系奠定了基础，为西汉史学画了一个圆满句号。

总之，秦汉史学具有承上启下的作用，我国之所以出现史学著作汗牛充栋的现象，与这一时期史学所建立的基础有很大的关系。

魏晋南北朝时期，社会动乱，政治斗争风云变幻，统治者更加注重对历史经验的总结。每个政权都在建立之初便设置史官，组织人力修编国史和前代史。这一时期，各种史学部门、史学体裁几乎完备。

这一时期，史官制度发生了变化。此前，史官并非以修史为专职，曹魏则设著作郎，专掌史任。其后，虽名称有变，但职事不变。

《三国志》　二十四史中，较完整地记载魏、蜀、吴三国历史的史书，是西晋陈寿的《三国志》。全书分成相对独立的三部分（《魏书》三十卷、《蜀书》十五卷、《吴书》二十卷），在纪传体史书中别具一格。《三国志》既如实反映三国鼎立，又强调中国历史仍然统一的记事方式。虽"断代为史"，但不拘泥于以王朝兴亡为断限，完整叙述了近百年间中国社会合而分、分而合的过程，反映了作者的卓越史识。

但因陈寿所见史料有限，《三国志》的内容还不够充实，关键人物史料不足，如《赵云传》仅四百余字；没有"表""志"，不符合一般正史的规范。后南朝裴松之利用不断发展的史料著成《三国志注》，使更多的历史资料得以保存。

与秦汉史学相比，魏晋南北朝史学更加多元化，无论是史书的数量、体制，还是史学领域的拓展，都呈现多样化，史学评论也逐步深化。此时期的史学，摆脱了经学的附庸地位而成为一门独立的学科。在种类繁多的史书中，正史地位更为突出，反映了史学的官化倾向。而门阀观念和民族意识，则为此期史学显著的时代特征。正史几乎是门阀世族的谱牒家史。狭隘的民族意识也普遍表现，史学成为争夺正统地位的工具。但民族融合和国家统一毕竟是历史发展的趋势，所以，主张各民族友好相处的思想和坚持国家统一的观念在此期史学中也有发展。陈寿撰《三国志》，把三国鼎立写成了一部统一的历史。崔鸿的《十六国春秋》，把纷争不断的十六国史写成了一部在统一的年号下的各民族的发展史。

三、成熟期：唐代—乾嘉

（一）唐—五代史学

唐朝中国出现了空前的大统一。经济繁荣，中外交往频繁，文化发达，为史学的发展提供了有利的条件。五代时期，中国再次处于分裂割据中，但史学的发展仍未停滞。史学成熟的标志是史馆制度的确立和大量官修史书的出现。

史馆　唐开元二十五年（737年），唐太宗设史馆，专门修撰国史。史官政治地位提高，生活待遇优厚。史馆修史制度严密，置于宫禁，史官须在馆内修史。史料运用与史书体例也有明确规定。素材由官方提供，记事须用编年体等。另设监修官（多由宰相担任）专掌序赞总论，甚至皇帝也亲撰论赞，以保证史书的褒贬劝诫完全掌握在官方手中。

设馆修史制度是封建统治者不断强化修史制度的结果。此后成为定制，对中国封建社会后期的史学产生了深远影响，在史学史上具有深远意义。

《史通》　随着史学的不断发展，史学批评也随之开展起来。唐代刘知几将这种史学形式发展成"总括万殊，包吞千有"的史论著作，写出我国第一部系统性的史学理论专著《史通》。

《史通》的内容相当广泛。全书分内篇、外篇两部分，今存四十九篇。其中，内篇为三十九篇专题，骈体撰写，集中评论史书的体裁、史料来源、撰史要略等。这部分是《史通》的主体内容。外篇则以札记为体，兼论史官修养、古史考订正误等。

《史通》几乎总结了唐以前史学的全部问题，如论述了两种重要史体编年体和纪传体在编纂上的特点和得失，认为这两种体裁不可偏废，而在此基础上的断代为史则是今后史书编纂的主要形式。它对纪传体史书的各部分体例，如本纪、世家、列传、表历、书志、论赞等，作了全面而详尽的分析，如他指出"本纪"因专叙帝王一人，故不必过于详细，应侧重记录大事件。针对史家撰史，专门写《直书》一篇，强调史家应不畏权势，忠于史实，秉笔直书。他提出的史学家必须具备才、学、识的"三长"笃论，对后世史家史学产生较大影响，拥有极高的史学地位。

《通典》　"十通"之一。中国历史上第一部体例完备的政书，记载从传说中的黄帝到唐玄宗天宝末年的典章制度的沿革变迁，对唐肃宗、代宗以后的变革也偶有涉

【第七章　中国古代史学】

及。总体看对唐代有所侧重。为唐代政治家、史学家杜佑所撰。作者综合群经诸史和历代文集、奏疏等，参以《大唐开元礼》，征引二百余种史籍，分类编纂，全书共二百卷。

《通典》创立了新的史书编撰方式。这一体裁是从传统正史中的"志"发展而来的。但过去的典章制度的历史沿革在史书中多语焉不详，《通典》弥补了这一缺陷。它综合了历代关于典章制度的资料，分门别类，详述原委，使读者对历代典志的沿革有清晰了解。

全书以食货居首，次以选举、职官、礼、乐、兵、刑法、州郡、边防，每类又各分子目。在每篇之首，以序的形式进行总体性的叙说，在每一子目下按照朝代顺序展开叙述。其中，"食货"述土地、财政之制及其状况，"选举"述选举士官、爵位之制及考核官吏治绩之政令，"职官"述官制沿革等，汇集各代典章制度，详细叙述了它们的源流，录引前人评论，有时还用说、议、评、论的方式，提出自己的见解和主张。此书编撰极有条理，于唐代叙述尤详，创政书之体，为后世典志书编纂之典范，是典章制度专史的开创之作。

（二）宋辽金元

此期史学成就主要集中在两宋。与唐朝相比，赵宋王朝版图大大缩小，国力也不够强大，但文化水准却大为提高。史学也在前代基础上，集以往之大成，而又为后世所不及。

在继承和发展唐制的基础上，此期的修史机构空前完善，起居、日历、国史、实录等均有不同部门专职其事。后世所设机构，大致不出宋代规模。

传统编年、纪传、典志三大史学体裁继续发展，一代史学巨擘司马光所著《资治通鉴》为编年体通史巨著。

《资治通鉴》 全书二百九十四卷，约三百多万字。原名《通志》，后宋神宗赵顼取"有鉴于往事，以资于治道"之意为其题目。书中所记，上起周威烈王二十三年（公元前403年），结至后周显德六年（959年），跨一千三百余年。书中描绘了战国至五代期间的历史发展脉络，探讨了秦、汉、晋、隋、唐等统一的王朝和战国七雄、魏蜀吴三国、南北朝、五代十国等政权的盛衰之由，描写了政治核心人物王侯将相的历史遭际，突出其为政、为人之道。内容虽涵盖八方，但以事关国家盛衰兴亡的政治、军事、外交等内容为主。正体现了书名之意：以历史警示当世。

【中国传统文化概论】

《资治通鉴》的一大突出之处是援引了大量的典籍资料,除正史外,所引杂史诸书达数百种。书中叙事,往往一事用数种材料写成。遇年月、事迹有歧异处,均加考订,并注明斟酌取舍的原因,具有相当高的史料价值。

《资治通鉴》虽然承袭了编年体通史的旧例,但在总结历史盛衰经验教训方面的卓见,让它在众多史籍中脱颖而出。《资治通鉴》自成书以来,补撰续写、注释评述之作大量出现,客观上促进了编年体史书的发展。

《资治通鉴》还是历代帝王政要、文人墨客品读评注的热门史著,朱熹、顾炎武、曾国藩、梁启超、毛泽东等都曾评点过《资治通鉴》。它的影响堪比《史记》,不枉二书合称"史家双璧"。

《资治通鉴》,司马光编撰,胡三省音注,中华书局,2013年版

《百家讲坛·评说〈资治通鉴〉》,丁万明主讲

此外,宋代还新出现了纪事本末体、纲目体、学案体等史学体裁。可以说,单从史学体裁的创新和史学名著的数量来看,宋代史学成就是极高的。两宋史学名家辈出,有著作传世的除司马光外,欧阳修撰《新五代史》、郑樵著《通志》、王称作《东都事略》,此外,李焘、朱熹、袁枢等在中国史学史上也产生了深远影响。

宋代史学家在前代史与当代史的编撰之外,还留下了大量有价值的,涉及社会生活各方面的史料。如以欧阳修的《集古录》、赵明诚的《金石录》为代表的金石学研究,以乐史主编的《太平寰宇记》、王象之主修的《舆地纪胜》等为代表的方志的编纂。考据学、目录学也颇有成就。

《文献通考》《文献通考》是宋元之际马端临继杜佑《通典》之后编撰的又一部典志体通史,记述从上古到宋宁宗时典章制度的沿革,而以宋制最详。全书三百四十八卷,二十四门类。各门下再分子门,体例更加细密完备,是研究中国古代典章制度的重要史籍。《文献通考》《通典》《通志》作为三部通史类著作,又合称为"史学三通"。

与《通典》相比,《文献通考》从内容到形式都有了增加和提高。如增加了中唐以后与宋代的史料,添补了经籍考、帝系考、封建考、象纬考、物异考等五个门类。

【第七章 中国古代史学】

与南宋郑樵的《通志》相比，《文献通考》则不仅是对过往史书的粗略收录、评析，而且在体例、篇目、取材方面推陈出新，加入了一些颇有见地的新观点。如郑樵大力批判五行之说，称其为妖妄之言，认为应去除所有史书中的此类记录。而马端临则认为此举并不能妥善解决这一历史遗留问题，不如以"物异"取代"妖孽"之说，把灾祥当成异常的自然现象。

《资治通鉴》叙述从战国到五代的治乱兴衰，郑樵继承司马迁通史之风撰《通志》，并明确提出"会通"思想，马端临的《文献通考》是典志体通史。可见，"主通明变"是当时的主要风气。

理学兴起后，影响各个门类，史学概莫能外。以义理断史事，以史事证经义的义理史学成为两宋史学的又一显著特征。直至元代，理学被确立为官方思想，理学化的史学更加占据主导地位。

（三）明清史学

作为中国封建社会的最后阶段，这一时期，封建专制高度强化。史学不受当权者重视，撰史、考史和论史等方面的成就，都不及唐宋。科举上，采用八股取士，使读书人热衷功名利禄，而忽视对历史与现实的研究。在文化上，大兴文字狱，禁锢了学者的思想自由，使绝大多数学者专注于从事古代文献的整理与考订，形成了脱离社会现实的考据学风。在这种社会环境中，封建史学日渐衰落。

经世史学是此期史学的主要特点。如明末李贽主张以史经世，反对脱离现实而空言义理，对史学有一定贡献。其后的启蒙思想家黄宗羲、顾炎武、王夫之等人总结历史，寻求规律，从而解决现实矛盾的历史观也颇具影响力。顾炎武的代表作《日知录》，考古而证今，目的仍在经世致用。黄宗羲除《明儒学案》等学术史专著外，还著有史论专著《明夷待访录》。这部书尖锐批判封建政体的腐败，抨击封建君主专制的缺点，主张对君权严加限制。王夫之提出了"理势合一"和"趋时更新"的进步历史观，又强调以史为鉴，以"求治之资"。他的代表作《读通鉴论》和《宋论》，往往以辩证的思想评论历史，史论中寓有政论。

史学方法上，考据学使中国史学进入纯学术研究阶段。而崇尚实证之风，让史学考证之风大盛，至乾嘉之时尤甚。钱大昕《廿二史考异》、王鸣盛《十七史商榷》等考据学著作，运用文字考据的方法，校勘正史中的字句、史实等内容，同时进行评述，从学术和思想两个层面为中国传统史学的总结和反思打下了良好基础。促进了中国传统史学理论的发展。

《文史通义》《文史通义》是清代史学家章学诚继唐刘知几《史通》以来编撰的最著名的史学论著。二书一直被视作古代中国史学理论的双璧。

全书共八卷，分内篇、外篇，其目的是阐发"史意"。他认为，史学主要包括三部分：史事、史文、史意。其中堪称灵魂的便是"史意"。作者继承黄宗羲的史学学术传统，对当时盛行之考据学进行批评，主张针砭时弊，提出"六经皆史"之名论；还原"经"的本旨，指出先秦经典中的很多材料可以用作史料，体现了他重视史学，反对空谈义理，经世致用的思想；扩大了史学的范围，提高了史学的地位，又谓史家"才、学、识"之外，更需"史德"；分史书为"著述"与"记注"两类，推重"著述"。诸说于古代史学理论贡献极大，对后世影响颇深。他不仅批判了过去的文学和史学，也提出了编写"文史"的主张。他编纂史书的具体做法，又表现在他所修的诸种地方志之中，对我国方志学发展有很大推动作用。

从表面上看，此期由于封建专制思想强化，政治高压，钳制了学者的思想，使其被局限在考据之中，史学逐渐衰落，未能出现大而精，能与《史记》《资治通鉴》相媲美的史著，但在史学精神、史学方法以及史料收集整理、史论等方面获得发展，带有整理、总结中国传统史学的特点。

第二节　彰往察来的史学传统

中国古代史学在传承与发展过程中，不仅留下了卷帙浩繁的历史文献，而且蕴含着系统丰富的史学思想，逐渐形成了具有民族特色的史学文化特征。

一、会通古今的历史视野

历史是人类认识自我和不断反思的重要依据，对人类社会的进步有着不可否认的现实意义和作用。在历史进程中，过去、现在、未来同等重要。先民很早就形成了"彰往而察来"的朴素的辩证观，即记载过往，并据此考察现在和未来。这一思想不断发展，影响着各代史家，成为中国古代史学的优良传统之一。

因此，古人看历史，用得最多的是会通视野，用包容一切的气势和规模，综述过去、现在和未来，从不就事论事，而是探究前因后果，综合考量历史进程。由于"会通古今"的治史模式具有气势恢宏的历史视野和揭示历史特点的独特作用，因而在

第七章 中国古代史学

博得史家青睐的同时,也理所当然地受到读者的偏爱。中国古代史学领域中通史著作的一再出现,就是最有力的例证。

早在司马迁著《史记》时,便提出了"究天人之际,通古今之变,成一家之言"的著史宗旨,指出史家要探究自然现象与人类社会之间的关系,通晓古往今来的社会演变进程,以形成自己独到的理论学说。这里强调的是史家在运用历史知识时,要有高屋建瓴、融汇古今的见识,其中既包括对历史经验的总结,也涉及对当前历史动向和未来趋势的把握。

中国传统史学属于叙事史学,着力于从历史现象中寻求历史变化的原因,从而把握历史演变的过程。《史记》《资治通鉴》等均记述了数千年历史,展示了古往今来的磅礴与恢宏。断代史虽限定某一朝代,却不机械断限于年代,或上下会通,进行追溯和延续,或左右旁通,汇集各类专门史,或内外联通,对朝代作通盘考察。同时,史书记载的内容大都包罗万象,包括相应时期的政治、经济、军事、文化以及民族关系等诸多方面,不仅记载了社会历史,记叙了人类社会生活的丰富内涵,还包含了天文地理的变化等自然科学知识。这也是会通观念的表现之一。

即使站在今天的高度,会通古今的治史方式也有非常重要的意义。首先,会通古今的治史方式要求人们要有通变意识。所谓通变意识,就是说整个历史都是不断变化的。只有通过变化,历史才能前进。只有通过变革,社会才能发展。其次,会通古今的治史方式要求人们要科学地把握事物。也就是说,我们应当运用辩证唯物主义和历史唯物主义的立场、观点和方法,科学揭示以往漫长历史中的发展过程和规律,客观总结历史发展过程中的经验和知识,还要利用这些规律、经验和知识阐明时代的发展动向,最终达到为当代社会服务的目的。

二、德识为先的史家素养

作为历史的记载者与传承者,史家所记关乎古今成败兴亡之道,不仅承担文化使命,对政治生活也有规范作用,因而史家必须具备相应的素养。这是治史的根基所在,史学家们对此也多有论述,其中以刘知几和章学诚的理论最为完整,概称为"史家四长"。

刘知几将史家必须具备的素质概括为史才、史学、史识三个方面,得到后世的公认。清代章学诚又进一步发挥而提出"史德"后,"才""学""识""德"便成为中国古代公认的良史素质的标准。这四点基本上包括了史家素养的几个方面。尽管各个时代有各个时代的内容,各个阶级对"才""学""识""德"的要求也有所不同,但从精神上看则是共通的。当然,在章学诚看来,四者还是有主次之分的,"才""学""识"固然重要,最根本的还是"史德"。对于良史来说,最重要的是要努力探寻历史发展的客观事实,如实反映历史。在此前提下,再进行必要的文辞修饰。如果只单纯追求文句上的华丽,而忽视内容的真实,那就是舍本逐末了。

"史德"具体表现在很多方面,如为追求理想而注重身体力行、锲而不舍的精神。优秀的史家大都能以此为标准来要求自己,并将之贯彻到自己的史学活动中。司马迁在写《史记》前进行了一次以实地调查为目的的漫游壮举,游历了大半个中国,印证了许多历史文献中的记载和传闻,获得了大量生动翔实的史料。不仅如此,前文所提他在撰写过程中遭受的巨变也没有阻止他的脚步,前后历经十余年,终于完成了《史记》这部史学巨著。

有的优秀史家,虽然没有通过实地调查获得丰富史料的经历,但他们甘于寂寞、勤奋严谨的治学精神也令人钦佩。如司马光写《资治通鉴》之时,每日耕读不辍,对所用史料逐一进行考订查勘。后人见其残稿,堆满了两间房屋,均为小楷写就,且字迹工整。这一过程持续了十九年。再如明末清初史学家谈迁,他一生穷困潦倒,靠着访书借抄,广搜资料,用了二十多年,六易其稿,终于完成了四百多万字的编年体巨著《国榷》。岂料不久书稿竟被盗贼窃去,这时他已经五十多岁。面对如此沉重的打击,他抱定决心,立志重写。又经过数年努力,终于完成了《国榷》的二稿。

优秀的史家,大都具有良好的素质和品质。他们酷爱修史事业,有着远大的抱负,才、学、识、德兼备。优良的史学传统,是中国古代史学繁荣发达的重要原因,也是古代史学遗留给我们的宝贵财富。

与此同时,我们也要看到史家的历史局限性。由于传统思想的影响,社会道德规范和政治伦理化倾向,史家必然有先验的政治伦理立场,对历史人物和事件的评判不可避免地带有历史局限性。

三、以古为鉴的写作目的

中国自古就很注重历史遗产的垂训作用。随着史学的发展,以史为鉴成为一个重要的史学传统。唐时修前朝史,就贯彻了这一宗旨。唐太宗还提出了著名的"三镜"说:"以铜为镜,可以正衣冠;以古为镜,可以知兴替;以人为镜,可以明得失。"这里的"以古为镜"指的就是以古为鉴。

【第七章　中国古代史学】

史家会通古今的目的也在于鉴古知今，司马光编历代君臣事迹就是为了供君王阅读，并进行借鉴。《资治通鉴》之名即得于此。从史中鉴戒得失，目的是长治久安，也就是经世致用。所以，古代史学的出发点和归宿，全都在为现实政治服务上。孟子论及孔子作《春秋》时说："世道衰微，邪说暴行有作，臣弑其君者有之，子弑其父者有之。孔子惧，作《春秋》。"指出孔子作《春秋》的明确目的：为世道衰微而作，服务于现实社会。所以史学关注的对象，多侧重于政治方面，尤其是帝王将相等。

司马迁描述历史人物的活动时，所采用的价值判断标准，就是看他们对国家和社会的贡献，以及他们立身处世的原则是否符合道义。因此，《史记》一书态度鲜明地赞扬了那些与恶劣自然环境及丑恶社会势力作斗争的历史人物，如大禹、荆轲、陈胜、吴广等，也态度鲜明地赞扬了那些心怀天下，能为民造福并勇于自我牺牲的政治家，如周公、萧何等。即使是一些小人物，如郭解、程婴、朱家等，司马迁对他们重友讲信、扶危济困等美德也不吝赞美之词。

这种传统延至中唐，又被杜佑进一步发展。他在《通典》中，突破了从历史事件中总结治乱得失的模式，深入到社会各领域，从制度沿革中总结经验教训，提出了以史学"施有政"这一具有直接实践作用的认识模式。

为了更好地经世致用，古代史家大都非常重视当代史的研究。详今略古，注重当代史的研究，可以说是古代史学的一贯传统。《史记》写了三千多年的历史，其中有关汉代史的内容超过半数。后世的"实录""国录"都是当代史。即便在清代，政治环境恶劣，很多学者畏惧谈论现实，转而进行文献考据整理，但还是有史家致力于近现代史领域，浙东史家的代表黄宗羲、章学诚等就是其中的佼佼者。

四、秉笔直书的编撰原则

秉笔直书是史家记叙史实的笔法，指写史书根据事实记录，不隐讳。业界有"史笔如铁"之说。修史的目的在于存史、资政，资料性、真实性的特点决定了史书必须要采用直书的史笔手法来写作，而不能根据作者或其他人的意图随意篡改，甚至任意捏造虚构事实。追求历史事件的真相，是史书的基本要求，也是史书永恒的主题和价值之所在。

中国史学从勃兴之日起，就一直坚守着秉笔直书的原则，向来都是以直笔为荣，许多史家甚至为此付出了宝贵的生命。正是由于这种坚守，才留下了大量基本可信的史料。

直笔首先要求史家在面对史料之时，无论史料来自哪里，都要抱有批判、怀疑的态度，不盲从，这就需要对各种文献资料具有科学的考证意识，通过多种方法辨其真伪，做到无证不信，使史著立足于坚实可信的基础之上。

同时，史家修史，应该排除主观或客观上的种种干扰，严格按照历史上的真实情况进行书写。文天祥在《正气歌》中，将"在齐太史简，在晋董狐笔"作为天地间正气的表现之一。齐国太史们一个接一个地视死如归，用鲜血换来史书上的真实记载。董狐不畏权势，坚持写事实，并因此得到孔子"董狐，古之良史也，书法不隐"的称赞之语。这两则古代史官故事，都赞扬了一种誓死捍卫史官实录直书传统的精神。这一传统，让中国拥有了真实记载史事的大量历史著作。即使是官修史书，立场也不完全代表官方。

正直的史官或史家都能自觉做到秉笔直书。唐代史官吴兢编写《则天实录》之时，如实记录忠臣魏元忠为权臣构陷，张说曾畏于权势，作不利证言之事。张说看到此段，不愿留下不好的名声，想让他删减一些内容，被他严词拒绝。南宋袁枢曾负责修撰宋史中的"传"，原宰相章惇的后人请他看在同乡的面子上，"文饰"一下章惇的传记，被袁枢严词拒绝。可见，尊重事实不颠倒是非，坚持原则不任意褒贬的直书精神，始终在中国古代史学中有着顽强、旺盛的生命活力。

当然，历史上也不乏惧势曲笔或挟私褒贬的治史者。如北宋曾两任宰相的王钦若，在主持国史修订之时，就隐去了一些不利于自己的史实。然而，史实总会被发掘，他虽然没有进正史的《奸臣传》，依然留下了为人奸邪、逢迎投机的恶名，被列入宋廷"五鬼"之列。实录直书、善恶必书、不虚美、不隐恶、不文过饰非、不曲笔诬书的原则，一直都是中国史学的主流。

经典诵读

1. 司马迁《报任安书》（节选）

仆窃不逊，近自托于无能之辞，网罗天下放失旧闻，略考其行事，综其终始，稽其成败兴坏之纪，上计轩辕，下至于兹，为十表，本纪十二，书八章，世家三十，列传七十，凡百三十篇。亦欲以究天人之际，通古今之变，成一家之言。

【第七章 中国古代史学】

2. 赵顼（宋神宗）《资治通鉴序》（节选）

其所载明君、良臣，切摩治道，议论之精语，德刑之善制，天人相与之际，休咎庶证之原，威福盛衰之本，规模利害之效，良将之方略，循吏之条教，断之以邪正，要之于治忽，辞令渊厚之体，箴谏深切之义，良谓备焉。凡十六代，勒成二百九十六卷，列于户牖之间而尽古今之统，博而得其要，简而周于事，是亦典刑之总会，策牍之渊林矣。

3. 张养浩《山坡羊·骊山怀古》

骊山四顾，阿房一炬，当时奢侈今何处？只见草萧疏，水萦纡。至今遗恨迷烟树。列国周齐秦汉楚。赢，都变做了土；输，都变做了土。

4. 章学诚《文史通义》内篇卷一《书教下》（节选）

纪传行之千有余年，学者相承，殆如夏葛冬裘，渴饮饥食，无更易矣。然无别识心裁，可以传世行远之具，而斤斤如守科举之程式，不敢稍变，如治胥吏之簿书，繁不可删。以云方智，则冗复疏舛，难为典据；以云圆神，则芜滥浩瀚，不可诵识。盖族史但知求全于纪、表、志、传之成规，而书为体例所拘，但欲方圆求备，不知纪传原本《春秋》，《春秋》原合《尚书》之初意也。《易》曰："穷则变，变则通，通则久。"纪传实为三代以后之良法，而演习既久，先王之大经大法，转为末世拘守之纪传所蒙，曷可不思所以变通之道欤？

诵读音频

参考书目

◎金毓黻. 中国史学史 [M]. 上海：上海古籍出版社，2020.

◎杜维运. 中国史学史 [M]. 北京：商务印书馆，2010.

◎乔治忠，姜胜利. 中国史学史研究述要 [M]. 天津：天津教育出版社，1996.

◎吴怀祺. 中国史学思想史 [M]. 北京：北京师范大学出版社，2016.

◎钱穆. 中国史学名著 [M]. 上海：三联出版社，2005.

◎仓修良. 中国史学名著评介 [M]. 济南：山东教育出版社，2006.

◎王钟翰，安平秋，等. 二十五史说略 [M]. 北京：中华书局，2015.

思考与练习

1. 作为一位史家,应具备什么素质?
2. 如何评价中国古代主要的史书体裁?
3. 中国古代史学的优良传统对当今中国的发展有何现实意义?

第八章　中国古代科学技术

文化看台

材料：

典籍印证古代科技辉煌成就
——访中国科学院自然科学史研究所研究员孙显斌[①]

编者按：悠悠五千年，文献传后世。古代典籍是历史留给今人的一笔丰厚遗产，其中古代科技典籍能够印证中国古代辉煌的科技成就。在世界读书日来临之际，本报就古代科技典籍整理等问题，采访了相关专家。

记者：请介绍一下现存中国古代科技典籍的大概情况。

孙显斌：近年出版的《中国古籍总目》基本摸清了现存古籍（1912年以前）的家底，约有20万种，50万个版本。我们按图索骥，对其中与科技相关的典籍数量做了粗略统计，这些典籍主要分布于如下几个类属：史部地理类总志之属（444种）、政书类考工之属（81种）以及水利之属（314种）；子部兵家类（约230种）、农家类（467种）、谱录类花木鸟兽之属（339种）、医家类（6 684种）、天算类（1 656种）、术数类（约140种）、新学类（884种）等，合计约1.2万种，约占存世古籍总量的6%。

…………

记者：科技古籍的整理，是否较其他典籍更难？

孙显斌：一直以来，传统科技典籍的整理和出版相对滞后，与我国古代悠久灿烂的科技文明不相称，这是因为整理传统科技典籍需要有古籍整理和科技史研究双重的学术背景，相对来说专业人才稀缺，整理难度大，也正因如此，我国传统科技典籍到目前还没有系统地整理过，面世的整理成果虽不乏经典之作，但相对数量庞大的传统科技文化遗产来说，从数量上讲可以说是九牛一毛。从这个意义上说，我们策划"中国科技典籍选刊"更重要的是在培养和锻炼科技典籍整理人才。

---

① 颜泽贤：《耗散结构与系统演化》，福建人民出版社，1987，第107-108页。

....

记者：在科技古籍整理的过程中，是否也用到了一些时下的科技手段？

孙显斌：利用信息技术手段辅助整理古籍特别值得一说，目前在人工智能和大数据技术的支持下取得了较大的进展：古籍图像的文字识别（OCR）的准确率已可以达到95%以上，而古籍自动句读或标点的准确率也可以达到90%以上，这种标点能力已经大大超出了一般文史专业研究生在无参考情况下的水平。

我们阅读整理过的古籍时，常发现一些字旁有线，这些或是人名或是地名。近期，这种画专名线的工作即命名实体标记工作也取得了突破，与上两项工作一样正在接近实用水平。可以说现在正是信息技术手段大规模介入古籍整理工作的风口期，不远的将来，古籍整理领域将迎来巨大的变化。而古籍数字化也正从图像化、全文化向本体化、数据库化阶段迈进。

讨论：古代科技典籍对于今人的意义与价值何在？

知识聚焦

第一节 中国古代科学技术的重要成就

科学通常是指有关自然现象和规律的知识体系，包括数学、物理、化学、天文学、地理学、生物学等学科。中国古代科学技术的各个领域，都有卓越的成就，对整个人类文明作出了不可估量的贡献。

一、四大发明

中国的四大发明对于彻底改造近代世界并使之与古代及中世纪划分开来，乃至对于推进整个世界文明的发展都起到了至关重要的作用。

（一）火药

火药的发明与中国古代的炼丹家和炼丹活动有关。炼丹家在炼药时发现硝石、硫黄、木炭混合后会使火猛烈燃烧，还可以入药，用于杀虫，去湿气，治疮癣和瘟疫，于是就把这种既可助燃又可入药的东西，命名为"火药"。唐朝末年，火药始用于军事，并发明了使用火药的武器——火器。10世纪中叶又出现了火枪，这是一切管枪

【第八章　中国古代科学技术】

和火炮的始祖。北宋时，曾公亮、丁度等编纂的《武经总要》不仅描述了许多火药武器制造工艺，而且还记载了火药配方。这比欧洲最先出现或记载的任何火药配方早约3个世纪。

（二）指南针

指南针是指示方位的仪器。战国时已有用天然磁石制成的指南针，当时被称为"司南"，样子像一把勺子，底部呈圆形，可以在刻有二十四方位的平滑的底盘上旋转，等它静止时，勺柄就会指向南方。最早有关司南的记载，见于公元前3世纪的《韩非子·有度》。但司南本身很沉，转动也不灵，且容易失磁。唐末五代时，人们开始用人工方法使铁器磁化，直到19世纪电磁铁出现以前，几乎所有的指南针都是采用人工磁化法制成的。东汉张衡在写《东京赋》时，第一次把司南改称为"指南"。最早的指南针常被用作风水师的定向仪器。北宋天文学家杨惟德在《茔原总录》中记载，指南针须在正南偏东17.5°取向，这是世界上最早的有关磁偏角的记录。北宋以前，航海要靠日月星辰来判断方位，遇到阴雨天气，就难辨东西。指南针的发明和运用，无疑促进了航海业的发展，宋代以来中国商船就已经频频出现在南洋、印度洋乃至波斯湾一带。尤其是在明朝，如果没有指南针，就很难有郑和七下西洋的历史壮举。应该说，中国是世界上最早把指南针应用于航海的国家。12世纪以后，指南针传到阿拉伯国家和欧洲，磁针罗盘便成为欧洲人早期环球航行的必备工具之一。指南针还被广泛地应用于军事、生产和日常生活。

（三）造纸术

纸出现以前，古人最早是利用龟甲、兽骨和青铜器记事，写在上面的文字被称为"甲骨文""金文"，后来又用竹简、木牍和丝帛，用它们写成的书被称为"简牍"和"帛书"。但这些书写材料，或不易于书写，或形制过于笨重，或材料十分昂贵，导致书籍在社会上并不能广泛地传播。西汉初年，人们发明了最早的植物纤维纸，这种纸用麻皮纤维或麻类织物制成，比较粗糙，不适于书写，仅可做包装之用。公元2世纪，东汉的宦官蔡伦对造纸原料和工艺进行重大革新，开始尝试采用树皮造纸，并将常温制浆改为高温制浆，拓宽了原料来源，提高了纸的质量，也降低了造纸成本。蔡伦在中国造纸史上的地位是不可替代的，他创制的纸被称为"蔡侯纸"。之后，造纸原料进一步丰富，造纸设备得到了改进，加工技术也有新的提高，树皮、嫩竹、桑皮、稻秆等都可用于造纸，还出现了色纸。明代宋应星的《天工开物》记述了竹纸和皮纸的制作工艺，并附有造纸操作图。这是世界上最早的关于造纸的详尽记载。

中国的造纸技术大约在3世纪传入越南，4世纪又传入朝鲜、日本，8世纪传入印度、波斯，后又经阿拉伯传至北非和欧洲，取代了用于书写的欧洲羊皮、印度树叶和埃及纸草，促进了各国文化事业的广泛发展，进而推动人类的思想交流和科学发展。

（四）印刷术

印刷术没有发明以前，所有书籍的流传，只能靠抄写，这不利于文化的广泛传播。加之古代文字形体不统一，书写工具也几经变化，因此不同的人在辗转传抄的过程中，各种版本中讹误时常发生，于是学者们便发明了摹拓的方法，这可以说是中国最原始的印刷术。用石板刻字来摹拓和手抄本相比，有了很大进步，但价格昂贵，根本无法满足更多需求。初唐时期发明了雕版印刷术。雕版印刷，顾名思义就是在整块木板上刻字然后进行印刷，采用这种技术可使社会上需求量较大的书能成百上千地被印刷。雕版印刷术在唐时传入朝鲜、日本、波斯，后又传至埃及，元时传到欧洲。但印刷不同的文章要雕刻不同的木版，十分不便，而且非常浪费人力、物力和财力。据沈括的《梦溪笔谈》记载，北宋庆历年间，平民毕昇首创了活字印刷术。他用胶泥刻成单字烧硬后制成一字一印的活字，再用活字拼版进行印刷，活字可以多次使用，比整版雕刻经济方便。这种活字排印方法和现代的铅印排印原理基本相同，是印刷史上的一次重大革命。之后元代农学家王祯不仅成功地创造了木活字，还发明了转轮排字架，进一步提高了排字效率和印刷质量。大约在14世纪，木活字印制术传到朝鲜、日本。1456年，德国人谷腾堡首先用活字印成《谷腾堡圣经》，活字印刷术由此很快从德国传到意大利、瑞士、捷克、法国、荷兰、比利时、西班牙、英国、葡萄牙等国。中国人发明的雕版与活字印刷术是当时世界上最先进的印刷术，对人类文化的传播和发展所起的作用确实不可估量。

《梦溪笔谈》，沈括撰，诸雨辰译注，中华书局，2016年版

【第八章 中国古代科学技术】

二、天文学

（一）天象记录

中国古代天象记录的特点是记录准确丰富，而且从未间断。特别是关于太阳黑子、彗星、流星雨、新星、超新星等的记录资料，相当丰富。

1. 太阳黑子的最早记录

上古时期，中国的先民们就有了"月中有乌"的传说，其实这是对太阳黑子较早的形象描述。目前，世界上公认的最早对太阳黑子进行记录的时间是西汉成帝河平元年（前28年），这比欧洲人关于太阳黑子的记录早八百多年。再从汉至明，仅在史籍中关于太阳黑子的记录就有一百多次，如此丰富的记录资料在世界上是极为罕见的。

2. 彗星的最早记录

据《竹书纪年》记载，周昭王十九年（前977年）"有星孛于紫微"，这是世界公认的最早对彗星的记录。另一次记录是在春秋战国时期鲁文公十四年（前613年）。至今，中国关于哈雷彗星的记录有三十多次。

3. 新星与超新星记录的重大贡献

中国古代在天象记录方面，对现代天文学贡献最大的，要数新星和超新星的记录。中国古代把新星和超新星称作客星，殷商时代的甲骨中已载有"七日己巳夕，有新大星并火"等记录。从汉代开始，这种记载已见于典籍。关于超新星的记载最早见于《后汉书·天文志》。在中国史书上有记录的，在18世纪以前出现的新星和超新星有九十多个。这是古代恒星观测史上的伟大成就。

4. 日月食的记载

中国对日月食的记载最早见于夏代，据《左传·昭公十七年》载："《夏书》曰：'辰不集于房，瞽奏鼓，啬夫驰，庶人走。'"这也是世界上最早的日食记载。自此以后，见于文献的日月食记载就越来越多，也更加系统而丰富。这些资料是现代宇宙学研究的重要资料，这种记录的全面性、系统性也是其他文化系统所缺乏的。

（二）天体测量

天体测量是通过测定天体的位置和天体到达某个位置的时间来为各种科学研究服务的一门学问。中国古代在测天仪器、星表、星图、测定子午线长度等方面取得了巨大成就。

【中国传统文化概论】

1. 测天仪器

不论是天体测量、天象记录还是历法制定，都离不开测天仪器。中国一直重视制造和改进天文仪器，并且构成了以漏壶、浑仪、简仪为主的传统天文仪器系统。漏壶又叫漏刻，是古代一种以漏壶装水以计时的仪器。在《周礼·夏官·挈壶氏》中，已记有周代有专人管漏壶之事。浑天仪又叫浑仪、浑象，是中国古代观测天体位置的仪器。据许多文献记载，中国远在五六千年以前的葛天氏、黄帝、尧舜时代，就有了浑仪。简仪是中国古代观测天体坐标的仪器，现代天文台大型光学望远镜的一些装置就是由简仪演化而来的。

2. 星表

星表是把测量出的若干恒星的坐标汇编而成的表册，它是天文学上一种很重要的工具。中国先民把天体黄道、赤道附近的恒星分为二十八个星区，各个星区取一星为主，称为二十八宿。春秋以后，中国二十八宿星区划分法传入印度、波斯、阿拉伯等地。战国时天文学家石申著《天文》八卷（后世尊称《石氏星经》），除二十八宿之外，还记录了一百二十一颗恒星的坐标位置。这是世界上最古老的星表。石氏星表比希腊天文学家测编的西方最早的星表早二百年。石申所用的赤道坐标系，欧洲1598年才有。

3. 星图的测绘

星图是将分布在天空上的恒星，按照球面视觉位置投影在平面形成的图像。它是恒星观测的一种形象记录，也是天文学上用来认星和指示位置的一种重要工具。在这方面中国古代有着辉煌成就，只有中国保存有14世纪以前的星图，特别重要者有敦煌星图和苏州石刻天文图。

4. 子午线长度的测定

子午线长度是天文学、地理学中的一项极其重要的数据。世界上通过实际测量而算出子午线长度的工作，始于中国唐代。唐朝和尚张遂（僧一行）于724年发起了在全国二十四个地方测量北极高度和夏冬二至、春秋二分的日影长度的活动，并设计了一种叫复矩图的仪器，其工作之精细、规模之宏大是史无前例的。他从测量中算出地球南北相差约351里80步（约合今129.22公里），北极高度相差1度。这是世界上首次对子午线的科学测量，虽有误差，但为后人从事子午线测量提供了科学依据。

【第八章 中国古代科学技术】

（三）历法

古历法的内容包括年月日的安排，日、月食的预报和节气的调整等。据载，中国远在一万年前的氏族公社时期，就发明了用十二天干和十二地支搭配以记时的方法。这是人类历法的开端。

1. 岁实的确定

岁实，即一年的天数，夏历、周历都是使用四分历（春、夏、秋、冬），每年的天数是365.25日，这是当时世界上最精确的岁实数据。南宋杨忠辅的《统天历》和元代郭守敬的《授时历》中的岁实是365.2425日，均为世界上最精确的岁实数据。

2. 置闰与节气

中国古代使用的阴历，以朔望月的长度为一个月的天数。阴历全年12个月的天数与回归年差11天左右，因此，必须置闰（设立闰月）。阴历中有19年7闰的置闰法。后来，在南朝祖冲之创制的大明历中，对闰法进行改进，把19年7闰改为391年144闰，使之更符合天象实际。

由于太阳位置的变化，地球上有气候的寒暖，于是古人创立了二十四节气。二十四节气的名称，估计在战国时期已经产生，这是中国的独创。

三、数学

（一）记数与十进位制

今人习以为常的十进位制，就是中国的一大发明。至迟在商代，中国就已开始采用十进位制。从现已发现的商代陶文和甲骨文中，可以看到当时已能够用一、二、三、四、五、六、七、八、九、十、百、千、万等十三个数字记十万以内的任何自然数。十进位制的记数法，对世界科学起着十分重要的推动作用。当时欧洲的罗马累计法，无法进行累加计算，巴比伦是六十进位，玛雅人是二十进位。正如李约瑟所说："如果没有这种十进位制，就不可能出现我们现代这个统一化的世界了。"[①]

（二）算学

在算学方面，中国大约在商、周时代已有了四则运算。到春秋战国时代，整数

[①] 李约瑟：《中国科学技术史》（第三卷·数学），《中国科学技术史》翻译小组译，科学出版社，1978，第333页。

和分数的四则运算已相当完备。

1. 九九歌

出现于春秋时期的正整数乘法口诀"九九歌",是最先进的十进位制记数法与简明的中国语言文字相结合的产物。

2. 算筹

中国人在很早就发明了特有的计算方法和计算工具,即用一种专门用于计算的算筹进行计算。但算筹在运算时有诸多不便,于是在宋元时期,珠算代替了筹算,影响甚为长远。

3.《九章算术》

中国古代数学以擅长计算著称于世,并逐步形成了独具特色的数学体系。约成书于1世纪中叶的《九章算术》是此体系的重要标志。《九章算术》著者不详,相传西汉初张苍、耿寿昌等人曾对它进行增订删补,其后又经人补订,全书分为九章。该书提出勾股定理,用以解决各种几何问题。书中有很多数学成就,如分数的四则运算、负数的概念和正负数的加减运算法、十进小数概念等,在当时都领先于世界各国。书中的"盈不足"算法,在欧洲和阿拉伯被称为中国算法,朝鲜和日本均曾将此书作为教科书。该书采用应用题集的形式写成,共九章,收集了实际生产和生活中的数学问题二百四十六个,并给出答案,是对古代计算方法的总结,对世界数学的发展有很大影响。

4. 魏晋南北朝时期的算学与圆周率

魏元帝景元四年(263年),著名数学家刘徽把极限的思想用于圆周率的计算,他用割圆术计算出圆周率为3.1416。南朝祖冲之继承了刘徽的工作,求出精确到小数点后七位有效数字的圆周率:3.1415926~3.1415927。直到一千年后,才有外国数学家求出更精确的数据。

5. 宋元时期的算学与开方术、方程论

宋元是中国古代数学高度发展时期,在此期间,涌现出一大批卓有成就的数学家。贾宪、秦九韶、李治(李冶)、朱世杰等学者在开方术和方程论等方面作出了突出贡献。秦九韶著有《数学九章》,对后世影响很大。

【第八章　中国古代科学技术】

四、医学

从神农氏勇尝百草的传说来看，中国医学起源于远古时代。春秋战国时期，出现了神医扁鹊以及《导引图》这样的医学著作，这说明当时的诊断手段和治疗方法都已经相当高超。不过，较早的医学著述一般被归入"方技"中，后来相继出现了《黄帝内经》《神农本草经》等一系列举世瞩目的医学著作。最晚在两汉时已经形成了中医的望、闻、问、切四诊法，创立了中国独特的脉学理论。从汉到宋，医学理论得以进一步发展，相继出现了关于切脉、针灸等的专著。总之，中国医学的形成，一方面来源于对临床医疗经验的归纳，另一方面则与整体民族文化背景有着极为密切的关系。可以说，中国传统医学在独具特色的传统文化环境中形成了迥异于西方医学的式样，并以独特、完善、符合规律的医学体系与西医并驾齐驱。

（一）中医学

中国现存最早的传统医学著作《黄帝内经》为中医理论奠定了基础，所谓中医学五大核心理论体系，即阴阳五行学说、脏象学说、经络学说、形神学说、天人学说均发源于此书，且千百年来不断地演进推广，加深内涵。

1. 中医学五大核心理论体系

（1）阴阳五行学说。该学说包含着中国传统文化中的两个主要方面：一是遵循彼此对立的事物互相依存、互相消长和互相转化的阴阳原理。二是事物的五行归类及生克规律。中医学应用五行学说解释人体的生理功能，将身体各部位和外在环境有机地联系起来，形成了比较完整的中医五行理论，并以此指导临床实践，说明机体病理变化，用于疾病的诊断和治疗。阴阳五行学说是中医理论的重要组成部分，对中医学理论体系的形成和发展，有着极为重要的作用。

（2）脏象学说。脏象学说又称"藏象学说""脏腑学说"，是中国传统医学中研究人体脏腑的生理功能、病理变化及其相互关系的学说。"脏"即人体的内部脏腑；"象"指脏腑的功能活动和病理变化反映在体外的各种表象。以五脏为中心，从系统整体的观点来把握人体，是脏象学说的基本特点。至今脏象学说仍贯穿于中医学的解剖、生理、病理、诊断、治疗、方剂、药物、预防等各个方面，在中医学理论体系中处于十分重要的地位。

（3）经络学说。经络学说即研究人体经络的生理功能、病理变化及其与脏腑相互关系的学说。它补充了脏象学说的不足，是中国传统医学的又一理论基础。古代经络学说认为人体除了脏腑外，还有许多经络，每一经络又各与内在脏腑相连属。人体通过这些经络把内外各部组织器官联系起来，构成一个整体。经络学说也是中医理论体系的重要组成部分，是依据临床现象和治疗经验概括出的人体气血传输的理论模型。

（4）形神学说。形是指形体和体质，包括脏腑、经络、气血、津液、精、骨、肉、筋、脉、髓等及其生理活动；神是指人的理智、意识、思维、记忆等内在的精神活动及其外在表现，即通常所说的"七情五志"。二者是相互依存、相互影响、密不可分的一个整体。形神学说无论在养生理论还是养生方法方面均有重要的指导意义。

（5）天人学说。这是指人作为自然界的一部分与天地万物合成一个有内在联系的不可分割的整体的学说。人体的生命活动，内部器官的运动变化，要受整个自然界运动变化的影响和制约。这一观点贯穿整个中医理论体系，并体现在医疗实践中。中医早在秦汉时期就提出了"天人相应"的著名论点，讲究天人合一，把人体看作自然的一部分，并且与自然变化紧密互动。在中医眼里，人体不是放在解剖台上的孤立的个体，而是自然界的一部分，这种观念决定了中医学将研究的目光扩展到人体生存的环境和世界万物，与西方医学对人体的生理和病理认识不同。这种研究人体、认识疾病的辩证思想和方法，远比那种把人作为一个孤立的个体，机械地把人体分成若干独立的部分加以研究的思想和方法优越得多。

2. 中医学传统四大经典著作

（1）《黄帝内经》。《黄帝内经》成书于春秋战国时期，是中国医学宝库中现存成书最早的一部医学典籍。该书作为中国传统医学四大经典巨著之一，奠定了中医学的理论基础。其主要内容包括生理学、病理学、诊断学、治疗原则、药物学等，医学理论基于中国古代道家学说的理论基础，体现着中国古代文化中强调人与自然和谐统一的理念。特别是在理论建树方面，确立了中国古代中医学五大核心理论体系。

《黄帝内经》（上、下），姚春鹏译注，中华书局，2010年版

（2）《伤寒论》。原名《伤寒杂病论》，是由东汉末年张仲景编撰的一部阐述外感及其杂病治疗规律的专著。该书在后世流布的过程中，又经世人整理编纂，将其

第八章 中国古代科学技术

中外感热病的内容结集为《伤寒论》，另一部分主要论述内科杂病内容的被结集为《杂病论》。该书奠定了中医临床学的基础。

（3）《金匮要略》。中医经典古籍之一，由东汉末年张仲景编撰，后经晋王叔和整理，将《伤寒杂病论》中的"杂病"部分归入，故有古传本名《金匮玉函要略方》三卷，上卷为辨伤寒，中卷则论杂病，下卷记载药方。后由北宋校正医书局重新编校，取其中以杂病为主的内容厘定为三卷，改名《金匮要略方论》，所述病证以内科杂病为主，兼有部分外科、妇产科等病证。

（4）《难经》。原名《黄帝八十一难经》，传说为战国时秦越人（扁鹊）所作。该书以问答解释疑难的形式编撰而成，共讨论了八十一个问题，故又称《八十一难》，全书所述以基础理论为主，还分析了一些病证，其中1~22难论脉学，23~29难论经络，30~47难论脏腑，48~61难论疾病，62~68难论腧穴，69~81难论针法。

（二）中药学

中国古代的药学，即中药学，是传统医学的重要组成部分，又称"本草"之学，主要包括药物名称、性状、功能、主治、产地及采集、加工、保存等知识。后来诸多的"本草"类著作中还附有治疗的范例。特别是明代李时珍完成的集中药学之大成的巨著《本草纲目》，是一部当之无愧的中药学百科全书。

1.《神农本草经》

《神农本草经》简称《本草经》或《本经》，是中国已知最早的药物学专著。《神农本草经》成书于东汉，是秦汉时期众多医学家总结、搜集、整理当时药物学经验成果的专著，是对中国中草药的第一次系统总结。其中规定的大部分药物学理论和配伍规则以及提出的"七情合和原则"在几千年的用药实践中发挥了巨大作用，被誉为中药学经典著作。很长一段时间内，它是医生和药师学习中药学的教科书和工具书，也是中国第一部完整的药物学专著。

2.《新修本草》

《新修本草》简称《唐本草》，由唐代苏敬等修撰于公元659年，是世界上第一部由国家颁布的药典。该书正文二十卷，目录一卷，是在《神农本草经》《名医别录》和《本草经集注》等书的基础上，进一步增补了隋唐以来的一些新药品种，重新修订编纂而成的。内容分为玉石、草、木、禽兽、虫鱼、果、菜、米谷及有名未用等九类，共收药八百余种。这比1498年出版的欧洲最早的药典《佛罗伦萨药典》早八百三十九年，比1535年颁发的世界医学史上有名的《纽伦堡药典》早八百七十六年，比1778年颁行的俄国第一部国家药典早一千一百一十九年，故享有"世界第一部药典"之称。

3.《本草纲目》

《本草纲目》由明代李时珍所撰，全书五十二卷共一百九十多万字，载有药物一千八百九十二种（总目数量，实为一千八百九十七种），收集医方一万一千零九十六个，绘制精美插图一千一百余幅（分为十六部、六十类）。该书是李时珍在继承和总结以前本草学成就的基础上，既结合自己长期学习、采访所积累的大量药学知识，又经过不断实践和钻研，历时二十余年而编成的一部中药学巨著。该书所载不仅考证了过去本草学中的若干错误，综合了大量科学资料，提出了较科学的药物分类方法，融入了先进的进化思想，而且记述了丰富的生物医学临床实践经验。

（三）临床治疗技术

1. 人工呼吸的最早应用

东汉张仲景在《伤寒杂病论》中记载了人工呼吸法的应用。书中说遇到自杀时间不长或自杀后心脏处还有热气者时，应马上对其进行人工呼吸。而国外人工呼吸法的应用，比中国至少晚一千六百年。

2. 最早的麻醉外科手术

麻醉剂是中国古代外科成就之一。早在距今两千多年前，中国医学中已经有麻醉剂和醒药的实际应用了。《列子·汤问》中记述了扁鹊用"毒酒""迷死"病人，施以手术之后再用"神药"催醒的故事。东汉时期，中国古代著名医学家华佗发明了"麻沸散"，在临床上用作外科手术时的麻醉剂。据记载华佗曾经成功地做过腹腔肿瘤及肠、骨部分切除吻合术。"麻沸散"作为中药麻醉剂，问世后对医学发展有极大的推动作用，对后世的影响相当大。

3. 免疫法的先驱

晋代葛洪著有《肘后备急方》一书，书中记载了"疗狂犬咬人方"以防狂犬病，这是世界史上最早的免疫法。

【第八章 中国古代科学技术】

4. 人痘接种法的发明

北宋时期，中国就已经开始用人痘接种法预防天花。至16世纪，该种痘术得到官方的认可，并被大力推广。人痘接种法有痘浆法、旱苗法、水苗法、痘衣法四种。人痘接种法有不可磨灭的历史功绩。

5. 独具特色的针灸疗法

针灸疗法是中国医学中的一朵奇葩。早在两千多年前的春秋战国时期，针灸疗法就已相当普及。西晋时《针灸甲乙经》的问世，促进了后世针灸学的发展。秦汉以后，针灸疗法传到朝鲜、日本及东南亚和中亚各国。宋元以后，针灸疗法又传到欧洲，至今欧洲、亚洲许多国家仍采用针灸疗法。

针和灸是两种治疗方法。针法是用金属制成的针具刺激人体特定部位以防治疾病。灸法是用艾为主要材料，点燃后熏灼特定部位以防治疾病。

五、农业水利

（一）农业

农业是立国之本，所以历代都对农业予以高度重视，农业科学技术成就亦不同凡响。

考古资料证明，中国是世界上最早种桑、养蚕和织布的国家，早在五千多年以前，丝织业已发展起来。

现存最早、最完善、最系统的农业著作是北魏时期贾思勰所著的《齐民要术》一书，全书分十卷，九十二篇，总结了农业生产技术和经验，记载了谷物、蔬菜瓜果和树木种植法，牲畜饲养法，养鱼法以及各种酿造法，食物贮藏法等。这是中国现存最早、最完备的农业百科全书。

唐代陆羽的《茶经》是世界上第一部茶叶专著，陆羽被奉为"茶圣"。元代王祯的《农书》，对农作技术、农具改进都有详细描述。明代科学家徐光启集中国古代农业思想之大成，撰写了《农政全书》一书，全书七十多万字，把农业分作十二门类，分别从农业政策、农业工具、气候等方面进行专门论述，是继《齐民要术》之后古代最完备的农业大全。

（二）水利

水利，与农业息息相关，历来备受重视。中国古代无论是水利工程的规模，还是技术水平,都是世界其他国家所无法比拟的。

都江堰工程位于四川省都江堰市城西,由"鱼嘴""飞沙堰"和"宝瓶口"三部分构成。这项工程把灌溉、排洪、航运、泄沙等功能集于一身,是一个设计周密、布局合理、效益很高的具有系统工程性质的技术成果,代表了当时世界治水工程的最高成就。

隋炀帝时期花了六年时间修成的大运河,是一条人工开凿的贯穿南北、全长两千四百公里的大型水利工程。

在高水平的治水工程实施的过程中,诸多总结治水经验的学术著作也相应流传了下来。其中最全面、系统的是北魏时期地理学家郦道元所著的《水经注》。该书内容非常丰富,除治水以外,还包括地理、矿产等方面的知识。

 纪录片《李约瑟和中国古代科技》,2021年

第二节 中国古代科学技术的特点

中国古代科技的众多领域虽然内容各异,但在某些方面却有着共同的特点。

一、实用性

实用性是古代科技的重要特点。

中国古代天文学之所以高度发达,首先是由于帝王们认为天象直接与皇家的命运关联。其次,中国古代以农立国,农业是国家财富的根本。天文历法的发展与农业生产的发展是密不可分的。

要制定精确的历法,就要准确地测天观象,就得精于计算。于是,数学亦伴随天文学的发展而发达起来。《周髀算经》相当一部分内容就是解决天文学中的计算问题。《孙子算经》中的剩余定理,唐代僧人一行的不等间距二次内插公式,南宋秦九韶的数论——大衍求一术,郭守敬的招差法等,都是在解决天文历法计算问题中产生的。

地理学也是这样。中国幅员辽阔,人口众多,高度集权的中央政府为了有效地管理国家,历来非常注意掌握地方的疆域沿革、山川形势、城邑关津、户口贡赋、

第八章 中国古代科学技术

民俗物产等，进而促进了地理学的发展。

二、整体观

中国传统科技重综合，重从整体上把握事物，重事物的结构、功能和联系。它在研究任何具体事物时，总是居高临下，俯视鸟瞰，把它放到一个包容着它的更大的环境系统之中。

中国古代认为天的运动法则规范着世间的一切变化，人类的一切活动只有效法于天，才能达到理想的目的。因此天文学家在密切观察种种天象变化的同时，又密切注视着年成的丰歉、灾疫的起落、社会的治乱以及人事的沉浮。连续、丰富的天象记录，只是探寻天人之间联系奥秘的资料。

古代社会早期阶段，先民就把一切农事置于天地人的宇宙大系统内，将天时、地宜、人力作为三项主要因素综合考量，摸索发展农业生产的途径。正是从这种整体观出发，先民很早就发展了非常完备的保护生态环境、资源的观念。从商汤"网开三面"（《史记·殷本纪》），到先秦诸子大量关于保护山林川泽的论述，《周礼》《礼记》中对于渔猎、砍伐的种种限制，充分表现了中国早在两三千年前对保护环境、保护资源与人类生存之间的关系的认识和高度重视，并且在政府中设置了专门机构和官员实施管理，形成了严格的制度。这是中国农学在整体思维下的一项极富特色的贡献。

最能集中体现中国科技整体观的，还是中医学。中医学认为，人体是一个有机的整体，具有各自不同生理功能的器官和组织，通过经络系统的联结作用，并通过气、血、津液等循环不息地周身运行，使人体的内脏和躯壳、五官九窍与四肢百骸、形与神构成一个统一的系统。中医学研究病理变化的病因病机，首先着眼于整体，着眼于局部病变所引起的整体情况，将局部病变与整体情况统一起来，既重视局部病变的生理功能状态，又不忽视它对其他脏腑、经络以及全身所产生的影响。例如肾与耳在解剖学上至今未发现有什么直接联系，但中医认为"肾气通于耳"。临床证明，肾功能减退或异常，确实会引起耳功能的变化。中医学的耳诊、目诊、鼻诊、舌诊、面诊、手诊、足诊、脉诊等方法与现代全息理论完全吻合，已经受到国际医学界的高度重视和大力推广应用。

中医学不仅把人体看作是一个整体，而且把人和宇宙也看作是一个整体。《黄帝内经》中说："人以天地之气生，四时之法成。"（《素问·宝命全形论》）中医学全

【中国传统文化概论】

面深入地探讨了人体五脏、六腑、五官等与自然界五行、五季、五方、五气、五色、五味等之间的对应关系,建立了一套完整的理论体系。其中关于人体生命活动时间节律(年节律、月节律、日节律、甲子节律)的研究,如金元时期所形成的时辰针灸法——"子午流注法""灵龟八法"和"飞腾八法",尤令世界叹为观止。当20世纪六七十年代时间生物学和时间医学迅速兴起之时,中国古代的时间医学理论引起了西方学者的极大兴趣,他们称"子午流注法"为"中国式生物钟",纷纷来到中国学习时间针灸学。

经典诵读

1. 祖冲之《九章数学》(节选)

句股(以御高深广远)今有句三尺,股四尺,问为弦几何?答曰:五尺。

今有弦五尺,句三尺,问为股几何?答曰:四尺。

今有股四尺,弦五尺,问为句几何?答曰:三尺。

2. 《黄帝内经》(节选)

昔在黄帝,生而神灵,弱而能言,幼而徇齐,长而敦敏,成而登天。

乃问于天师曰:余闻上古之人,春秋皆度百岁,而动作不衰。今时之人,年半百而动作皆衰者,时世异耶?人将失之耶?

岐伯对曰:上古之人,其知道者,法于阴阳,和于术数,食饮有节,起居有常,不妄作劳,故能形与神俱,而尽终其天年,度百岁乃去。

3. 沈括《梦溪笔谈》(节选)

板印书籍,唐人尚未盛为之。五代时始印五经,已后典籍皆为板本。

庆历中,有布衣毕昇,又为活板。其法用胶泥刻字,薄如钱唇,每字为一印,火烧令坚。先设一铁板,其上以松脂、蜡和纸灰之类冒之。欲印,则以一铁范置铁板上,乃密布字印,满铁范为一板,持就火炀之;药稍熔,则以一平板按其面,则字平如砥。若止印三二本,未为简易;若印数十百千本,则极为神速。常作二铁板,一板印刷,一板已自布字,此印者才毕,则第二板已具,更互用之,瞬息可就。每一字皆有数印,如"之""也"等字,每字有二十余印,以备一板内有重复者。不用,则以纸帖之,每韵为一帖,木格贮之。有奇字素无备者,

【第八章　中国古代科学技术】

旋刻之，以草火烧，瞬息可成。不以木为之者，文理有疏密，沾水则高下不平，兼与药相粘，不可取；不若燔土，用讫再火令药熔，以手拂之，其印自落，殊不沾污。

昇死，其印为予群从所得，至今保藏。

诵读音频

参考书目

◎ 邓天杰.中国文化概论[M].北京：北京师范大学出版社，2012.

◎ 杜石然，范楚玉，陈美东，等.中国科学技术史稿：上、下[M].北京：科学出版社，1983.

◎ 李约瑟.中国科学技术史：1—5卷[M].北京：科学出版社，1975—1978.

◎ 阮堂明，沈华.中国文化概论[M].广州：暨南大学出版社，2012.

◎ 张岱年，方克立.中国文化概论[M].北京：北京师范大学出版社，2004.

◎ 中国科学院自然科学研究所.中国古代科技成就[M].北京：中国青年出版社，1978.

思考与练习

1. 中国古代科学技术有哪些伟大成就？
2. 试论中国古代科学技术的特点。

第九章　中国古代哲学

文化看台

材料一：

1. 由于连年超载放牧，草原草本植物由20世纪80年代前的130多种减少到30种；草场植被覆盖率30年间降低了50%～80%；每亩生物量不足20千克，草场载畜量下降了46%。

2. 在古代社会，人们把自然神化，对自然顶礼膜拜，认为山有山神、河有河神，天旱求龙王降雨，遇事求神灵保佑。近代以来，随着科学技术的进步和工业革命的发展，人类改造自然的能力和水平不断提高，机器在田野轰鸣，卫星遨游太空，人们认为自然是人类征服的对象，人可以主宰自然。但是随着人类活动规模的扩大，土地荒漠化、臭氧层空洞、洪水肆虐、物种减少……正严重威胁着人类的生存。人应该和自然和谐相处，保护环境，走可持续发展之路。

3. 国家重视环保工作，采取了一系列措施，要求各地保护森林资源，制止毁林开垦、乱占林地的行为并对水利设施建设等作出安排。

讨论： 请结合材料与生活实际，谈谈你对"天人合一"的理解。

材料二：

1. 德国有个千年小镇，自1928年起每年2月都会举办"中国人狂欢节"，挂灯笼、贴福字，到处洋溢着中国气息。当地人讲，他们与中国很早以前就有通商交往，由于迷上了中华文化，便渐渐以"中国人"自居。不过，《中国国家形象全球调查报告2016—2017》显示，不少海外受访者对中华文化的了解还局限于中餐、中医药和武术等，中华文化要在世界产生更为深远的影响依然任重道远。

2. 《诗经·卫风》中的"氓之蚩蚩，抱布贸丝"，记载了古老的物物交换。每个人有不同的技能和禀赋，每一块土地有各自的特色和资源，交换就来源于这种多样性，稻作地区的人们用粮食换取来自草原的马，东方人用丝绸绢帛换取西方的金

第九章 中国古代哲学

银……"独学而无友，则孤陋而寡闻"。在全球化时代，交换愈加频繁便捷，红酒、纺织品、汽车、机械装备等货物在各国海关进出，国际媒体间定期交换报道内容，国家首脑会晤交换对国际事务的意见……

讨论：实物、信息、知识和思想的碰撞每天都在发生，从哲学角度阐述这些文化的碰撞给我们带来了什么？

知识聚焦

第一节 中国古代哲学概述

中国古代哲学引导和影响着中国传统文学、教育、科学、艺术、宗教、伦理等等，是中华文化数千年发展的智慧结晶，体现了中国传统文化的基本精神。

一、中国古代哲学的发展与流变

中国古代哲学思想博大精深，源远流长。西周初年的《尚书·洪范》就提出了金、木、水、火、土是构成世间万物最基本的元素的五行学说。殷周时期的《周易》，就有了原始的"阴阳"观念，以八卦来说明自然现象和社会关系，体现了朴素的唯物主义和辩证法思想。春秋战国时期，中国哲学进入了一个辉煌的快速发展时期，儒、道、法、墨等百家争鸣，而后中国传统哲学在其两千多年的发展中出现了许多哲学家和哲学流派，影响一直延续到今天。其中，先秦哲学、两汉经学、佛教哲学、宋明理学等影响较大。

（一）先秦哲学

先秦哲学主要指先秦至汉初这一时期的哲学，其中最为重要的是儒、墨、道三家。

先秦儒家又称为原始儒家，开山鼻祖是孔子，代表人物还有曾子、孟子、荀子等。孔子生活在周礼已崩溃的"天下无道"（《论语·季氏》）的春秋末期，为了恢复周礼，实行自己的政治理想，孔子提出了以"仁"为核心的一整套学说。"仁"的核心是仁者"爱人"和"克己复礼为仁"。（《论语·颜渊》）"爱人"体现为一种博大的同情心，凡是人都有恻隐心，能感受他人的痛苦与欢乐。仁是一种"己所不欲，勿施于人"（《论语·颜渊》）和"己欲立而立人，己欲达而达人"（《论语·雍也》）的宽容忠恕精神；仁还是一种孝、忠的品质，要做到父慈子孝、兄友弟恭、忠君爱国。孔子主张"克己复礼为仁"，意思是克制自己的欲望，使言行视听都合乎"礼"的要求，这样就达到"仁"了。这就涉及"仁"与"礼"的关系。

孟子继承和发展了孔子的"仁"的思想，认为人天生就有"恻隐、羞恶、辞让、是非"四种善端，经过修身养性，可以发展成为仁义礼智"四德"，并以此为基础提出了"仁政"学说。"民为贵，社稷次之，君为轻"（《孟子·尽心下》），"得天下有道，得其民，斯得天下矣。得其民有道，得其心，斯得民矣"（《孟子·离娄上》），这些"重民"的思想产生了深远的影响。此外，孟子建构了一个天人合一的思维模式，以及与之相应的尽心、知性、知天的认识路线，"尽其心者，知其性也；知其性，则知天矣。存其心，养其性，所以事天也"（《孟子·尽心上》）。

荀子主张"天人相分"，提出了"天行有常，不为尧存，不为桀亡"（《荀子·天论》），即自然界和人类社会各有其职分和规律，并提出"制天命而用之"（《荀子·天论》）的人定胜天思想。荀子认为人性生来是"恶"的，"其善者伪也"（《荀子·性恶》），所以要重视环境和教育对人的作用，要"化性而起伪"（《荀子·性恶》）。同孔子和孟子不同，荀子认为礼和法是同时产生的，要"隆礼重法"，坚持儒家"正名"之说，强调尊卑等级名分的必要性，主张"法后王"，即效法文、武、周公之道。先秦儒家思想奠定了整个儒家学说的基本格局，奠定了中国政治哲学、道德哲学和历史哲学的基础，对中国传统文化的形成和发展产生了极其深远的影响。

在中国历史上，道家深刻地影响了中华民族的思维方式、心理状态和精神面貌。老子和庄子是先秦时期道家的代表人物。老子哲学的核心是"道"，"道"是宇宙万物的本原，是天地万物运动变化的规律，是人们在社会生活中应该遵循的准则。他提出了"道生一，一生二，二生三，三生万物"（《老子·第四十二章》）的观点，来说明宇宙万物的产生和演变。"道"对万物的作用是自然而然的，即"生而不有，为而不恃，长而不宰"（《老子·第十章》），然而没有一件事物不是它的所为，"道常无为而无不为"（《老子·第三十七章》）。老子还提出了包含丰富辩证法思想的"反者道之动"的命题，提出一切事物都有正反两面的对立，并意识到对立面的转化，从事物的矛盾性角度，提出了"不争"的处世与修养原则。

庄子继承和发展了老子"道法自然"的观点，认为"道"产生天地，天地和气

【第九章　中国古代哲学】

产生万物；他也认为"道"是无限的，是"自本自根""无所不在"的。庄子哲学最有特点的是他的人生哲学。他认为，儒家所高扬的仁、义、礼、智恰恰是违背"民之常性"即人的自然本性的，应当全部抛弃，以使人们能按本性生活。人要按自然本性生活，就要消除名利欲望，保持心灵的恬淡虚静。然而，现实世界中人要受到是非之辨、生死祸福等因素的困扰，受到各种物质条件的限制，这一切造成了人们的痛苦、不自由，这叫作"有待"。庄子的人生哲学提示人们要超越有待，进而达到无己、无待。无己，就是从精神上超越一切自然和社会的限制，忘记社会和自我；无待，就是不依赖任何条件。老子、庄子对中国哲学中的本体论、辩证法有较大贡献，他们人生哲学中的反等级、宗法、专制的思想和崇尚自由的思想，是中国文化心理深层结构的一部分。

　　墨家是先秦时期与儒家双峰并峙的学派，同被称为"显学"，墨子是墨家的创始人。墨子提出"兼爱"的思想。他认为，当时天下的种种纷争、世风日下，是"以不相爱生也"（《墨子·兼爱》），要稳定社会秩序，就要使人们"兼相爱，交相利"，即"视人之国若视其国，视人之家若视其家，视人之身若视其身"（《墨子·兼爱》）。墨子主张"兼爱"，即"爱无差等"，认为"利"是"爱"的具体内容和表现。为了贯彻他的"兼爱"思想，墨子抬出了"天志"和鬼神，认为"天志"是一种规矩，是评判社会政治、判别是非的标准，按"天志"的要求，人们应当"兼爱"。但他在宣扬"天志"、鬼神的同时，又对当时盛行的命定论进行了揭露和批判，即"非命"，认为天下的治乱、人们的生死祸福与寿夭贫富在于人事本身，而不在于"命"，"命者，暴王所作，穷人所述，非仁者之言也"，所以"不可不强非也"（《墨子·非命》）。在认识论方面，他提出了作为认识真理准则的"三表"："上本之于古者圣王之事""下原察百姓耳目之实""废以为刑政，观其中国家百姓人民之利"（《墨子·非命》），把人民群众的经验和实际利益作为判断是非的标准，这在真理标准问题的探讨上，确实是一个贡献。墨家在战国时期一直保持着"显学"的地位，与儒家争雄一时，但随着封建大一统帝国的建立和巩固，儒学"独尊"地位的确立，墨家就由"显学"而成为"绝学"了。

（二）两汉经学

　　两汉经学以宣扬天人感应、君权神授为特色，是以先秦儒家思想为经典发展起来的经院哲学体系，董仲舒是其代表人物。董仲舒认为，天人是相互感应的，感应的根据是天人皆有阴阳，而阴阳消长的原因，在于五行的"相生"和"相胜"，五行生胜，才导致了宇宙间万事万物的生成变化，诸如自然界的春夏秋冬四时更替，社会上庆赏刑罚王者四政迭用，个人喜怒哀乐四气转换等。在这种运动变化中，始终体现着天的意志和德行，天"亲阳而疏阴，任德而不任刑"（《春秋繁露·基义》）。根据"天人感应"的原理，他认为，"天"对人间统治者经常用符瑞、灾异分别表示赞赏和谴责，用以指导他们的行动，为君权神授造势。从"天人感应"论出发，董仲舒提出了他的"性""情"说。性是先天素质，其中包括贪仁或称善恶两方面，情是"人欲"，虽然人性中有善质，但要变成现实的善，还需要一番严格的修炼功夫，这就是要按照"三纲五常"的标准严格要求自己，发挥善性，克制人欲，最终达到善的境界。董仲舒以他的天人感应论为基础，对君臣、父子、夫妻之间的主从关系作了全面系统的神学论证，同时提出了仁义礼智信"五常"之道。"三纲""五常"结合起来，形成了一个完整的社会规范系统，这对维护社会稳定、巩固封建统治的作用是巨大的。

两汉经学是中国文化在先秦学术大发展的基础上以儒家为主所进行的一次综合，天人感应论使儒家天人合一的思想罩上了神学的色彩，而三纲五常的伦理规范，继承了先秦儒家崇尚仁义、注重个人修养的思想，从社会控制的角度对先秦儒家修养论进行了理论性发展。

（三）中国佛教哲学

佛教在中国经过由汉代到唐代六百余年的发展，形成了中国化的佛教哲学。中国佛学渗透了道家、儒家和魏晋玄学等中国传统哲学的哲理。天台宗、华严宗、法相宗和禅宗是中国化的佛教宗派，其中禅宗是流传最广、影响最大的宗派。禅宗摆脱了对佛经的解释和烦琐的修炼过程，由思辨推理转入神秘直觉，用"顿悟成佛"来吸引广大群众，并把中国传统哲学中诸如孟子和庄子等人的思想融入佛教，把宗教进一步哲学化、世俗化。

禅宗认为，法和佛就在"心"中，一切都依存于心，其代表人物慧能就强调向内心追求成佛的道路就是"汝今当信佛知见者，只汝自心，更无别佛"（《坛经》）。"自性迷，佛即众生；自性悟，众生即佛"（《坛经》）就是对"见性成佛"理论的简明概括。这种理论强调只要能认识自我的本性，就可以成佛，所以现实生活中人能否成佛完全在于自我的心性认识，这在一定程度上肯定了人人皆可成佛的现实可能性。同时，禅宗还提出了"凡夫即佛，烦恼即菩提。前念迷即凡夫；后念悟即佛"（《坛经》）。

【第九章 中国古代哲学】

这就是说，只要能自我超脱，现实的苦难人间即是彼岸的安乐世界，佛与凡夫的区别只在一念之间，这样一来，禅宗把佛性由遥远的彼岸移到现实的此岸。这种顿悟的修行方法，主要靠自己的灵知，一刹那间有所领悟，便可达到成佛的境地。

从中国传统文化的角度看，儒家乐天知命、安贫乐道和道家无为不争、安时处顺的思想渗透在中国佛教哲学中，只是佛教的哲学思想更加消极。佛教理想的人格是超尘脱俗，泯灭七情六欲。这种人格对尘世的一切荣辱沉浮、喜怒哀乐，都可以无动于衷，可谓"心如古井"；这种人格不关心现实的命运，更不会向未来进取，只能是随缘而安；这种人格认为世界上的一切都是命定的，一切要顺其自然，与世无争，任何计较都是违背佛性的。佛教的这种人生哲学对后世的社会心理产生了深远的影响。

（四）宋明理学

宋明理学是儒道释在宋元明时期的新综合，是儒学发展史上的一个新阶段。宋明理学以儒学为主干，吸收了佛道的智慧，建立了以理气论、心性论为中心的道德形而上学体系。它发端于北宋，创始人为周敦颐、邵雍、张载、程颢、程颐；成熟于南宋，由朱熹建立起比较完备的理学体系；兴盛于明代，王守仁发展了陆九渊的学说，建立起心学体系。

朱熹是宋代理学的集大成者，他在继承孔孟、周程思想的基础上，吸收了佛道两家的思想内容，丰富和发展了理、气、心、性等范畴。他以"天理"熔铸理、气、心、性，将儒学的道德精神、伦理规范提升为宇宙本体，然后再通过"理一分殊"论证世间万物的产生及其统一性，以"性即理"为中心命题从宇宙本体论中推衍出人性与物性。在人性论上提出了天地之性与气质之性来论证人性中的善恶问题，最后再通过居敬穷理的修养功夫达到人性与天理的统一。朱熹把理气论和心性论融为一体，适应了统治阶级重视纲常伦理，强化中央集权的需要，因此理学成为中国封建社会后期的统治思想，并对以后的中国政治、思想和文化，产生了深远的影响。

王守仁是宋明理学中"心学"的集大成者。他提出了"心即理"的本体论，否认心外有理、有事、有物，认为"心便是天理"；认为物不可离心而独立存在，"心外无物"；强调理在心中，理不能独立于主体之外，"心外无理"。在知行关系问题上，王守仁提出了"知行合一"，也就是说知行不可分为二，而是合一的。他认为，知是指人的意识，主要是道德意识；行是指人的一切行为，包括主观见之于客观的践履行为和纯主观的心理行为。知而必能行，因为"知"中包含"行"。当然，要注意的是，王守仁的"知行合一"论强调的是道德意识与道德实践的合一,这是一种道德哲学,与我们今天所说的"知行合一"的意义是不同的。他所说的"一念发动处,便即是行","一念"即道德意识,"行"即道德实践。在这种"知行合一"观的影响下,王守仁提出"致良知"学说,这是一套修养德性的功夫。"致良知",即是扩充良知,一方面除去心中的自私念头和不正当欲望,保持善良心地;一方面在现实生活中接受磨炼,习行践履,把心中的善意具体地表现出来。

宋明理学在中国传统哲学史上的理论意义与价值是值得肯定的,它将中国传统哲学的思维水平提高到一个新程度,是中国传统哲学发展的一个重要阶段。但是理学在成为封建社会后期的官方哲学后,其部分观点被封建统治阶级所利用,成为压制老百姓和扼杀人的本性以及维护封建专制主义的工具,给中国社会和中国人民带来了一定的消极影响。

《新编中国哲学史》(上、下),冯达文、郭齐勇主编,人民出版社,2004年版

二、中国古代哲学的基本特征

中国古代哲学流派众多,对许多问题的看法往往互不一致,即使在各学派内部,针对同一问题也有可能存在不同观点。但中国古代哲学还是有其共同的基本特征。

(一)重人生践履

中国古代的哲学家研究各种哲学问题的时候,常常从生活实践出发,特别注重人生和知行关系的研究。把儒家的真性、道家的飘逸、佛教的超脱融合起来,就可以体会出中国古代人生哲学的境界。例如儒家哲学中所讲的心、性、情、气等都表示对人生以及人的生命的一种认识;道家矢志不渝追求的理想人生境界是精神的逍遥与解脱;佛教则追求净化超升,从而达到"涅槃"境界。同时,知行关系是中国古代哲学家特别关注的问题之一,中国古代哲学家偏重践行尽性,履行实践。中国古代哲学家的兴趣不在于建构理论体系,而在于言行一致、知行统一,即自己所讲的与身心的修炼必须相符合。当然这里的践履并非人类的生产实践,而是偏重个人的修德重行。

(二)重整体和谐

中国古代哲学一贯重整体、重和谐。《易传》讲"乾道变化,各正性命,保合太和,乃利贞",所谓"太和",就是至高无上的和谐,最好的和谐状态。这种和谐是包含着浮沉、升降、动静等矛盾和差别的和谐,因此这种和谐是整体和动态的和谐。中国传统哲学既追求人与自然的和谐,也重视人与人之间的和谐,强调要以和谐为最高原则来处理包括君臣、父子、夫妇,乃至国家和民族的关系,从而达到"人和"的境界。例如,儒家认为"持中"是实现"和"的最根本的途径,并通过"极高明而道中庸"的体认和践履,去实现人与自然、人与人、人与社会、人与天道之间的和谐与平衡,因此中庸之道是中国古代哲学的基本精神之一。

(三)重直觉体悟

中国古代哲学注重主体的直觉体验。持久体验而有所感悟,种种疑惑便豁然开朗,日常的经验得到贯通,这样也就有所得,所得所悟的记录就是现在还可以看到的哲学著作。这些哲学思想是哲学家们所得所悟的思维以及直觉体验的结晶,无论是影响深远的"天人合一""道",还是孟子所讲的尽心、知性、知天,养"浩然之气",庄子讲的"天地与我并生,万物与我为一",魏晋玄学家讲的"言不尽意""得意忘象",都是一种并不能由语言概念来确指,只能靠主体依其经验体悟的思想。中国禅宗更是把中国古代哲学重直觉的特点发挥得淋漓尽致,即所谓顿悟成佛。

第二节 儒家哲学

一、孔子与儒家的创立

周公的贡献和"周礼尽在鲁",对于儒学产生于鲁国有非常重要的作用,晚周公五百年的孔子深受周公礼乐文化的影响。孔子出生于周公的封地鲁国,但他所处的时代却是礼崩乐坏、天下无道。对此,孔子非常忧虑,向往周公之治,试图复兴周礼,重建社会秩序。

(一)编撰六经,继承周礼

孔子出身于殷商贵族家庭,其先祖正考父曾辅佐过宋国戴、武、宣三世,精于礼乐,在这样的家庭环境下,他"少好礼",成年后又长期生活在鲁国浓郁的礼乐文化环境中,深受礼乐传统的熏染。他曾从事相礼活动,以礼乐知识谋生,后来又"以诗书礼乐教",在当时很有影响。

面对春秋时期礼乐越来越流于形式的现象,他一方面在行动上坚持遵守这些形式化的礼,对于任何小的仪式细节都固守不放,《论语·乡党》中的记载足以证明孔子是怎样笃守小节、循规蹈矩、谨小慎微的;另一方面,也是主要方面,从理论上极力提倡充实礼的精神实质,力图给思想化的礼注入新的内容。孔子还特别阐发了礼乐文化的内在精神,他说:"礼云礼云,玉帛云乎哉?乐云乐云,钟鼓云乎哉?"(《论语·阳货》)认为玉帛、钟鼓是礼乐所不可少的,但只是限于形式是不够的,要注重礼的内在精神,如仁、义、孝、情、恭、敬、中、和等。离开了这些精神内容,礼乐就成了没有任何意义的并异化于人的空洞教条。"周之德,其可谓至德也已矣。"(《论语·泰伯》)西周的礼乐制度蕴含着深邃的道德精神,孔子在传承礼乐文化的同时也注重道德精神的发扬光大,孔子说:"人而不仁,如礼何?人而不仁,如乐何?"(《论语·八佾》)意谓不仁的人,怎么能谈得上礼乐呢?在孔子看来,"仁"是礼乐文化的最核心的内容,是人之为人的必然要求。他不但精通礼、乐、射、御、书、数"六艺",而且把自己当时所能够见到的古代典籍差不多都进行了整理,形成了被后人尊为经典的"六经"。正因为如此,现代以来有许多著名学者把孔子看成中国文化史上承前启后的泰山北斗。

(二)创立儒学

孔子创立儒家学派,远的根源是尧舜禹,近的根源是夏商周三代,尤其是西周礼乐文化传统,现实的动因就是他那个时代的"儒"这一知识分子群体。孔子及其后儒都以尧舜之道为最高理想,因为尧舜实行禅让,禅天子之位于贤能之人而不传其子,体现了大道之行、天下为公的政治理想;禹、汤、文、武、周公治国平天下主要就是依靠礼仪法度,大禹以后,发生了历史性的变化,其根本就是由公天下到家天下。根据《礼记·礼运篇》描述的大同、小康两种不同的社会发展阶段,以尧舜为代表的五帝属于大同社会,以禹、汤、文、武、成王、周公为代表的圣王属于小康社会。这两个时代治理模式不同,前者以道德之治为主,后者以礼乐之治为主。

孔子的学说有两大支柱:"仁"和"礼",而把二者结合为一体的是中庸-中和之道。这样,以"仁"为支柱的修己之学与以"礼"为支柱的治人之学,被以"中庸"为基本原理的"中和论"有机地结合成一个完整的体系。

【第九章 中国古代哲学】

"仁"是孔子思想的核心概念之一,是从周公的敬天保民、明德慎罚、孝友伦理等思想发展而来的。孔子的"礼"主要传承自西周的礼乐制度,《礼记·中庸》中记载孔子说的话:"吾说夏礼,杞不足征也;吾学殷礼,有宋存焉;吾学周礼,今用之,吾从周。"孔子对周有特别的感情,也是因为西周离孔子生活的时代最近,周的礼乐文明文献资料保存得要比夏商更多。在他看来,周礼建立在夏殷之礼的基础之上,"周监于二代,郁郁乎文哉!吾从周"(《论语·八佾》)。他说,西周的礼乐制度,是在综合吸取夏商二代的基础上制定出来的,所以他愿意推行西周礼制。孔子继承发展了周公的礼乐文化,他与周公精神息息相通,经常梦见周公。孔子把实行尧舜大道之行、实现天下为公的大同理想、恢复西周礼乐文明盛世作为他的毕生追求。杨向奎先生在《宗周社会与礼乐文明》一书中说:"没有周公就不会有传世的礼乐文明,没有周公就没有儒家的历史渊源,没有儒家,中国的传统文明可能是另一种精神状态。"[1]

二、儒家哲学的基本内涵

原始儒家的代表人物有孔子、曾子、孟子、荀子等。原始儒学的经典,有《诗经》《尚书》《礼记》《乐经》《论语》《孟子》《荀子》等。

原始儒学的精神,首先是创造性的生命精神。《周易·系辞传》说:"天地之大德曰生""生生之谓易"。意思是说,天地的根本性质是"生生不息",人也应该效仿它而自强不息。"人能弘道,非道弘人。"(《论语·卫灵公》)即人有一种刚健自强的主体精神,能够开拓创新。人效法天地,就是要发扬创造性的生命精神。这是一种"尊生""主动"的传统。"唯天下至诚,为能尽其性。能尽其性,则能尽人之性。能尽人之性,则能尽物之性。能尽物之性,则可以赞天地之化育。可以赞天地之化育,则可以与天地参矣。"(《中庸》)这就是说,一旦人能充分地护持住自己的道德理性,就能全面发挥本性,就能回应天地的生命精神,提高人的精神境界,与天地鼎足而立。原始儒家的"天""地""人"三才的思想都是讲人可以与天地相协调、相鼎立,完成自己的生命理想,在实际行动中实现人生的价值与意义。

儒家哲学的核心观念之一是"仁"。"仁"就是生命的相互感通,是天、地、人、物、我之间的普遍联系与相互滋养润泽。"仁"又是主体内在的意识,所以孔子说:"为仁由己"(《论语·颜渊》);"我欲仁,斯仁至矣"(《论语·述而》)。内在的"仁"

---
[1] 杨向奎:《宗周社会与礼乐文明》,人民出版社,1997,第89页。

具有伟大崇高的道德价值。"仁"是"爱人",是一种博大的同情心。人天生就有恻隐之心,能感受到他人的痛苦与欢乐。"仁"是一种宽容的精神。孔子说:"己所不欲,勿施于人。"(《论语·颜渊》)"夫仁者,己欲立而立人,己欲达而达人。"(《论语·雍也》)。从忠的方面说,就是推己及人、尽己为人;从恕的方面说,就是自己所不喜欢的,决不强加给别人。儒家的理想,是要把仁爱的精神,由爱自己的亲人推广到爱周围的人,爱所有的人,爱宇宙万物。"老吾老以及人之老,幼吾幼以及人之幼"(《孟子·梁惠王上》);"亲亲而仁民,仁民而爱物"(《孟子·尽心上》)。所以仁者把自己和天地万物看成一体。儒家主张通过仁爱之心的推广,把人的精神提扬到超脱寻常的人与我、物与我之分别的"天人合一"之境。在文明间矛盾与冲突相当普遍的当今世界,彼此尊重,加强沟通、理解与对话,是调节人与人、国家与国家、族群与族群、宗教与宗教之间关系的良方。

儒家精神是一种"极高明而道中庸"的精神。就是说,人要有道德勇气,有强烈的正义感,敢于担当道义。在平常的生活中,人不必做什么惊天动地的事情,在现世伦常的义务中,在某种社会角色和社会位置上,每个人都可以崇高地去生活,忠于职守、勤劳奋发。只要对生活有高度的觉解,那所做的平常事就有不平常的意义。只要顺着本性内在的禀赋有所发挥创造,内心得到了某种精神的满足,就实现了生活的目的。儒家认为,人存在的价值,就在于成就道德人格。

《四书五经》,中华书局,2010年版

三、儒家哲学对中国文化的影响

(一)儒学是中国传统文化的主干

汉武帝时期,董仲舒为了适应专制主义中央集权的需要,进一步发展了儒学,提出"君权神授""大一统"思想,皇帝是天之子,代表天统治人民,所有人都要服从皇帝的统治。他认为要维护政治统一,就必须实行思想统一,因此建议汉武帝"罢黜百家,独尊儒术",得到采纳后,儒学成为中国封建社会占统治地位的思想文化,影响中国封建社会两千余年。到了北宋,儒学以理学形式成为中国学术史上的"新儒学"文化形态。这时的"新儒学"虽然吸收了佛学与道学的宇宙本体哲学,但其主体仍然是儒学。

【第九章　中国古代哲学】

由此，儒学成为中国传统文化的主干。例如，中国封建社会的国家政治，最主要的还是受儒家的"三纲五常""尊卑等级"观念的影响，其次才是法家的中央集权思想和道家的"君人南面之术"的影响。由于儒学在中国传统文化中一直居于主干、支配地位，使受到儒学精神熏陶的中国人重视现实的伦理政治和血缘结构系统，使伦理与政治趋向一体化。

（二）儒学建构了特定的心理结构与思维方式

一个民族的文化素质决定了一个民族的心理结构与思维方式。儒家文化对中华民族的心理结构与思维方式产生了重要影响。儒学的基本概念是"仁"和"礼"。"仁"的主要内容就是"爱人"，要帮助民立、民达，要轻徭薄赋，对百姓不仅要"庶之""富之"，而且还要"教之"。儒家思想比其他学说更完善，更有利于封建社会的长治久安，更容易被封建统治者接纳。孟子所提倡的"仁政"，一方面能使广大农民"仰足以事父母，俯足以畜妻子"，人们能够维持基本生活，便会安稳地过日子；另一方面可以稳固小农经济，保证国家的财政收入。

培养具有高尚人格的人才是儒家伦理学说的主要目的之一。儒家注重人际关系，重义轻利，有助于社会和谐稳定。儒家的仁义、谦让、诚信也逐渐成为中华民族的传统道德伦理观。但从某种程度上来说，"独尊儒术"实质上是一种文化专制主义，这种处于独尊地位的儒学把封建政权和族权、神权、夫权紧密结合起来，构成中国封建社会宗法制度的理论基础，成为束缚、奴役和压迫人民的沉重的精神枷锁。

（三）儒学对民俗、礼仪及传统价值观念有深刻影响

作为中国传统文化主干的儒学，决定和影响着中国传统社会主要的民俗、礼仪和价值观念。如尊老爱幼、谦和好礼、诚信知报、热爱祖国等都渗透着儒家文化思想，已经取得全民共识，成为中华民族的传统美德。但也有一部分观念给中国传统文化造成不良影响，如"男尊女卑""三从四德"等。深受儒家文化影响的，还有中国传统的价值观念。儒家认为"仁义"是最高的价值标准，为了取得"仁义"，宁可"杀身"。这种价值观在民族危机、外敌入侵时，鼓舞着无数先辈舍生取义、杀身成仁。

第三节 道家哲学

一、老庄与道家的形成

老子和庄子是原始道家的代表人物。《老子》《庄子》以诗与寓言、以多义的比兴与隐喻来表达形而上学的蕴意，体现了特殊的人生智慧和中国艺术精神，诗意盎然，哲理宏博。

《老子》第一章曰："道可道，非常道；名可名，非常名。无名天地之始，有名万物之母。故常无，欲以观其妙；常有，欲以观其徼。此两者同出而异名，同谓之玄。玄之又玄，众妙之门。""道"是一个终极实在的概念。它是整体性的，在本质上既不可界定也不可言说。不能以任何对象来限定，也不能将其特性有限地表达出来。它是不受局限的、无终止的一切事物的源泉。道是本原，是天地万物之母，"无"和"有"都来自道，是道的不同维度的名称。这是最为玄妙和深奥的。道是万物的本体和来源。天地万物都是由道演化而来的。道作为本原，是浑然一体的东西。道是过程，道不仅是对万事万物的系统性、整体性的概括，而且是对万事万物发展过程的高度抽象和概括。道不是一种静态的形而上实体，而是一个过程。道的过程性表现为道生万物的过程，即老子说的"道生一，一生二，二生三，三生万物"。道是规律，是物质运动的规律，是天地万物变化的终极原因。老子指出，"道者万物之奥"，就是说道是万事万物运动的规律。道是普遍存在的，"大道泛兮"，道存在于一切事物之中，贯穿一切事物发展过程的始终。在人生论上，老子强调"不盈""不争""致虚极，守静笃"。老子的这一原则叫作"无为而无不为"，即不特意去做某些事情，依事物的自然性，顺其自然地去做。

庄子继承发展了老子的思想，认为"道"是客观真实的存在，把"道"视为宇宙万物的本原。他继承和发展了老子"道法自然"的观点，认为"道"是无限的、"自本子根""无所不在"的，强调事物的"自生自化"，否认有神的主宰。庄子反对"人为"，认为理想的社会是"至德之世"。庄子反对礼和法，以及一切普遍性的社会道德。因为庄子认为，人与人是不同的，所谓的普遍道德，只不过是削足适履，压制人的自然本性而已。《庄子·齐物论》强调平等，肯定物我之间的融合。这种平等的价值观肯定、容忍各种相对立的价值系统的意义，决不抹杀其他人的利益、追求，或其

第九章 中国古代哲学

他的学派、思潮的存在空间。

◎《庄子》，方勇译注，中华书局，2013年版
◎《老子》，汤漳平、王朝华译注，中华书局，2013年版

二、道家哲学的基本内涵

总括先秦道家的哲学思想，大体上包括"道"的哲学，辩证智慧和方法论思想，认识的神秘性和相对性，崇尚自然无为、追求绝对精神自由的人生哲学等方面。

"道"是道家哲学思想的核心部分。主要包括三个基本方面：一是本根之道，即道是天地万物的总根源；二是法则之道，也就是把道看作自然界的内在秩序和必然性；三是无为之道，表明道的特性是自然无为的。它以自身为根据，自己决定自己的存在、运动和变化，所以道的存在、运动、变化也就自然而然，不是任何人所能左右。无为并非无所作为，而是无为无不为。以往大多人认为道家哲学是消极无为，其实这种理解并未把握道家哲学的真谛。用今天的话说，道家自然无为的哲学思想正是尊重事物的规律和法则，按规律、法则办事的一种规律观念或法则观念，蕴含着怎样才是正确之为的积极有为的深刻辩证性。

辩证智慧和方法论思想是先秦道家哲学的重要内容。首先，老子认为包括道在内的一切事物和现象都是由相反相成的双方所构成的矛盾统一体。由道所产生的天地万物，包括自然界、人类社会等都是如此。由此揭示了事物、现象相反相成的普遍性和客观性。其次，对立面相互转化。老子认为，事物运动到极限时，无不向自己的反面转化。这是"反者道之动"法则的具体表现。庄子在老子辩证法的基础上，由看到事物质的规定和差异的相对性，到否定事物质的规定性和差异性，从而走向相对主义，提出"以道观物"的齐物论。

认识的神秘性和相对性是先秦道家哲学认识理论的突出特色。认识的最终目标都是达到对"道"的体认和把握，即"得道"。老子通过"静观""玄鉴"的方法直观"道"。"静观"就是"致虚极，守静笃"，就是"塞其兑，闭其门，挫其锐，解其纷，和其光，同其尘"（《老子·第五十六章》）。"玄鉴"就是"涤除玄鉴"，即清除一切欲望、杂念、知识，以使内心灵明，这样就可以"得道"了。老子的认识理论注意到了人的感性认识的局限性、表面性和理性认识的相对性、有限性。庄子在认识论上提出了"心斋""坐忘"的观点，并且由看到事物质的规定和差异的相对性，到否定事物质的规定性和差异性，陷入相对主义，否认认识的客观标准，否认认识的是非界限，认为人的认识也都是相对的，从而由"齐万物"走向了"齐是非"。

崇尚自然无为，追求绝对精神自由是先秦道家的人生哲学。老子将"处无为之事，行不言之教"的得道者奉为圣人，庄子把"无己、无功、无名"即能免除内外之刑或超脱生死、时命、情欲之限者称为圣人，又称为真人、神人等等。老子的圣人观包含着得道、同道、有道、守道、玄德、上德、大德等内容，表现为像婴儿、赤子一样具有淳朴自然的天性，一切都任性而发，率性而为，无私无虑的纯任自然的精神境界。通过"少私寡欲""绝学弃智"，做到"慈""俭""不敢为天下先"，方可达到这样的精神境界。在庄子的理想人格中，不仅"死生无变于己""游乎尘垢之外""喜怒哀乐不入于胸次"，而且要达到一种无待、无累、无患的绝对的精神逍遥，这种理想人格的精神境界已经进入到神化了的奇妙幻想之中。

三、道家哲学对中国文化的影响

道家以"道"为核心，认为天道无为，主张道法自然，提出了道生法、知雌守雄、刚柔并济等政治、军事策略，是诸子百家中极为重要的哲学流派，影响中国文化各个领域，对中国哲学、文学、宗教、科技、艺术等等影响深远。

（一）道家对中国哲学的影响

道家哲学的核心，体现在其对自然的崇尚，主张自然无为的天道观，强调"道"是世界的本原，因而从人类到自然界都要以"道"为其法则，"人法地，地法天，天法道，道法自然"。道家哲学是一种以自然哲学为构架的、以"自然之道"贯穿所有的思想体系，它的本体论、社会政治哲学等无不主张"道法自然"，体现了鲜明的自然主义色彩。道家哲学这种崇尚自然、返璞归真的思想，倡导热爱自然、回归自然，祈求人与自然在和谐相处的环境中共同发展。老子道家哲学以"道法自然"的自然哲学为构架，发展博大精深的智慧之思，探讨宇宙之本原、生命之奥秘、人生之真谛。

（二）道家对中国文学的影响

在道家观念的影响和塑造下，中国古代知识分子的处世哲学也有较强的适应性，他们不仅能入世，也能出世。道家主张轻功名，重生命，道家的主要经典《道德经》大抵以虚静无为、冲退自守为事，这种不与世争的观念使得中国古代文人在失意之

【第九章 中国古代哲学】

时能够得到一种自我解脱。在这种处世哲学下,中国古代文人能够适应时代的变化,在不同的心境下写出不同的作品,李白是这样,苏轼是这样,还有很多文人都是这样,淡泊的心态让他们的文学作品有了别样的风采。另外道家对浪漫主义思潮的影响很大。《庄子》是一部浪漫主义的寓言哲理著作,其丰富瑰丽的想象开启了中国古代浪漫主义的大门。这种浪漫主义的文学传统在后世薪火相传,屈原的《离骚》现实叙述与幻想驰骋相交织,汉代的辞赋家贾谊,建安时代的曹植,盛唐的李白以至宋代的苏轼、辛弃疾,明清的小说家吴承恩、蒲松龄,都在一定程度上继承发展了这一传统。

(三)道家对中国宗教的影响

道教是中华民族的传统宗教,承袭了方仙道、黄老道和民间天神信仰等宗教观念和修持方法,逐步形成的以"道"作为最高信仰的传统宗教。道家对道教形成与发展有重要作用。道教作为封建文化中不可或缺的一部分,它有着巨大的社会作用。道家与儒家、道教、佛教互相融合,一起构成了中国传统文化的主体。

(四)道家对中国科技的影响

道家对科技的影响主要与道教相关。道教为了实现长生不死,十分重视炼丹术。虽然这只不过是一种幻想,但从客观上来看,这对中国古代科学技术的发展意义重大。如当时炼丹术的发展,为近代实验化学的发展提供了条件。并且在道教长期的发展过程中,各种方术修炼在客观上为中国古代自然科学技术的发展积累了许多有价值的经验。同时,许多信仰道教的人往往兼通药物学和医学,为中国古代医学和养生学的发展作出了重要贡献。如葛洪、陶弘景、孙思邈等。孙思邈将道教方术与中医药学结合,在导引、服气、金丹、服饵、按摩、饮食起居等方面对养生学作出了重大贡献。除此之外,道家和道教经典文献以不同的方式保存了古代许多数学与物理成果,对中国古代数学与物理也有着独特的贡献。

(五)道家对中国艺术的影响

道家对中国音乐、书画、雕塑、石刻、建筑等的形式及其精神均有重要影响。如在音乐上,由于道教音乐是为道教宗教活动服务的,蕴藏着浓厚的道教哲理,且与群众的习俗关系密切,对中国古典音乐的发展有很大影响,也保留了不少历代已经失传的宫廷音乐曲调和各地民间音乐的曲调,是今天人们发掘和研究中国古典音乐的重要资料。在建筑上，如武当山现存的道观及相关建筑，在建筑艺术与建筑美学上均达到了较高的境界，有着丰富的中国古代文化和科技内涵。

作为中国思想流派的一朵奇葩，道家有着举足轻重的地位。它深刻地影响着生活在中华大地上的每一个人的思想、行为等各个方面。道家还对民族凝聚力、民间信仰，以及中国学术思想领域有着重要影响。道教作为文化发展到一定阶段的产物，属于中华文明的一部分，我们应该取其精华，去其糟粕，使之更好地服务于现实社会。

第四节 中国佛教哲学

中国佛教哲学是一个包含着丰富而复杂的内容的思想体系，既区别于印度佛教，又区别于儒、道两家。

一、中国佛教哲学的思想元素

中国佛教哲学体系大体上可以从人生论哲学、宇宙论哲学和实践论哲学三大方面去考察和阐述，而这三大方面又各自包含了丰富的思想元素。

（一）人生论哲学

中国佛教哲学比较系统地阐发了人生法则、灵与肉的关系、人的本性和人的理想境界等问题。

因果报应论。其主要内容是宣传人的命运是自身思想行为的报应，今世的贫富寿夭是前世思想行为的结果，今世的思想行为又决定了来世的命运。这是佛教用来说明世界存在和生命的基本理论。佛教因果报应理论影响极大，给中国佛教信仰者的心灵带来强烈的震荡。东晋后期，思想界曾就这个问题展开过激烈的辩论。慧远等人认为个人的任何思想行为必然导致相应的后果。后来，一些知识分子居士为维护佛法，也撰写了大量论证因果报应论的文章。有的佛教学者还提出感应说，认为感应现象就是因果报应的体现。

神不灭论。中国佛教哲学着重阐述的又一重大哲学问题是肉体与灵魂的关系问题。佛教的形尽神不灭，是因果报应说的理论基石。但佛教的神不灭论遭到儒家学者的反对，引起了双方的论战。早期佛教反对灵魂永恒不灭说，含有神灭论的思想因素，持这种观点的佛教学者也反对神不灭的说法，由此又引起了佛教内部的纷争，

第九章 中国古代哲学

但最终神不灭论占优势。中国佛教学者起初是把灵魂与元气相结合，以"火理"是火之本，在无火之前即已存在"火理"的"理先火后"说来论证神不灭论。后来又转向与佛性或法身结合，提出神明、神识、妙神就是佛性，神还体现在佛的法身上，从而神不灭论转化为心性论，深化了神不灭论学说。

心性学说。这是中国佛教哲学中阐发最多、最集中的理论。"心"是指与物（色）相对而言的人的精神、意识。多数佛教学者认为"万法归一心"，有的甚至把真心视为人类和万物的本原。宋代以来的佛教学者还把心作为儒、道、佛三教合一的理论基石，提出三教同心说。"性"，指人的本性、本质。中国佛教学者既有把心与性等同，认心为性的，也有把心与性加以区别的，还有把心性作为一个概念的。多数学者主张人的本性是善的，也就是所谓佛性。佛性问题可以说是中国佛教心性论的核心和主题，不同学者就何谓佛性，佛性是本有还是后天而有，佛性与情欲、妄念的关系等问题，阐发了种种观点，极大地丰富了人类对自我本性的认识。

人格理想。通过修持成就佛果是佛教徒的最高理想，佛就是佛教的理想人格。早期中国佛教视佛如同中国古代的圣明帝王、圣人，或法术无边、长生不死的神仙。后来净土宗提倡人死后成佛，进入西方极乐世界。天台宗宣传"心、佛、众生"三无差别，而禅宗更转向提倡"即心即佛"，这就改变了追求摆脱现实生活、进入彼岸佛国世界的成佛路线，从而把成佛说成自我心性、心理、精神的内在转换，把彼岸世界移至自我心中，由外在超越变为内在超越。

（二）宇宙论哲学

中国佛教哲学对于宇宙万物是怎样生成的，万物是怎样生灭变化的，怎样认识宇宙现象，万物本身有没有终极本体等问题，都作了创造性的论述，内容丰富而深刻。

宇宙结构论。中国佛教哲学系统地论述了宇宙及众生生成的规律，阐发了宇宙的结构图式，为人们认识宇宙提供了独特的视角。

宇宙现象论。通过对事物与现象的考察、分析和说明，中国佛教哲学提出了一系列独特的观点：①不真空论。僧肇撰专文阐明万物由因缘和合而生，没有自性，只是名号（假名），是不真的，所以是空的。②诸法即实相说。天台宗认为诸法与实相相即不离，现象即真理之所在，真理不离现象。③三自性说与三类境说。这是唯识宗的学说，前者是关于诸法的三种存在形态的理论，后者是对认识对象的三种分类。④事事无碍论。华严宗认为事物与事物、现象与现象之间是圆融的、无矛盾的，彼此互为因果，互为依存，互相渗透。

宇宙本体论。中国佛教哲学也重视对宇宙万物本原、本体的探究和论述，形成了丰富的本体论学说：①气本原说。此说视气为本原。②道体说。此说引道家的道为本原。③本无说。此说认为宇宙万有以无为本，无在有前，有归结为无。④法性实在论。东晋慧远认为法性是实在的，他的说法受到鸠摩罗什的批评。⑤理本体说。普遍原理或最高真理被一些中国佛教学者视为本体，由此而有理佛说、理具说、理事无碍说和理事不二说等诸多论说。⑥心本原说。中国佛教学者对心的有无以及染净有持久的争论，然自《大乘起信论》的"一心二门"说流行以来，中国佛教的重要宗派，如天台宗持心本说，华严宗倡真心本原说，禅宗主自心本原说，心本原说日益成为中国佛教心性本体论的基调。

（三）实践论哲学

中国佛教信徒的修持实践，是在印度佛教戒、定、慧三学的基础上，结合中国的具体情况发展而成，表现出不同于印度佛教的特殊实践风格。

伦理观。中国佛教的戒学实践主要是伦理学问题，它涉及伦理的目标与理想、准则与德目、理论机制与哲学基础，以及佛教伦理与儒家伦理的关系等问题。中国佛教学者不断地以佛教的戒条、理想精神境界与儒家的道德规范、理想人格境界相比附，强调两者的一致性。宋代以来，佛教还日益重视与儒家伦理道德观念尤其是忠孝观念的融合，充分体现了中国佛教伦理道德的中国色彩。

定学是佛教修持的重要方面，禅定的思想和方法一直为中国佛教信徒所尊崇和奉行。禅宗更是依据印度佛教思想和中国文化传统加以综合和创造，把以定为重心的印度禅转化为定慧一体的中国禅，形成一套特有的禅法、禅风。中国佛教的禅定实践，从哲学视角言，主要是证悟论，是以佛教智慧的直觉契合真理，它涉及证悟的主体与对象、根据与内容、方式与方法、直觉与语言等一系列问题，包含丰富的认识论思想。

佛教慧学实践的内涵极为丰富，包含对真理的追求。在对真理的认识问题上，中国佛教学者争论和阐述最多的是真理的层次性、局限性与真理的相对性、绝对性的问题。东晋以来，鸠摩罗什及其弟子僧肇和竺道生就重视探讨真理问题，南北朝时期三论系和成论系还就真理问题展开争辩，隋唐时代的天台、三论、唯识和华严诸宗也都阐发了真理问题，形成了独特的中国佛教真理观。

【第九章 中国古代哲学】

二、中国佛教哲学的影响

中国佛教哲学的影响十分广泛，对于中国佛教及其文化体系，对中国其他哲学形态、文化领域乃至社会心理、政治，都产生了不同程度的影响。

（一）成为中国佛教文化体系的核心

中国佛教哲学凝聚着佛教学者的最高智慧，体现了佛教的最高理论思维，是整个佛教的思想基础，是中国佛教文化体系的核心，在中国佛教文化体系中占有特殊的、重要的地位。

中国佛教的因果报应论、神不灭论和心性论等哲学思想，是决定中国佛教信仰观念的内在思想基础。四圣六凡的宇宙生命结构说，六道轮回由凡转圣说，佛国和地狱的两极对立说等基本信仰学说的流行，与其中蕴含着丰富的佛教哲学思想是分不开的。

中国佛教修持实践的变化、不同宗派的不同修持实践，都是佛教哲学思想作用的结果。佛教在宗教实践上发生重大变革，这种变革就是在儒家道德哲学的强大制约下佛教道德哲学发生变异。例如，净土宗主念佛，禅宗倡自悟，在宗教修持实践上表现出巨大的差异。

《中国佛教哲学要义》（上、下卷），方立天著，中国人民大学出版社，2005年版

中国佛教文学、艺术可以说是中国佛教哲学思想的形象化表现。中国佛教学者的诗歌，不仅受到般若思想的影响，自唐以来，更受到禅宗思想的浸染，以禅入诗，在中国诗歌史上独具一格。在艺术上，宣传因果报应思想，成为中国佛教绘画的主题之一，神灵崇拜构成佛教雕塑的主要内容和佛教音乐的基调。

（二）推动其他哲学思想的发展

自汉魏以来，中国佛教哲学与儒、道哲学相互深刻影响。魏晋时代，玄学流行，中国佛教傍玄学而得到发展。到了东晋后期，以僧肇为代表的般若学家，把佛教般若学说和道家学说相结合，阐发了非有非无，亦有亦无，有无统一，不落两边，不偏不倚的世界观，对以往的中国佛教般若学派作了批判性总结，而且也把魏晋玄学推向新的阶段。同时，中国佛教般若学的流传，对于推动中国固有哲学转向抽象思辨，也产生了巨大的推动作用。

隋唐时期,一些重要的宗派纷纷从不同角度阐发人的内在本性,这时中国佛教哲学的重心是心性论。正是在这种背景下,宋明理学应运而生。理学是儒家哲学发展史上的一个重大转型,其在转变过程中深受佛教哲学的影响,表现在哲学理念、命题、思维方式等方面。例如,在本体论上,佛教哲学的理事关系说、"三界唯心"说,推动了理学世界观的构成。在心性论上,佛教的"知为心体""知觉是性"等观念,启发、引导了理学和心学的主旨的确定。在修养方法上,理学家们的"主敬""主静"方法的实行,也都与中国佛教哲学思想的影响分不开。

(三)对社会心理和政治的多重作用

佛教的因果报应和鬼神观念对社会心理的影响最大。由于佛教在这方面的长期宣传,这些思想泛化为一种普遍的社会神秘心理。因果报应被认为是支配社会、人生的神秘主义命运观念。这种思想在社会各阶层中引起强烈反响,并成为为人处世的重要原则。佛教宣传的鬼神观念也在人们的心理上引起强烈的震荡,念经吃斋,寻求来世解脱,成为不少世俗民众的信仰。

此外,佛教的诸善奉行、诸恶莫作、一切皆空、反对执着等哲学思想,长期以来起到了维护封建统治、稳定社会秩序的作用,这也是佛教哲学对中国社会政治的主要影响。同时,一些先进的人物也多从佛教哲学思想中吸取营养,作为推行改良、变革的思想武器。例如,近代一些改革家如康有为、谭嗣同、梁启超、章太炎等人,把佛教众生平等的教义、常乐我净的涅槃境界作为理想社会的目标。这都反映了佛教哲学思想在不同历史条件下的多重社会作用。

经典诵读

1.《论语》(节选)

子曰:"学而时习之,不亦说乎?有朋自远方来,不亦乐乎?人不知而不愠,不亦君子乎?"

有子曰:"其为人也孝悌,而好犯上者,鲜矣;不好犯上,而好作乱者,未之有也。君子务本,本立而道生。孝悌也者,其为人之本与!"

曾子曰:"吾日三省吾身:为人谋而不忠乎?与朋友交而不信乎?传不习乎?"

【第九章　中国古代哲学】

子曰："弟子入则孝，出则悌，谨而信，泛爱众，而亲仁。行有余力，则以学文。"

子曰："君子食无求饱，居无求安，敏于事而慎于言，就有道而正焉，可谓好学也已。"

子曰："不仁者，不可以久处约，不可以长处乐。仁者安仁，知者利仁。"

2.《老子》（节选）

天下之至柔，驰骋天下之至坚。无有入于无间，吾是以知无为之有益。不言之教，无为之益，天下希及。

大成若缺，其用不弊；大盈若冲，其用不穷；大直若屈，大巧若拙，大辩若讷。躁胜寒，静胜热，清静为天下正。

大邦者下流，天下之牝，天下之交，牝常以静胜牡，以静为下。故大邦以下小邦，则取小邦；小邦以下大邦，则取大邦。

3.《逍遥游》（节选）

且夫水之积也不厚，则其负大舟也无力。覆杯水于坳堂之上，则芥为之舟；置杯焉则胶，水浅而舟大也。风之积也不厚，则其负大翼也无力。故九万里，则风斯在下矣，而后乃今培风；背负青天而莫之夭阏者，而后乃今将图南。

....

小知不及大知，小年不及大年。奚以知其然也？朝菌不知晦朔，蟪蛄不知春秋，此小年也。楚之南有冥灵者，以五百岁为春，五百岁为秋；上古有大椿者，以八千岁为春，八千岁为秋，此大年也。而彭祖乃今以久特闻，众人匹之，不亦悲乎！

4.《坛经》（节选）

诸佛世尊，唯以一大事因缘故出现于世。一大事者，佛之知见也。世人外迷著相，内迷著空，若能于相离相，于空离空，即是内外不迷。若悟此法，一念心开，是为开佛知见。

自性若悟，众生是佛；自性若迷，佛是众生。自性平等，众生是佛；自性邪险，佛是众生。汝等心若险曲，即佛在众生中，一念平直，即是众生成佛。

善知识，迷人口念，当念之时，惟妄惟非。念念若行，是名真性。悟此法者，是般若法。修此行者，是般若行。不修即凡，一念修行，自身等佛。善知识，凡夫即佛，烦恼即菩提。前念迷即凡夫，后念悟即佛。前念着境即烦恼，后念离境即菩提。

    5. 朱熹《西铭解义》(节选)

    天地之间,理一而已。既乾道成男,坤道成女,二气交感,化生万物,则其大小之分,亲疏之等,至于十百千万而不能齐也。

    盖以乾为父,以坤为母,有生之类,无物不然,所谓理一也。而人物之生,血脉之属,各亲其亲,各子其子,则其分亦安得而不殊哉!

诵读音频

参考书目

◎冯友兰. 中国哲学简史 [M]. 北京:北京大学出版社,1985.

◎张岱年. 中国哲学大纲 [M]. 北京:中国社会科学出版社,1982.

◎张立文. 中国哲学范畴发展史 [M]. 北京:中国人民大学出版社,1995.

思考与练习

1. 试述中国哲学的几个发展阶段。

2. 试述儒家哲学的基本内涵及对中国传统文化的影响。

3. 试述道家哲学的基本内涵及对中国传统文化的影响。

第十章 中国传统伦理道德

文化看台

材料一：

中央文明办发布2022年第一季度"中国好人榜"

2022年5月30日，中央文明办以"云"发布方式，在北京市密云区新时代文明实践中心推出2022年第一季度"中国好人榜"。经过各地推荐、网友点赞评议和专家评审等环节，共有152人（组）助人为乐、见义勇为、诚实守信、敬业奉献、孝老爱亲身边好人光荣上榜。

其中，有23年来奔忙在做慈善、献爱心路上，给500多个孤儿当"爹"的山西耿开文；有冲锋在前不畏难、守护青山16年的江西王翠红；有辛苦付出30余载、一口炕锅撑起老弱病残之家的湖北邹爱华……他们的事迹引起网友共鸣，网友深情留言："每一个中国好人都是一盏指航的'道德灯塔'，他们在平凡中守望道义的自觉、守望善良的温暖、守望人生的高度，向他们致敬！"

在"云"发布活动上，急诊外科医生高巍分享了自己热心卫生健康公益、挽救百余条生命的心路历程。他说，做医生从来不是为了追求物质利益，而是为了心中的梦想。回顾在邻居油锅起火爆炸时勇闯火海救人的瞬间，青年夏恩代说："虽然受伤了，但我不后悔。""蜂博士"罗其花回忆了扎根山村，带领蜂农过上"甜蜜"生活的奋斗岁月。用坚守奉献诠释"红背篓"精神的岳晚增老人退休不退岗，他说："我要守好小卖铺，帮老百姓多卖山货！""00后"男孩马永恩讲述了带着截瘫父亲上大学、独自照顾父亲10余载的动人故事。全国道德模范贾立群、首都"新时代好少年"徐奥晟与身边好人进行了交流，好人精神感动了每一位网友。

中央文明办连续14年组织开展网上"我推荐我评议身边好人"活动，生动讲述新时代身边好人故事，集中展示平凡英雄风采，大力弘扬社会主义核心价值观，目前共有16 077人（组）入选"中国好人榜"。本次"云"发布活动由中央文明办主办，中国文明网、光明网、中共北京市委宣传部、首都文明办共同承办，中共北京市密

【中国传统文化概论】

云区委宣传部协办。

（黎梦竹、王一涵：《中央文明办发布2022年第一季度"中国好人榜"》，《光明日报》2022年5月30日）

讨论：结合材料，谈谈传承中国传统美德的现实意义。

材料二：

"杂交水稻之父"袁隆平院士
——一稻济世，万家粮足

2021年5月22日13时07分，"共和国勋章"获得者、中国工程院院士、国家杂交水稻工程技术研究中心主任袁隆平，因多器官功能衰竭在长沙逝世，享年91岁。

袁隆平院士逝世的消息传来，人们特地摘来青翠的禾苗，放在中南大学湘雅医院门前的空地上，寄托无尽的哀思。中南大学湘雅医院的医生护士，忍不住流下眼泪。今年4月初，91岁的袁隆平院士转入湘雅医院治疗。医护人员介绍，即使在住院，袁隆平院士还时刻关心试验田里的水稻长势，"问我们天气怎么样，外面气温多少度"。

"人就像种子，要做一粒好种子。"这是袁隆平院士常说的一句话，他也用一生诠释这句话。他是我国杂交水稻研究的开创者，也是世界上第一个成功利用水稻杂种优势的科学家，被誉为"杂交水稻之父"。他冲破传统学术观点的束缚，于1964年开始研究杂交水稻，成功选育世界上第一款实用高产杂交水稻品种。杂交水稻研究成果自1976年起在全国推广应用，使中国的水稻单产和总产大幅度提高。20多年来，他带领团队开展超级杂交稻攻关，接连实现大面积示范每公顷10.5吨、12吨、13.5吨、15吨的目标。

袁隆平院士1981年获得国家发明特等奖，2001年获得首届国家最高科学技术奖，2014年获得国家科学技术进步奖特等奖，2018年荣获"改革先锋"称号，2019年被授予"共和国勋章"。他还获得联合国教科文组织"科学奖"等20余项国内国际大奖。

就是这样一位功勋卓著、誉满全球的大师，一直以来坚持亲自带博士，坚持定期组织课题组研讨会，亲自给师生讲解最新的前沿科技。直到今年年初，他还在海南三亚的国家南繁科研育种基地开展科研工作。如今，在他的身后，几代科学家已逐渐担当起振兴中国种业的重任。

在长沙马坡岭的国家杂交水稻工程技术研究中心，很多研究生都是在稻田第一次见到袁隆平院士。"袁老师经常说，电脑里长不出水稻，书本里也长不出水稻，要

第十章　中国传统伦理道德

种出好水稻必须下田。"国家杂交水稻研究中心栽培师李建武说："下田，是他对年轻人的第一要求，也是他自己一辈子的追求。"

2009年春，即将本科毕业的李建武在海南三亚国家南繁科研育种基地实习，碰巧袁隆平院士来查看稻田。在田间，一块长势出众的稻田引起袁隆平院士的注意，他立即询问这块田是谁种的，大家便将李建武推出来。正是因为"下田"的本领高强，本科毕业的李建武从很多博士、硕士中脱颖而出，被破格招录为杂交水稻工程技术研究中心的研究人员。"这永远激励着我把论文写在祖国大地上。"李建武说。

"您去往了星辰，化作那颗编号8117的'袁隆平星'。我们将继承您的遗志，完成您未竟的事业！夜空中最亮的星，将指引我们前行……"《杂交水稻》杂志副主编胡忠孝说，自己出生于湖南郴州莽山农村，是袁隆平院士的精神激励着他选择农学，激励着他一直向着杂交水稻的科研前沿探索。"袁老师有一个著名的禾下乘凉梦，那是我父辈的梦想，也是我的梦想。"胡忠孝说，"中国的农民养活14亿人口，我们有责任为农民多做点事，做袁老梦想的践行者。"

湖南省农业科学院、国家杂交水稻工程技术研究中心发文明志：全体干部职工将化悲痛为力量，继承袁隆平院士未竟的事业，继续追逐"禾下乘凉梦"和"杂交水稻覆盖全球梦"，为实现中华民族伟大复兴的中国梦不断拼搏，开拓前进。

（杜若原、孙超：《"杂交水稻之父"袁隆平院士——一稻济世，万家粮足》，《人民日报》2021年5月23日）

讨论：袁老伟大的一生体现了中华民族的哪些传统美德？我们应如何将其发扬光大？

知识聚焦

中华民族在漫长的历史进程中，对个人伦理、家庭伦理、国家伦理乃至宇宙伦理，从内在的情感信念，到外在的行为方式，提出了丰富完备的道德规范，建构起十分成熟的伦理道德价值体系。千百年来，伦理道德作为社会生活秩序和自我人生规范的深层设计，构成中国传统文化的重要内容。伦理道德是中华文化对人类文明的重要贡献。在今天，科学整理和传承中国传统伦理道德智慧，对于加强个人道德修养、促进社会和谐稳定、国家长治久安、中华民族伟大复兴具有时代意义。

【中国传统文化概论】

第一节 中国传统伦理道德的发展历程

中国一直尊道贵德,尊重有德之人。思想家亦十分重视伦理道德的理论建构,他们总结伦理精神,建立并不断完善丰富多样的伦理思想体系,留下极其丰富的伦理道德思想遗产。

中国传统伦理道德大致经历了从先秦时期的孕育发展,到汉唐时期的抽象发展,再到宋、元、明、清的辩证综合进而走向成熟三个阶段。

中国传统伦理道德体系庞大,内容丰富,主要包括人伦关系原理、道德主体品格要求、人性的认同,即人伦、人道、人性。"礼"的人伦法则,"仁"的人道原理,"善"的人性修养,是中国传统伦理道德体系的基本构成要素。

中国传统伦理道德体系主要有两个基本特点。第一,它是在与儒、道、佛、玄、理等各种思想文化长期接触、冲撞、交流、认同与融合的过程中逐渐整合而成的有机体,儒家伦理是其主流与主体。第二,它随中华民族与中国社会的发展而生长发育,阶级性与民族性、时代性与普遍性交错并存,浑然一体,相辅相成,相补相协。

一、中国传统伦理道德的孕育阶段

中国传统伦理道德孕育发展于先秦时期。在上古时期的神话和《周易》中可以找到中国传统伦理道德的基因。中国古代神话极其丰富,包含的伦理道德也极其丰富。《周易》建构了中国传统伦理道德的基本框架:"天人合一"的宇宙论体系,"自强不息,厚德载物"的民族精神,善恶有报的信念,阴阳二分的思维方式等。这是中国传统伦理道德的源头,对后世伦理道德的发展产生深刻影响。

西周时期,统治者以殷商灭亡为前车之鉴,明确提出"以德配天,敬德保民"的思想,开创中国古代"德治"传统的先河。这也表明道德作为人对天道与人道的一种自觉遵循,伦理作为人性自觉对自身设立的一种理性规范,在西周已经出现并得到重视。周礼的确立,将氏族社会的伦理转换为文明社会的伦理政治秩序,为此后中国社会建立伦理生活范式奠定基础,对中国社会与中国文化的发展产生深远影响。

春秋战国时期,社会动荡,思想活跃,百家争鸣,儒家、道家、墨家、法家提

【第十章 中国传统伦理道德】

出各自的伦理道德学说，中国传统伦理道德思想蓬勃发展。

儒家创始人孔子面对社会大变局，通过整理殷商文化典籍，创立以礼、仁、中庸为内核的儒家伦理道德思想体系，对社会生活秩序进行伦理化、道德化的提升，为中国传统伦理道德思想发展奠定基础。"仁"是孔子对中国伦理学最突出的贡献，是中国传统伦理道德思想由自发走向自觉的标志。"仁"既是一切德性的发端，也是道德行为的推动力，还是德性的最高境界。孔子认为，"仁"不是从神秘的天道推衍而来，而是从人的内心萌生，即所谓"为仁由己"。只要克己修身，笃实躬行，便可成为"仁人"。

孟子从主观能动方面进一步发展儒家伦理思想。他从性善论出发，深入论证仁、义、礼、智之于人的充分必要性，论述"养浩然之气"（《孟子·公孙丑上》）、"尽心知性"（《孟子·尽心上》）、"养心莫善于寡欲"（《孟子·尽心下》）等个人修养功夫。孟子的五伦说、性善论、修养论以及仁、义、礼、智、信的价值体系，成为儒家伦理思想发展完善的重要基础。

管仲作为早期法家代表，将"礼"作为最基本的伦理道德原则。管仲把"礼、义、廉、耻"定为国之"四维"，并将"礼"置于"四维"之首。《管子·牧民》中说道："国有四维，一维绝则倾，二维绝则危，三维绝则覆，四维绝则灭。……何谓四维？一曰礼，二曰义，三曰廉，四曰耻。"

老子、庄子作为道家学派代表，提出"道"的最高伦理道德原则。老子认为，"道"的本质是"无为"。《老子》第三十七章写道："道常无为，而无不为。""道"作为宇宙万事万物包括人事在内的一切存在的最高和最普遍的规律，是人必须遵循的必然法则。人的德性应崇尚无知、无欲、无为。庄子进一步发展了老子的理论。他在《庄子·逍遥游》中写道，"道"的境界是"至人无己，神人无功，圣人无名"。道家的人生智慧为儒家伦理精神的运作进行结构上的补充。于是，入世与隐世，人伦情感与人生智慧，心与身，构成中国传统伦理道德理想性与世俗性的互补。儒家、道家对中国传统伦理道德发展产生广泛而深远的影响。

二、中国传统伦理道德的发展阶段

秦、汉、唐、宋时期是中国传统伦理道德的发展时期，可分为两汉儒家、魏晋玄学、隋唐佛学三个阶段。

两汉时期，董仲舒提出"罢黜百家，独尊儒术"，在伦理道德观上继承儒家重视道德教化的传统。他沿袭孟子的基本观点，从人与物的本质区别出发，将"仁义"视为人的本性。他提出的"三纲五常"伦理体系，成为中国古代社会处理人与人之间关系的最基本的道德原则和规范，标志着中国传统伦理道德的封建化和抽象化的统一。这对中国古代伦理思想和道德实践的发展都产生了深远影响。董仲舒提出"三纲"，强调单向的以人身依附和服从为原则的绝对关系，使双向的人伦关系蜕变为一方绝对服从或遵守另一方的地位和特权，并在父子、夫妇关系之上冠以君臣关系，使君成为凌驾于诸伦之首的最高道德权威，全体臣民都要无条件向君履行"尽忠"的道德义务。于是，中国伦理关系和道德价值开始凝固化、教条化和绝对化。此后，以"三纲五常"为核心的儒家伦理长期成为封建社会不可动摇的名教或礼教。

魏、晋、南北朝时期，社会大动荡，在儒、道伦理道德思想的相互激荡中，中国传统伦理道德系统出现了"玄学伦理"的新形态。玄学伦理是试图将儒道结合以克服人的精神和伦理生活矛盾的一种努力，其特点是"托好老庄"，用道家的"自然"价值观对儒家的"名教"进行评判。他们一方面反对"仁义"之教，否定"三纲五常"，倡导"无君论"，具有反叛儒家道德的异端倾向；另一方面推崇自然人性，倡导任其自为的自然主义人生观，且片面地畸形发展，形成一种恣情纵欲、苟且偷安的人生态度。

隋唐之际，中国出现"佛学"伦理思想。隋唐佛学主张空观大千世界，看空、放下、出世而入涅槃是佛家倡导的人生归宿，宣称人生苦海无边，以生死轮回、因果报应的虚幻形式克服传统伦理道德的"德"与"得"、道德与命运的内在矛盾，在基本价值取向上与儒家伦理契合。特别是禅宗的即心即佛，其宗教修行方式与儒家的修身养性理论有相通之处，因此成为向儒家伦理回归的过渡。

三、中国传统伦理道德的成熟阶段

从宋代到明代中叶，是中国传统伦理道德思想全面成熟与完善的时期，其标志是宋明理学的创立。宋明理学全面复兴儒家伦理道德思想，它既不是孔孟古典儒学，也不是董仲舒的官方儒学，而是融合道玄与佛学，体系庞大而精致的"新儒学"。新儒学以程朱理学和陆王心学为代表。

程朱理学建立以"天理"为核心的伦理思想体系。"天理"是以纲常名教为核心

【第十章　中国传统伦理道德】

的伦理道德本体。程颢、程颐《外书》卷七有云："人伦者，天理也。"朱熹《晦庵先生文集》卷七十四认为理者便是五常。"天理"的内容即"仁、义、礼、智、信"。他们认为，依据"天人合一"模式，人必须按照天理行事，仁、义、礼、智、信是人人必须遵循的道德规范。经过这样的转换，人间伦常之理便上升为天道法则，实现了"天道"与"人道"的统一。这种理论不仅为纲常名教找到本然根据，也使其具备神圣性与永恒性。在此基础上，程、朱提出"存天理，灭人欲"，朱熹明确将"理"与"欲"对立起来："况天理人欲，决不两立。须得全在天理上行，方见人欲消尽。"朱熹在《答何叔京》中写道："人欲云者，正天理之反耳，谓因天理而有人欲，则可；谓人欲亦是天理，则不可。盖天理中，本无人欲；惟其流之有差，遂生出人欲来。"他认为"存理灭欲"是德性修养最重要的功夫。这种伦理思想一方面提倡整体价值观，在"理欲对立"中突出人性的尊严和道德的能动性；另一方面又与封建政治结合，沦为道德专制主义，成为"以理杀人"的工具。

陆王心学的基本范畴也是"理"，其基本宗旨与程朱理学相同，即维护封建政治秩序的长治久安。二者的区别在于陆王不同意由"天理"推及"人道"的做法。他们认为，"理"不是外在的客观实体，而是人的"心"或"良知"的先验结构。"心"与"理"同一，社会伦理规范与主观道德观念都根源于人心，这是一个洗心涤妄、向内心反省觉悟的过程，即"致良知"。他们认为致良知不仅是人的道德观念的来源，也是人进行道德判断的理性依据。人的道德修养不必如朱熹那样格物致知，只需自识本心，存心明性。陆王的根本目的也是维护封建的"天理"，但"心"的主体能动性的充分发挥，又会导致对"理"的反思，甚至导致对"理"的怀疑与否定，客观上对封建道德产生离心作用，最终导致宋明理学的自我否定。当戴震大破理学体系，揭露其"以理杀人"的实质后，宋明理学便失去存在的合理性，中国传统伦理必然为近现代伦理所代替。

《论语译注》，杨伯峻著，中华书局，2009版

【中国传统文化概论】

第二节　中国传统道德规范与传统美德

一、中国传统道德规范

传统道德规范主要有两种：一是由伦理学家概括出来的，或者由统治阶级提倡并上升为理论的规范；二是那些虽未在理论上体现和表述出来，但在世俗生活中得到广泛认同与奉行的习俗性规范。

《尚书·皋陶谟》将人的美德概括为九项：宽而栗，柔而立，愿而恭，乱而敬，扰而毅，直而温，简而廉，刚而塞，强而义。孔子建构较完整的道德规范体系，以"知、仁、勇"为三达德，提出礼、孝、悌、忠、恕、恭、宽、信、敏、惠、温、良、俭、让、诚、敬、慈、刚、毅、直、俭、克己、中庸等一系列"德目"。孟子以"仁、义、礼、智"为四基德，扩展为"五伦十教"，"五伦"即君臣、父子、夫妇、兄弟、朋友，"十教"即君惠臣忠、父慈子孝、兄友弟恭、夫义妇顺、朋友有信。法家代表人物管仲提出"四维七体"，"四维"即礼、义、廉、耻，"七体"即孝悌慈惠、恭敬忠信、中正比宜、整齐樽诎、纤啬省用、敦蒙纯固、和协辑睦。自董仲舒以后，三纲"君为臣纲、父为子纲、夫为妻纲"以及五常"仁、义、礼、智、信"成为不可动摇的"金科玉律"。这些"德目"并不全是中华民族的传统美德，有些封建糟粕需要具体分析，科学扬弃。

二、中华民族十大传统美德

传统美德，是指传统道德规范体系中那些为大多数人接受并实际奉行，现在仍发挥积极影响的德目。中华民族传统美德是古代道德文明的精华，中华民族大家庭共存共荣的凝聚剂和内聚力，处理人与人之间关系最基本的行为准则，也是个人修养的主要内容。它深刻地影响着中华民族道德素质的培养和道德精神的形成。对传统美德的总结与认同，是继承和发扬民族优良伦理道德传统的关键，也是现代中国道德文明建设重要的源头。从人与自身、人与他人、人与群体的关系来把握，可将中华民族的传统美德概括为以下十项。

（一）仁爱孝悌

仁爱孝悌是中华民族传统美德中最具特色的部分。"仁"是中华民族传统美德的

【第十章　中国传统伦理道德】

重要源头，是中华民族道德精神的象征。"仁"在各个历史时期都是最基本的德目，在世俗生活中也是最普遍的德性标准。在中国文化中，"仁"与"人""道"同一，是人之所以为人的根本特性。《孟子·尽心下》："仁也者，人也。合而言之，道也。"《论语·述而》："仁远乎哉？我欲仁，斯仁至矣。"仁发端于人类在共同生活中产生的恻隐之心，即同情心，基于家族生活中的亲情。仁德的核心是爱人，"仁者，爱人"。仁的根本是孝悌，《论语·学而》有曰："孝悌也者，其为仁之本欤。"孝悌之德的基本内容是父慈子孝、兄友弟恭，它被普遍奉行，由此形成家族亲情，对中国社会的稳定发挥着重要作用，是民族团结的基石。

儒家的"仁爱"观念源于家庭血缘亲情，又超越血缘亲情，孝悌之情的扩展就是忠恕之道。"忠恕"是"仁"由家族之爱发展为泛爱的中介。忠恕之德的基本要求是以诚待人，推己及人；具体内容是"己欲立先立人，己欲达先达人""己所不欲，勿施于人"。它要求在亲亲敬长的自然道德情感的基础上由己推人，由内而外，由近及远，层层向外递推，最终达到"仁者与天地万物为一体"的境界。仁爱思想由此成为中国传统美德中极为重要的内容。在忠恕之德的基础上，中国人形成"四海之内皆兄弟""老吾老以及人之老，幼吾幼以及人之幼""不独亲其亲，不独子其子"的宽广情怀和安老怀少的社会风尚，形成中华民族大家庭社会生活中浓烈的人情味和生活情趣。爱人、孝悌、忠恕是仁德的基本内容，也是中华民族传统美德的集中体现。

（二）谦和好礼

中国是举世闻名的礼义之邦，礼是中国文化的突出特点。作为道德规范，礼的内容极其丰富：伦理制度和伦理秩序谓之礼制、礼教，待人接物的形式谓之礼节、礼仪，个体修养涵养谓之礼貌。礼是儒家伦理道德的重要范畴，在个人修身成才及人际交往中具有重要意义。中国伦理文化在某种意义上也是礼仪文化。好礼、有礼是中国人立身处世的重要美德。中国传统文化认为礼是人区别于动物的标志。《礼记·冠义》："凡人之所以为人者，礼义也。"礼是治国安邦的根本。《左传·隐公十一年》："礼，经国家，定社稷，序民人，利后嗣者也。"礼也是立身之本和区分人格高低的标准。《诗经·相鼠》言："人而无礼，胡不遄死？"孔子曰："不学礼，无以立。"《礼记·曲礼上》："人有礼则安，无礼则危。"由此可见，儒家认为礼是人们立身处世的基础，学礼是人们立身处世的前提。礼可以节制人们的行为，培养文质彬彬的君子人格，进而形成中华民族讲礼貌、守礼节的传统美德。作为一种伦理制度，礼教在历史上曾起过消极作用。但作为道德修养和文明的象征，礼在提高个人道德素质、保持人际关系的和谐、维系社会秩序的安定等方面发挥过重要的积极作用。礼根源于人的恭敬辞让之心，出于对长上的恭敬和对兄弟朋友的辞让之情。礼和仁相互联系，密不可分。

礼包含谦和之德。谦者，谦虚谦让也。中国人自古就懂得"满招损，谦受益"的道理。老子曾以江海善下而为百谷王的事实，告诫人们不要自矜、自伐、自是。谦德根源于人的辞让之心，集中体现为在荣誉、利益面前谦让不争，在人际关系中互相尊重。

和是君子的重要品质。《论语·子路》云："君子和而不同，小人同而不和。"《论语·学而》曰："礼之用，和为贵。"中国传统文化以"和"为重要的价值取向。"和德"体现在待人接物中为和气，体现在人际关系中为和睦，体现在价值取向上为和谐，作为一种德性时则为中和。《中庸》有云："喜怒哀乐之未发谓之中，发而皆中节谓之和。"礼、谦、和都体现了中华民族的美好情操。

（三）诚信知报

中国传统文化中由于性善的信念占主导地位，强调发扬自主自律的精神，因此中华民族传统美德特别重视诚与信的品德。

诚即真实无妄，诚既是天道的本然，也是道德的根本。《孟子·离娄》云："诚者，天之道也；思诚者，人之道也。"真实无妄是天道，对诚的追求则是人道，故《荀子·不苟》曰："君子养心莫善于诚。"其基本要义是诚于己，诚于自己的本性。以诚为基础，中国人形成了许多相关德目，如为人诚实、待人诚恳、对事业忠诚，正如《中庸》所言"不诚无物"。

信是与诚相通的优秀品德。《说文解字》云："信，诚也，从人言。"儒家认为，信是立人之本。《论语·为政》曰："人而无信，不知其可也。"信也是立国之本，《论语·颜渊》曰："自古皆有死，民无信不立。"作为人际交往的行为规范，信的基本要求是真诚相待、诚实不欺、讲究信誉、信守诺言。《论语·学而》曰："与朋友交，言而有信。"《论语·阳货》曰："信则人任焉。""言必信，行必果。"信是取得他人尊重、理解和建立相互信任的基础。自董仲舒以后，中国传统道德更是将信和仁、义、礼、智并称"五常"。守信用、讲信义是中国人公认的价值标准和基本美德。

在漫长的文化积淀中，中国人还有报的德性，即"知恩思报"的伦理道德。这

【第十章 中国传统伦理道德】

是中国人道德良知和道德良心的重要组成部分，也是中国传统道德质朴性的重要表征。回报既是中国人的传统美德，也是道德生活的重要机制。"滴水之恩，当涌泉相报"，在世俗生活中是公认的美德，也是义的重要内容。中国人强调要报父母养育之恩、长辈提携之恩、朋友知遇之恩、国家培养之恩。忘恩与忘本、负义是同义的，恩将仇报、忘恩负义的人将会被严厉谴责。

（四）精忠爱国

中国自古就有"家国同构"的理念，中国人称自己的国家为祖国。祖国不仅是衣食之源，也是情感之源，人们对其具有强烈的依恋感。中华民族在长期的生存和发展中逐步形成精忠爱国的浩然正气和民族气节。爱国主义作为一种对祖国深厚的感情，是由爱亲爱家情感升华而来的一种捍卫民族尊严、维护祖国利益的崇高品德。在中国传统道德中，爱祖国、爱民族历来被看作是"大节"。在封建社会，它虽然与忠君联系在一起，具有历史局限性，但其时君国同体，君是国家的代表，"忠君"的背后是一种国家意识，忠君与爱国在某种意义上是等同的。这种精忠爱国的精神是中华民族的巨大凝聚力，也是推动中华民族发展的巨大精神力量。每当国家民族处于危急存亡之际，各族人民都奋起反抗外来侵略，保家卫国，不屈不挠，表现出为民族为国家赴汤蹈火、奉献牺牲的大我、大爱和大无畏精神。

（五）克己奉公

克己就是克制自己的私欲，奉公就是服从整体。中华民族由于家族本位的社会结构和礼教文化的传统，培育出一种整体主义的精神，并由此形成克己奉公的美德。克己奉公并非毫不利己、专门利人，其本质是先公后私，个人私利服从于社会公利。中国传统伦理道德历来强调公私之辨，将"公义胜私欲"作为道德的根本要求。朱熹曾说："凡事便有两端，是底即天理之公，非底即人欲之私。"公之核心是去私意，"背私之谓公"。奉公必须克己，克己即克制己私，超越自我，服从整体。克尽己私便是公，亦即天理。

中国人历来以"廓然大公""天下为公"作为价值理想。中国文化中的大同境界，其基本精神就是公。《礼记·礼运》有云："大道之行也，天下为公，选贤与能，讲信修睦。故人不独亲其亲，不独子其子，使老有所终，壮有所用，幼有所长，矜、寡、孤、独、废疾者皆有所养……是谓大同。"这种公的精神培育是强化对社会、民族的历史责任感。在这种精神的培育下，我国历史上曾出现过无数爱国爱民，为民族为社会舍小家顾大家的杰出人物，他们创造了可歌可泣的辉煌业绩，成为中华民族的骄傲。

（六）修己慎独

中国传统伦理道德强调人性本善，使中国伦理道德乃至整个中国文化建立在对修己慎独的强调与期待上。

儒家将修己、养身作为立身处世、实现人生价值的根本。《大学》第一章言："自天子以至于庶人，一是皆以修身为本。"《中庸》第二十二章言："知所以修身，则知所以治人；知所以治人，则知所以治天下国家矣。"这种修养学说强调自主自律、自我超越，以维护人伦关系和整体秩序，建立道德自我，其基本精神是"求诸己"。《论语·卫灵公》曰："君子求诸己，小人求诸人。""躬自厚而薄责于人。"《论语·宪问》言：君子"不怨天，不尤人。""求诸己"最有效的方法是慎独。《中庸》第一章言："君子戒慎乎其所不睹，恐惧乎其所不闻。莫见乎隐，莫显乎微，故君子慎其独也。"慎独就是在自我独处时严于律己，戒慎恐惧，"如临深渊，如履薄冰"。修己慎独的修养传统培育了中华民族践履道德的自觉性与主动性，造就了许多具有高尚品质和坚定节操的君子人格。

（七）见利思义

在中国传统伦理道德体系中，义与利作为一对最基本的范畴，也是争辩最多的话题。孔子强调见利思义，并将其作为区分君子与小人的重要标准。孟子要求先义后利，培养"配义与道"的浩然正气。《荀子·荣辱》明确提出："先义而后利者荣，先利而后义者辱。"这一思想并不否定人们对个人利益的追求，只是要以义作为衡量其行为的标准。

以义为本的价值取向是中华道德精神的精髓，并被升华为"生以载义""义以立生"的人生观。王夫之《尚书引义》卷五云："将贵其生，生非不可贵也；将舍其生，生非不可舍也。……生以载义，生可贵；义以立生，生可舍。"将以义为本升华到中华民族"杀身成仁""舍生取义"的崇高道德境界。《孟子·告子上》有言："鱼，我所欲也；熊掌，亦我所欲也。二者不可得兼，舍鱼而取熊掌者也。生，亦我所欲也；义，亦我所欲也。二者不可得兼，舍生而取义者也。"由此形成"以身任天下""宠不惊而辱不屈""生死当前而不变"的坚贞之志。这种舍生取义的价值取向，作为中

【第十章 中国传统伦理道德】

华民族精神的重要内容,培育了许多为民请命、杀身成仁的仁人志士。

对义利关系的处理集中体现了中国传统伦理道德的价值取向。传统义利观的内容十分复杂,重义轻利的倾向曾一度影响中国社会经济的发展,但先义后利、以义制利才是传统义利观的合理内核。这种义利观注重社会公利,引导人们为国家和百姓作贡献,是一种积极的社会本位的义利观。这种义利观造就了中华民族积极向上、追求完善的民族心理和民族素质,也培育了一批为国家、民族的利益勇于献身的民族英雄、爱国志士,是中华民族十分重要的传统美德。

(八)勤俭廉正

中国人民历来有热爱劳动、吃苦耐劳、崇尚节俭的优秀品质,以勤劳节俭、廉明正直著称于世。

孔子将"温、良、恭、俭、让"作为重要的德目,强调勤俭戒奢。老子提出人生"三宝",《老子》第六十七章有言:"一曰慈,二曰俭,三曰不敢为天下先。"《老子》第二十九章有言:"去甚,去奢,去泰。"比较接近下层劳动人民的墨家主张节用、节葬。三国时,诸葛亮提出"俭以养德"的思想,要求"淡泊明志,宁静致远"。中国传统伦理道德十分重视清正廉洁,廉既是对为政者的要求,也是一般人应有的品德,无廉则不洁,无廉则不明。《周礼·小宰注》有言:"廉者,清不滥浊也。"清白不污,纯正不苟,为廉洁;能辨是非,以义取利,是廉明;能自我约束而不贪求,是廉俭。《淮南子·道训》曰:"廉犹俭也。"廉的根本在取予之间,取道义,去邪心,严格自我约束。孟子称做到廉的人为"廉士",而称那些"不辨礼义而受之"的贪官污吏是"失去本心"。法家将"礼、义、廉、耻"作为"国之四维"。有廉,便能做到正。正体现在品格上是正直,表现在待人上是公正,作为一种境界就是正气。正人必先正己、正心,是为根本。正即遵循公义和道德,与诚、中等德目相通。"大学之道"就将正心作为重要条目。勤俭廉正既是中华民族共同的价值取向,也是中国人共有的美德。

中华民族之所以能在极其艰苦的条件下和各种困难的环境中不断发展,与具备这种美德是分不开的。鲁迅曾将那些埋头苦干、拼命硬干、为民请命、舍身求法的人称为民族的脊梁。历史上的那些清官谏臣正是体现了廉正美德,才受到人民的称颂和尊敬。

（九）笃实宽厚

中华民族在长期的农耕生产生活中形成了质朴的品格和务实的精神。中国传统伦理道德崇尚质朴、朴素。儒家虽然重"礼"，但也要求以质朴为基础。道家主张"见素抱朴""返璞归真"。

在长期的道德实践中，中华民族形成了许多以"实"为价值标准的规范和美德，如老实、诚实、求实、踏实、平实、实在，形成了崇尚实干、反对空谈的务实精神和实践精神。在待人上，中华民族一向以宽厚为美德，严以律己，宽以待人。《论语·雍也》曰："己欲立而立人，己欲达而达人。"《论语·颜渊》曰："己所不欲，勿施于人。"《论语·卫灵公》曰："躬自厚而薄责于人。"在人与人的关系中，中国人以"将心比心""以心换心"作为原则和原理，推己及人，设身处地为他人着想，在互动中达到人伦和谐与人格升华。日常生活中的"宽容大度""宽宏大量""厚德载物""忠厚长者"等道德评价，都是中华民族宽厚品德的体现。笃实宽厚的美德促成了中华民族精神的崇实性和包容性，使得中华民族这个大家庭能够和睦相处，形成连绵不断的民族历史和生机勃勃的民族活力。

（十）勇毅力行

勇毅力行是中华民族在践履道德方面具有的德性和德行，也是在道德意志方面所体现的美德。

中国自古就有勇的德目。孔子以"知、仁、勇"为三达德，其中仁是核心，知所以知仁，勇所以行仁，三者形成知、情、意一体的德性。孟子认为，人格修养要达到不动心，即道德信念不被利益得失动摇的境界，就必须具有勇的品格。他把勇分为三种：凭力气的血气之勇，凭意志的意气之勇，凭道德信念的大勇。杀身成仁、舍生取义就是大勇的体现。

毅即在艰难困苦中坚持遵循道德准则的毅力。孔子曰："刚、毅、木、讷近仁。"毅德的突出体现就是养气守节，固守高尚的情操。《孟子·滕文公下》所倡导的"富贵不能淫，贫贱不能移，威武不能屈"的大丈夫人格就是以坚毅、勇毅为基础和前提。《论语·里仁》曰："富与贵，是人之所欲也，不以其道得之，不处也；贫与贱，是人之所恶也，不以其道得之，不去也。……君子无终食之间违仁，造次必于是，颠沛必于是。"《礼记·儒行篇》曰："见利不亏其义，见死不更其守""往者不悔，来者不豫，过言不再，流言不报""可亲而不可劫也，可近而不可迫也，可杀而不可辱"。《吕

【第十章 中国传统伦理道德】

氏春秋·士节篇》有言:"士之为人,当理不避其难,临患忘利,遗生行义,视死如归。"《论语·子罕》有言:"三军可夺帅,匹夫不可夺志。"这些都体现了坚毅、刚毅的品格。

要实现成圣成仁的目标,就必须力行,中国人十分重视力行的美德。中国传统文化认为,人格完善,社会进步,重心不在知与言,而在于行。《中庸》有言:"力行近乎仁",《论语·里仁》有言:"君子欲讷于言而敏于行",《论语·雍也》有言:"知之者不如好之者,好之者不如乐之者",只有身体力行,才能成圣成仁。王阳明提出"知行合一"的命题,将力行的美德提升到哲学高度。正是这种勇毅力行的美德,使中华民族在各种险恶环境中化险为夷,自强不息,不断前进。

《礼记》,胡平生、张萌译注,中华书局,2009年版

《法律讲堂(文史版)·礼法中国》,2020年

经典诵读

《大学》(节选):

古之欲明明德于天下者,先治其国。欲治其国者,先齐其家。欲齐其家者,先修其身。欲修其身者,先正其心。欲正其心者,先诚其意。欲诚其意者,先致其知。致知在格物,物格而后知至,知至而后意诚,意诚而后心正,心正而后身修,身修而后家齐,家齐而后国治,国治而后天下平。

所谓诚其意者,毋自欺也。如恶恶臭,如好好色,此之谓自谦。故君子必慎其独也。

小人闲居为不善,无所不至,见君子而后厌然,掩其不善,而著其善。人之视己,如见其肺肝然,则何益矣。此谓诚于中,形于外。故君子必慎独也。曾子曰:十目所视,十手所指,其严乎! 富润屋,德润身,心广体胖,故君子必诚其意。

所谓修身在正其心者,身有所忿懥,则不得其正;有所恐惧,则不得其正;有所好乐,则不得其正;有所忧患,则不得其正。心不在焉,视而不见,听而不闻,食而不知其味。此谓修身在正其心。

所谓齐其家在修其身者，人之其所亲爱而辟焉，之其所贱恶而辟焉，之其所畏敬而辟焉，之其所哀矜而辟焉，之其所敖惰而辟焉。故好而知其恶，恶而知其美者，天下鲜矣！故谚有之曰："人莫知其子之恶，莫知其苗之硕。"此谓身不修不可以齐其家。

所谓治国必先齐其家者，其家不可教而能教人者，无之。故君子不出家，而成教于国。孝者，所以事君也；悌者，所以事长也；慈者，所以使众也。《康诰》曰："如保赤子。"心诚求之，虽不中，不远矣。未有学养子，而后嫁者也。

诵读音频

参考书目

◎ 蔡元培. 中国伦理学史 [M]. 北京：东方出版社，1996.

◎ 罗国杰. 中国传统道德：简编本 [M]. 北京：中国人民大学出版社，1995.

◎ 沈善洪，王凤贤. 中国伦理学说史 [M]. 杭州：浙江人民出版社，1988.

◎ 樊浩. 中国伦理精神的历史建构 [M]. 南京：江苏人民出版社，1992.

思考与练习

1. "仁"德的基本内涵有哪些？它在中华民族传统美德中占有什么地位？
2. "孝悌"之德对中华民族的发展具有怎样的历史意义？在21世纪，是否还要遵守"孝悌"之德？
3. 在市场经济条件下，为什么要讲"诚信"？
4. 什么是"礼"？它有哪些伦理道德内涵？

第十一章 中国传统礼俗文化

文化看台

材料一：

2007年12月7日，国务院第198次常务会议通过了修改《全国年节及纪念日放假办法》的决定，其中规定"清明节，放假1天（农历清明当日）"，2008年，清明节正式成为法定节假日，放假一天。

2017年1月25日，中共中央办公厅、国务院办公厅印发了《关于实施中华优秀传统文化传承发展工程的意见》，要求深入开展"我们的节日"主题活动，实施中国传统节日振兴工程，丰富春节、元宵节、清明节、端午节、七夕、中秋节、重阳节等传统节日文化内涵，形成新的节日习俗；加强对传统历法、节气、生肖和饮食、医药等的研究阐释、活态利用，使其有益的文化价值深度嵌入百姓生活；实施中华节庆礼仪服装服饰计划，设计制作展现中华民族独特文化魅力的系列服装服饰。

讨论：结合此案例谈谈传统礼俗文化的现代意义。

材料二：

2020年2月，广东省广州市越秀区人民政府网站公布了越秀区第七批区级非物质文化遗产代表性项目名单，其中广府传统婚礼习俗名列其中。同年9月底，婚俗馆已经建设完成并于国庆节期间正式开放。

广府传统婚俗文化馆分为两层，面积共计100平方米。这里陈列着20世纪30年代至今与婚庆仪式有关的历史图片、用品、饰品等，诸如老式录音机、洗衣机、缝纫机，"过大礼"使用的饼盒，新娘的嫁衣、携带的嫁妆等，呈现出一幅生动的婚俗历史变迁图。

广府传统的婚礼习俗包括"择吉日""过大礼""落槌""安床""开脸""上头""出门""入门""回门"等几个环节。馆内陈列了不同场景需用到的物品，如"开脸"

用的棉线,"上头"使用的梳子、镜子,"出门"使用的"开枝散叶伞"等。为了适应时代的发展,广东非物质文化遗产传承人、广府传统婚俗第四代传承人卢玮玮(坊间人称"八姑姐")还对礼仪进行了改良。过去,新人在婚礼前要煲艾草、柚子叶水"洗身",现在,她将其制作成喷雾,便于携带。为了再现过去女子出嫁以后回娘家探亲的画面,"八姑姐"在婚俗馆陈列了一辆自行车并特意布置了仿真的物品,比如挂在车头的仿真猪肉、仿真蔬菜,放在车尾的仿真公鸡等,因为"过去'回门'时,新郎会骑着自行车,新娘坐在后座,两人带上猪肉、公鸡、蔬菜等,也就是我们今天所说的'回娘家'"。

婚俗馆内特色的广府小吃、甜品也是一大亮点。过去在"过大礼"的时候,男方会携带礼金和礼品到女方家提亲,一般包括海味、椰子、莲子等。馆内则摆放着荔枝干、龙眼干等10多种干果,市民可以购买品尝。

为了迎合现在年轻人的喜好,"八姑姐"还特制了几款甜品、饮品和小吃,并赋予其深刻的寓意。比如,她特制的"金玉满堂",其实是一款凉粉,其中加入椰果、马蹄(荸荠)、菠萝、莲子、薏米、桂花、红豆、陈皮和桂花奶茶,寓意"马到功成""包罗万象""连生贵子""红运当头""贵气逼人"。

(《广东广州:越秀的这个地方,藏着最传统的婚礼记忆》,学习强国广州学习平台,2020年11月27日)

讨论:结合传统礼俗文化的特点谈谈广府传统婚俗文化馆存在的现实价值。

知识聚焦

第一节 中国传统礼俗文化概述

中国传统礼俗是中国传统文化在社会生活中的具体体现,同时也是中华文明及民族特征的外在显现。全面深入地了解传统礼俗,对于客观认识与评价中国文化,更好地传承中华优秀传统文化有重要意义。

一、传统礼俗的概念

礼俗,即礼仪及习俗,指人们在社会交往中以建立和谐关系为目的的各种符合交往要求的行为准则及规范的总和。它既是一种模式,也是一种规范。中国传统礼

第十一章 中国传统礼俗文化

俗就是传统社会的中国人在社会交往活动中应共同遵守的行为规范和准则，包括日常交往、节日、婚丧等各种场合的礼节和风俗。它是社会的上层建筑，也与社会的经济基础相适应。这些礼俗受历史传统、风俗习惯、宗教信仰、时代潮流等因素影响而形成，既为人们所认同，又为人们所遵守。

二、传统礼俗的特点

（一）民族性

中华民族具有悠久的历史与传统，这些历史与传统也造就了中国传统礼俗鲜明的民族特色。如前所述，宗法制是中国传统社会政治结构的重要特征之一，作为上层建筑的礼俗，也就成为宗法制度的延伸，许多传统礼俗与社会政治及宗法理念均保持一致。记述古代礼仪的经典之作《周礼》明确了天、地、春、夏、秋、冬六官的不同性质，又分别陈述六官及其属官的官名、爵等及各自的职掌。书中还涉及封国都城的大小、城门的高低、祭祀时间等。这些礼制都直接或间接影响诸侯、大夫及士的思维方式，也约束着其言行。上行下效，诸侯、大夫、士的行为规范，直接引导着民众的言行，久而久之，平民百姓也自觉地接受了《周礼》的约束。古代另外两部礼仪著作《仪礼》《礼记》中的规定几乎涵盖了生活生产的各个方面，严格区分了社会生活中涉及的主要事务的礼节仪式，通过诸侯、大夫、士对民众的思想行为进行具体的限制约束。于是，周王室的礼仪制度最终为周天下所共守，从而使得整个民族的礼仪习俗与社会政治和家天下的宗法理念保持一致，使传统礼俗具有鲜明的民族性。

（二）差异性

礼俗作为一种约定俗成的模式及规范，它的存在及运用必然会受到时代、地域及环境的影响，也就不可避免地存在一定的差异性。这种差异性主要体现在以下两个方面。

一是地域的差异性。俗话说："十里不同风，百里不同俗。"中国地域辽阔，不同地区、不同民族及不同信仰人群的礼俗内容、形态千差万别。例如在饮食方面，徐珂《清稗类钞》中说道："南人之饭，主要品为米，盖炊熟而颗粒完整者，次要则为成糜之粥。北人之饭，主要品为麦，屑之为馒，次要则为成条之面。"而同为喝粥："粥有普通、特殊之别。普通之粥，为南人所常食者，曰粳米粥，曰糯米粥，曰大麦粥，曰绿豆粥，曰红枣粥。为北人所常食者，曰小米粥。其特殊者，或以燕窝入之，或以鸡屑入之，或以牛肉入之，或以火腿入之。粤人制粥尤精，有白滑肉鸡粥，烧鸭粥，鱼生肉粥者。三者之中，皆杂有猪肝、鸡蛋等物。另有所谓冬菇鸭粥者，则是冬菇煨鸭与粥皆别置一器也。"从上述文字中可以看出，南方人在喝粥方面相对于北方人，不仅种类多而且更擅长"精加工"。

二是等级的差异性。封建社会统治阶级为了维护自己的权力及地位，特别重视通过礼俗对民众进行教化。尤其君臣、男女、长幼之间有严格的等级区分，这些区分涉及见面称呼、交谈宴饮等方面。有时统治者为了巩固自己的特权地位，常常通过法律手段以强制措施给礼俗烙上时代的印记。例如在服饰方面尤其是色彩上就有很多规定，《中国历代服饰》记载：秦汉巾帻色"庶民为黑、车夫为红，丧服为白，轿夫为黄，厨人为绿，官奴、农人为青"；唐以官服的颜色区分官员品阶，唐贞观四年（630年）和上元元年（674年）曾两次下诏颁布服饰颜色和佩带的相关规定；在清朝，官服除以蟒数区分官员职位外，对于黄色在服饰中的应用也有相关规定，皇太子用杏黄色，皇子用金黄色，其他官员如不经赏赐是绝对不能着黄色的。由此可见，在古代服装除能遮羞避寒之外还被当作分贵贱、别等级的工具。

（三）制约性

传统礼俗在社会生活与社会运转中通过示范、引导、干预等作用于社会群体及个体，对群体及个体的行为具有一定的制约性，对他们的观念及实践具有导向及规范作用。这种制约与规范不同于法律制度及纪律规定。不过违反传统礼俗虽不会受到法律制裁，但会受到世俗舆论的谴责。

（四）封建性

长达两千余年的封建统治使传统礼俗不可避免地带有浓厚的封建色彩。如压迫妇女的"三从四德""七出"等。在封建社会，统治者提倡的礼俗更多是维护统治阶级利益的，许多不合理的烦琐的礼俗，在当时也主要是为了巩固封建统治，这样也就不可避免地使传统礼俗带有封建性。

三、传统礼俗文化的现代意义

当今我国正处于飞速发展时期，我们不仅要发展物质文明，而且要大力建设精神文明。传统礼俗是中国民众在长期的实践中形成的文化积淀，它经过了历史的筛

【第十一章 中国传统礼俗文化】

选与沉淀，具有浓厚的民族特质。传统礼俗是民族哲学、宗教、社会意识形态等在社会中的具体体现，它与人们的日常生产与生活息息相关，并且以极其丰富的内容与多样的表现形式，展现了中华民族物质文化及精神文化的极高成就。传统礼俗作为中国传统文化的重要组成部分既是传统社会文化的浓缩，也属于珍贵的精神文化遗产。它不仅可以规范人们的行为，凝心聚力，还可以教化百姓，丰富人们的生活。

当然，凡事具有两面性：中国传统礼俗既有精华，也必然有糟粕。我们要以辩证的态度对待传统礼俗，取其精华，去其糟粕，用礼俗中包含的精华激发人们的民族热情与爱国情怀，对其消极落后的部分予以剔除。同时为适应时代的发展，赋予传统礼俗时代意义，促进社会主义精神文明建设。

《中国古代礼俗》，王炜民著，商务印书馆，1997年版

第二节　中国传统礼俗文化举要

一、日常礼俗

中国传统社会中，统治者对礼制的强化，文人学者对礼仪的倡导，学校对礼学的重视，社会对礼的践行，使得礼仪成为人们处世的规范及标准世代相传，从而形成了风俗习惯。同时，这些风俗习惯无形地渗入社会生活的方方面面。

（一）称谓

作为礼义之邦的中国在称谓方面很讲究。古代社会中，称谓不仅是社交活动时使用的代表个人的符号，也是封建礼制的组成部分，是宗法、习俗、等级、地位、声望等的反映。它被赋予了一定的等级观念及尊卑色彩，所以就有了谦称、尊称及特殊称谓之分。

1. 谦称

古人在人际交往中，总是谦逊地通过贬低自己而显示对对方的尊重，以显示出自己的修养。他们凡提到自己时习惯表现出谦逊的态度，习惯用谦称。这种表示谦逊的自称有：愚、敝、鄙、卑、窃、臣、仆等。古代帝王一般自称孤、寡、不谷及朕等；古代官吏一般自称下官、末官、小吏、卑职等；读书人一般自称小生、晚生、晚学、后学、末学、不才等。

古人称自己一方的亲属朋友时，常用谦辞"家"或"舍"等，如家父、家母、家兄；舍弟、舍妹、舍侄等。其他表示自谦的词语主要有以下几种：在下，适用于晚辈或地位低的人谦称；小可，是有一定身份的人的自谦；小子，用于晚辈面对父兄尊长时的自称；老朽、老夫、老拙一般在老人自谦时使用；妾则用于女子自称。

2. 尊称

在古代，为了表达对他人客气尊敬的态度，就会用尊称，如对帝王称万岁、圣上、陛下等；对皇太子、亲王称殿下；对使节称节下；对三公、郡守等有一定社会地位的人则称阁下。

常使用令、尊、贤、仁等来表达对于对方或对方亲属的尊敬。在这里，令为美好的意思，多用于称呼对方的亲属，如称对方的父亲为令尊，称对方的母亲为令堂，称对方的哥哥为令兄，称对方的儿子为令郎，称对方的女儿为令爱等。尊，用来称与对方有关的人或物，如称对方为尊驾，称对方的亲戚为尊亲，称对方的意思为尊意，称对方的嘱咐为尊命。尊还可用于称呼对方的父母，如称对方的父亲为尊公、尊君、尊府，称对方的母亲为尊堂，称对方的父母为尊上等。贤，则用于称平辈或晚辈，如贤郎、贤弟等。仁，适用范围广，如称同辈友人中比自己年龄大的为仁兄，地位高的为仁公等。

年老的人被称为丈、丈人。唐朝以后，丈人专指妻父，又称泰山，妻母称丈母或泰水。

称谓前面加"先"，表示已死，用于敬称地位高的人或年长的人，如称已死的皇帝为先帝，称已经死去的父亲为先考或先父，称已经死去的母亲为先慈或先妣，称已死去的有才德的人为先贤。称谓前加"太"或"大"表示再长一辈，如称帝王的母亲为太后，称祖父为大（太）父，称祖母为大（太）母。

唐代以后，对已死的皇帝多称庙号，如唐太宗、唐玄宗、宋太祖、宋仁宗、元世祖、明太祖等；明清两代，也用年号代称皇帝，如称朱元璋为洪武皇帝，称朱由检为崇祯皇帝，称玄烨为康熙皇帝，称弘历为乾隆皇帝。

君对臣的敬称是卿或爱卿。

对品格高尚、智慧超群的人用"圣"来表示敬称，如称孔子为圣人，称孟子为亚圣。后来，"圣"多用于帝王，如圣上、圣驾等。

【第十一章 中国传统礼俗文化】

3. 特殊称谓

夏商周三代，中国的最高统治者皆称王。秦始皇统一天下后，中国历代最高统治者都称皇帝。在我国古代，共出现了近五百名皇帝。他们除了自己的姓名、小名外，还有年号、尊号、庙号及谥号。

年号是中国封建王朝用来纪年的一种名号。中国历史上首先使用年号的皇帝是汉武帝，第一个年号为建元。自汉武帝使用年号后，以后每位新皇帝即位后的第一件事就是建立新的年号，叫作"改元"。在明朝以前，帝王在遇到一些大事时，一般都要更改年号。明朝以后，皇帝大多一人只有一个年号。

尊号指皇帝生前接受的含有尊崇赞美之词的称号，开国君主或嗣君即位，一般会举行"上尊号"仪式。历代皇帝对禅位的前代皇帝皆上尊号为太上皇，对母亲则上尊号为皇太后，祖母则称为太皇太后。如果是过继的，生父则不能上尊号。

年号和尊号是皇帝在位时就有的，庙号和谥号则是死后才有的称号。

庙号是和宗法祭祀制度相联系的一种称号。皇帝死后，他的继任者根据他在皇族中的世系将其奉入太庙祭祀，追尊为某祖某宗，以显扬其地位。这种习俗始于殷代，如殷王太甲称太宗。汉承其制，尊刘邦为"太祖高皇帝"，太祖即庙号，高皇帝之高即谥号，后来简称为汉高祖。明朝的开国皇帝朱元璋，他的庙号是"太祖"，谥号是"高皇帝"，连在一起是"明朝太祖高皇帝"，历史上把朱元璋简称为明太祖，而省略了他的谥号。

谥号是指前任帝王死后他的继任者根据他生前的行为赐给他的代号。起于西周，开始分为美谥、恶谥、天谥三类，后来几乎只有美谥而少恶谥了。汉以前多用一字谥，汉代用两字，其中一字必孝，如汉武帝的谥号是"孝武"，唐代之后字数加多，如唐太宗初谥文皇帝，后改为"文武大圣大广皇帝"，清代乾隆的谥号为"法天隆运至诚先觉体元立极敷文奋武钦明孝慈神圣纯皇帝"，简称为纯皇帝。

常见的对百姓的称谓有布衣、黎民、生民、庶民、苍生、黎元、氓等。

对一些以某种技艺为职业的人，称呼时常在其名前面加一个表示他的职业的字眼，让人一听就知道他的职业。如《庖丁解牛》中的"庖丁"，"丁"是名，"庖"是厨师，表明职业。《师说》中的"师襄"和《群英会蒋干中计》中提到的"师旷"，"师"，意为乐师，表明职业。《柳敬亭传》中的"优孟"，是指名叫"孟"的艺人。"优"，亦称优伶、伶人，指以乐舞戏谑为职业的艺人，后主要指戏曲演员。

（二）饮食文化

中国有句古话：民以食为天。作为世界文明古国之一的中国，其饮食文化的历史几乎与国家的文明史一样长远。对于饮食，人们除了用来充饥果腹之外，还赋予它们很多文化底蕴。

1. 茶文化

中国是茶的发祥地，世界各国最初的茶树树种、栽培技术及茶叶加工工艺等，都是直接或间接来自中国。中国人饮茶的历史非常悠久。根据陆羽的《茶经》："茶之为饮，发乎神农氏。"自神农尝百草，饮茶解毒，距今已有五千余年的历史。饮茶过程中形成的包括茶器、茶艺及茶道等在内的茶文化也极大地丰富了中国文化。

（1）茶的种类。

中国茶叶的种类繁多，命名方法也较多：按照制作工艺来分，可分为绿茶、黄茶、黑茶、白茶、红茶等；按季节来分，有春茶、夏茶、秋茶及冬茶等；依据茶叶产地来分，有西湖龙井、黄山毛峰、庐山云雾等。

（2）茶器。

茶圣陆羽在《茶经》中说："一器成名只为茗，悦来客满是茶香。"早在《茶经》中，陆羽便精心设计了适于烹茶、品饮的二十四器。陆羽当时便说明，所谓"二十四器必备"，是指正式茶宴，至于三五友人，偶尔以茶自娱，可据情简化。陆羽对前人煮茶、饮茶用具作了总结，开列出多种专门器具，这是中国茶具发展史上对茶具最早、最完整的记录。陆羽所列茶器按其用途可分为如下几类：生火、烧水和煮茶器具；烤茶、煮茶和量茶器具；盛水、滤水和提水器具；盛茶和饮茶器具；装盛茶具的器具；洗涤和清洁器具。

饮茶器具也经历了演变的过程。唐时王宫贵族家庭以金属及当时稀有的秘色瓷和玻璃茶具为主，民间多用陶瓷茶碗。从宋开始直到明代，饮茶多用茶盏，即一只敞口小底的茶碗，再垫一个茶托，自成一套。明代，用五色陶土烧成的紫砂茶具开始兴起。清代陶瓷茶具以盖碗为主，由盖、碗、托三部分组成。

（3）茶的烹制。

中国饮茶方法自汉唐以来有多次变化。大体说来茶的烹制方法有以下几种。

①煮茶法。这种方法是唐代以前最普通的饮茶法。通俗来说就是直接将茶放在釜中烹煮。具体程序为：首先将饼茶碾碎，然后开始煮水，用炭火烧水但不能全

【第十一章 中国传统礼俗文化】

沸,待鱼目似的水泡微露之时,便加入茶叶;茶与水交融,二沸时出现沫饽,沫为细小茶花,饽为大花,均为茶的精华;再将沫饽取出,置熟盂之中以备用;继续烧煮,茶与水进一步融合,波滚浪涌,称为三沸,这时将二沸时盛出之沫饽浇入釜中,称为"救沸""育华";待精华均匀,茶汤便好了。茶汤煮好,均匀地斟入各人碗中,包含雨露均施、同甘共苦之意。

②点茶法。这种烹制方法在宋代最为盛行。点茶法不直接将茶放入釜内烹煮,而是先将饼茶碾碎,置碗中待用。以釜烧水,微沸初漾时即冲点入碗。但茶叶与水也同样需要融为一体。有一种用细竹制作的被称为"茶筅"的工具。水冲入茶碗中后,可以茶筅用力击打,这时水乳交融,渐起沫饽,因茶乳融合,茶沫与茶器边缘相凝而不溢出,称为"咬盏"。茶人以此较胜负,胜者如将士凯旋,败者如降将垂首,从茶中寄托对人生的希望,增搏击的勇气。

③点花茶法。这种方式为明代朱权等所创,将梅花、桂花、茉莉花等蓓蕾数枝直接与茶叶同置碗中,热茶水汽蒸腾,双手捧定茶盏,使茶汤催花绽放,既观花开美景,又嗅花香、茶香,色、香、味同时享用。

④泡茶法。此法从明清以至现代,被民间广泛使用,也是我们现在最为熟知的方法。不过,因茶叶种类不同、地区不同而泡茶之法有所区别。但总体来说以发茶味、显其色、不失其香为要旨。浓淡亦随各地各人所好。

(4)茶文化的核心。

茶艺及茶道既是饮茶过程中形成的文化现象,也是中国茶文化的核心。

茶艺包括茶叶品评技法、操作手段的鉴赏以及品茗美好环境的领略等。就形式而言,茶艺包括选茗、择水、烹茶技术、茶具艺术、环境的选择创造等内容。如选择的茶具或古朴雅致,或豪华庄贵;品茶环境要充满妙趣有意境;茶艺背景要渲染茶性清纯、幽雅、质朴的气质。

茶道则指烹茶、饮茶、品茶、赏茶之精神。它以茶艺为载体,依存于茶艺。如果说茶艺的重点在"艺",重在学习各种技法,以获得审美享受,那么茶道的重点则在"道",旨在通过茶艺修身养性、参悟大道。因此,茶道不但讲究表现形式,而且更注重精神内涵。中国茶道追求和、静、怡、真。

和是中国茶文化的精髓及核心,也是儒、道、释思想融合的体现。中国茶人将和视作修行的最高境界,不断修习、体悟,并遵循和的真谛,净化心灵,追求自我升华。茶道追求的和指万事万物的和谐平衡。这一思想在具体的茶事活动中被全方位诠释及表现，例如：茶品选择要与季节、环境协调；冲泡动作要熟练、平稳，节奏不紧不慢；奉茶应长幼有序；主客应和颜悦色，和谐相处；环境应与茶事活动主题相适应；天气应是风和日丽、冷热适当；布景及音乐应和谐；在茶事活动中要尽量避免不和谐因素的出现。

静是中国茶道修习的法则。静则虚怀若谷，静可洞察明澈，静则悟道入微。中国的茶道是修身养性、追寻自我之道，通过煮水、泡茶、分茶、品茶等系列茶事极力营造出没有喧嚣，没有纷争，祥和与宁静的世界。在这种祥和与宁静中，茶事参与者将堆积在心灵中的杂念全部剔除，静神，定心，走进自己的真实内心世界。

怡是中国茶道的基本功能。中国茶道是雅俗共赏之道，茶道中的怡，包含三个层次：第一层是直观享受。优雅的环境、精美的茶具、醉人的茶香、悦耳的音乐都会使茶事参与者身心愉悦。第二层是审美领悟。观茶色，闻茶香，品茶味，听解说，茶事参与者感到身心舒泰，产生只可意会不可言传的心旷神怡之感。第三层是精神升华。这是怡的最高层次。参与者在茶事活动中通过感知、理解、想象等悟出茶的物外之意及玄妙，达到提升自我境界的目的。

真是中国茶道的起点也是终极追求。中国茶道所讲究的真是指茶事活动的每一个环节都要认真，每一个环节都要求真。具体来讲，体现在以下几个方面：一是求物真：茶应是真茶、真香、真味；字画应选挂名家真迹（或是自己用心完成的作品）；环境最好是真山、真水；器具也以真木、真竹、真陶、真瓷为最佳。二是求情真：茶事参与者之间投入真情，真诚说话，通过品茗述怀，使彼此的感情得以发展，达到互见真心的境界。三是求道之真：在茶事活动中，参与者以淡泊的襟怀、闲适的心态去品味茶的物外之意，追求对道的真切体悟，真正达到修身养性、陶冶心灵、品味人生之目的。四是求性真：在茶事活动中，真正放松自己的心情，在无我的境界中释放天性，在无我的境界中达到心灵的自由。

（5）茶圣陆羽。

陆羽（约733—约804），字鸿渐，唐朝复州竟陵（今湖北天门市）人，一名疾，字季疵，号竟陵子、桑苎翁、东冈子。陆羽一生嗜茶，精于茶道，对茶叶有浓厚的兴趣，长期躬身实践，笃行不倦，熟悉茶树栽培、育种和加工技术，潜心研究茶艺，精于茶道。他开启了一个茶的时代，为世界茶业发展作出了卓越贡献，被誉为"茶

【第十一章　中国传统礼俗文化】

仙"，尊为"茶圣"，祀为"茶神"。陆羽所著《茶经》是中国乃至世界最早、最全面的介绍茶的专著，被誉为"茶叶百科全书"。

陆羽所著《茶经》三卷十章七千余字，十章分别为一之源，二之具，三之造，四之器，五之煮，六之饮，七之事，八之出，九之略，十之图。具体来说：一之源，概述中国茶的起源及性状；二之具，讲当时制作、加工茶叶的工具；三之造，讲茶的制作过程；四之器，讲煮茶、饮茶的器皿，精心设计了适于烹茶、品饮的二十四器；五之煮，讲煮茶的过程、技艺；六之饮，讲饮茶的方法、茶品鉴赏；七之事，讲中国饮茶的历史；八之出，详细记载了当时的产茶盛地，并品评其高下，记载了全国四十余州产茶情形，对于自己不甚明了的十一个州的产茶之地亦如实注出；九之略，指茶器的使用可因条件而异，不必拘泥；十之图，陆羽主张要把以上各项内容绘成画幅，张陈于座隅，饮茶的人喝着茶，看着图，品茶之味，明茶之理，神爽目悦。《茶经》是陆羽在茶区调查学习茶农的经验与技艺后，对收集的茶事资料分析整理的结晶，也是唐代及唐以前茶叶科学知识和实践经验的系统总结。《茶经》一经问世即风行天下，为时人学习和珍藏。

《中国饮茶文化》，袁和平著，厦门大学出版社，1992年

2. 酒文化

中国是酒的故乡，有着悠久的上酿酒历史。在中国的历史长河中，酒是特殊神圣的物质，酒的使用，更是庄严之事。酒文化在传统中国文化中有其独特的地位。

（1）酒的种类。

中国古代酒的品种很多，分类方式也不尽相同：据酿造方法来分，有发酵酒、蒸馏酒、配制酒；据酒精含量来分，有低度酒、中度酒、高度酒；据酿酒原料来分，有黄酒、白酒、果酒等。下面我们着重对发酵酒、蒸馏酒及果酒作简要介绍。

发酵酒是用粮食作物黍、稷、麦、稻等为原料加曲经糖化、酒化直接发酵而成的，是我国古代饮用最多、历史最长的酒。从传说中杜康所酿的秫酒到今天饮用的黄酒，都属于这种酒的范畴。特别是在元代以前蒸馏酒还未出现，人们所饮用的酒绝大多数都是这种酒。发酵酒最早是连汁带滓一起吃的，是混浊不清的酒，又称"浊酒"。春秋战国以后，人们才开始滤去糟粕、滗出汁液来饮用，是为"清酒"。

蒸馏酒就是现在的白酒，古代曾称作阿刺吉酒、蒸酒、烧酒等。李时珍在《本

草纲目》中曾记述它的制作方法："用浓酒和糟入甑，蒸令气上，用器承取滴露。凡酸坏之酒，皆可蒸烧。其清如水，味极浓烈，盖酒露也。"蒸馏酒元代开始出现，明清以后渐渐普及。由于古人认为酒度高、酒质清澈是好酒的标准，而蒸馏酒特别符合要求，所以逐渐成为我国，尤其是北方人喜爱的主要酒类。

果酒在我国古代也非常流行，如葡萄酒。新疆地区是我国最早酿制葡萄酒的地区。西汉张骞出使西域，带回了优良葡萄品种后，内地开始大量种植葡萄，并用其酿酒。不过，在此后很长一段时间内，葡萄酒仍被视为"珍异之物"，只是供皇室和少数富贵人家享用。唐代，由于唐太宗李世民等统治阶层都喜好这种酒，葡萄酒广泛流行开来，更是有了"葡萄美酒夜光杯"这样流传千古的名句。除了葡萄酒外，我国古代的果酒还有荔枝酒、椰子酒、石榴酒、梨酒、枣酒等。

（2）酒器。

我国古代酒器种类多、造型美。根据酒器材质来分主要有陶制品酒器、青铜制品酒器、漆制品酒器、玉石制品酒器、瓷制品酒器、金银铜锡制品酒器、水晶玻璃制品酒器等；根据酒器用途来分可分为盛酒器、温酒器及饮酒器。

盛酒器主要包括尊、卣、彝、斗、罍、瓿、瓶、壶、豆等。这些花式繁多的盛酒器造型独特，表面雕有精致花纹图案，极富艺术性，既可用于盛酒，也可作为艺术饰品陈设欣赏。

温酒器在古代出土文物中出现并不多，一般来讲有爵、斝两种，实际上温酒酒器可以一物两用，既可温酒也可盛酒。

饮酒器在古代主要有卮、角、觥、觚、杯、盏、盅等，它们的造型和工艺大致与上面两种酒器相类似，极具收藏价值。

在此尤其值得一提的是，我国古代在使用某些器具时对于饮者也有严格的要求，如尊、爵是典礼时或君王赐酒给臣下时用的酒器，堪称历代酒器之珍品。

（3）酒德与酒礼。

儒家思想在中国历史上既被奉为正统思想，也是治国安邦的正统观念，酒文化同样也受儒家思想的影响，要求饮酒的人要讲究"酒德"。酒德两字，最早见于《诗经·抑》，其含义是说饮酒者要有德行，不能像夏纣王那样，"颠覆厥德，荒湛于酒"。儒家认为，用酒祭祀敬神，尊老奉宾，都是德行的体现，因此儒家并不反对饮酒，只是提倡有酒德、循酒礼。儒家的酒德是"饮惟祀"（只有在祭祀时才能饮酒）；"无彝酒"

【第十一章 中国传统礼俗文化】

（不要经常饮酒，平常少饮酒，以节约粮食，只有在生病时才宜饮酒）；"执群饮"（禁止民众聚众饮酒）；"禁沉酒"（禁止饮酒过度）。

饮酒作为一种饮食文化，在远古时代就形成了一些大家必须遵守的礼节。虽然有时这些礼节非常烦琐，但如果在一些重要的场合不遵守，就有犯上作乱的嫌疑。

在酒宴上，主人与宾客之间互相敬酒是必不可少的。据《仪礼》记载，中国古代在周代已有了一整套敬酒的礼节程序，并有一些专有名词：主人首先向客人敬酒叫作"献"，客人要回敬主人叫作"酢"，主人先饮酒并以此向宾劝酒叫作"酬"，以上称为"正献"。正献礼节之后，宾客依礼可以表示要离去，主人则派人举起斟上酒的觯挽留。随即众宾客以酒交错相酬，叫作"旅酬"。旅酬之后，"宾主燕饮，爵行无数，醉而止也"（《礼经释例》卷三），叫作"无算爵"。敬酒的酒器也有区别，"献"酒与"酢"酒用爵，"酬"酒用觯，而"旅酬"则只能用尊。为区分尊卑、男女，还规定"凡饮酒，君臣不相袭爵，男女不相袭爵"（《礼经释例》卷三），即君臣、男女的酒器不可混用。敬酒时，敬酒人与被敬酒人均要起立，普通敬酒以三杯为度。

3. 食文化

中国食文化博大精深、源远流长，在世界上享有很高的声誉。

（1）饮食习惯。

①以谷食和熟食为主。从新石器时代起，我国就存在着黄河流域与长江流域两种不同的食俗。黄河流域的人民以食粟为主，长江流域的人民以食稻为主。春秋战国以后小麦逐步取代了粟的地位，成为北方地区的主粮；而稻米则历经数千年，在南方地区一直占据主粮的地位。这种食俗与我国自然地理条件相关，黄河流域宜于种麦，长江流域宜于种稻。随着火的发明，人类进入了熟食阶段。古代汉民族一直用火来烹饪食物，生活在边远地区的一些少数民族有生食的习惯。

②以素食为主、肉食为辅。《黄帝内经》中"五谷为养，五果为助，五畜为益，五菜为充"的观点，体现了我国先民以素食为主的习俗：以谷、果、蔬这些植物性食物为主，动物性食物为辅。

③五味调和、讲究味道。"五味调和"原则是中国传统烹调术的根本要求和古代美食品鉴的最高境界。以味为魂、求味之和也成为中国古人的食俗文化。提出"五味调和"学说的是商朝著名思想家、政治家、军事家，同时亦是中华厨祖的伊尹。据史料记载，伊尹年幼时因被寄养在厨师家里，于是有机会随养父学习烹饪，成人

之后成为精通烹饪的大师，被誉为"中华厨祖"，并由烹饪而通治国之道。伊尹不仅有烹饪理论，而且有烹饪实践。他去见商汤时曾烹调一份鹄鸟之羹，很受商汤喜爱。当然由于各地自然条件迥异，各地人民对食物味道的爱好也就有所不同。不同地区人们的食物偏好对食物格局的形成有着深远的影响。

（2）中国菜系。

菜系，也称"帮菜"，是指在一定区域内，由于自然、历史、物产及食物习俗不同，经过漫长历史演变而自成体系，具有鲜明的地方风味特色，并被社会公认的地方菜肴流派。早在春秋战国时期，中国汉族饮食文化中南北菜肴风味就表现出差异。到唐宋时，南食、北食各自形成体系。发展到清代初期时，鲁菜、川菜、粤菜、苏菜成为当时最有影响力的地方菜，被称作"四大菜系"。到清末时，湘菜、徽菜、浙菜、闽菜四大新地方菜系形成，与鲁菜、川菜、粤菜、苏菜共同构成中国的"八大菜系"。这些菜系争奇斗艳，各有自己的特点。

①山东菜系，简称鲁菜。鲁菜是中国影响最大的宫廷菜系，历史上，鲁菜一直是"北菜""北食"的主角，为元、明、清的御膳支柱，位于中国八大菜系之首。鲁菜由齐鲁、胶东、孔府等风味组成。齐鲁风味以济南菜为代表，擅长爆、烧、炒、炸，以清、脆、鲜、嫩著称，十分讲究清汤和奶汤的调制，清汤色清而鲜，奶汤色白而醇。济南名菜有糖醋鲤鱼、九转大肠等。胶东风味，以烟台福山菜为代表，擅长爆、炸、扒、蒸，以烹饪海鲜见长，偏重清淡，讲究花色。名菜有肉末海参、香酥鸡、崂山菇炖鸡等。孔府风味以曲阜菜为代表，遵循孔子的饮食之道"食不厌精，脍不厌细"，用料广泛，做工精细，善于调味。名菜有一品豆腐、寿字鸭羹等。

②四川菜系，简称川菜。川菜是中国民间最大的菜系，在秦末汉初就初具规模，唐宋时发展迅速。正宗川菜以成都与重庆的菜肴为代表。川菜素来享有"一菜一格，百菜百味"的声誉。原料多选山珍、江鲜、野蔬和畜禽。善用小炒、干煸、干烧和泡、烩等烹调法。在口味上特别讲究色、香、味、形，兼有南北之长，以味的多、广、厚著称，以麻、辣、鲜、香为特色。味型较多，富于变化，以鱼香、红油、怪味、麻辣较为突出。川菜的风格朴实而又清新，具有浓厚的乡土气息。水煮肉片、鱼香肉丝、回锅肉、宫保鸡丁、麻婆豆腐等是其著名菜品。

③广东菜系，简称粤菜。西汉时就已有粤菜的相关记载。粤菜由广州菜、潮州菜、东江菜组成，三种风味各具特色。粤菜的特点是丰富精细的选材和清淡的口味。粤

【第十一章 中国传统礼俗文化】

菜讲究原料的季节性,即"不时不吃"。吃鱼,有"春鳊秋鲤夏三犁(鲥鱼)隆冬鲈";吃虾,讲究"清明虾,最肥美";吃蔬菜要挑"时菜","时菜"是指合季节的蔬菜。粤菜讲究"清、鲜、嫩、滑、爽、香、脆",追求原料的本味、清鲜味,调味品种类繁多,遍及酸、甜、苦、辣、咸、鲜,少用辣椒等辛辣性调料,既不会太咸又不会太甜。白切鸡、烧鹅、阿一鲍鱼、潮州卤水拼盘、客家酿豆腐、梅菜扣肉、盐焗鸡等是其著名菜品。

④江苏菜系,简称苏菜。苏菜在唐宋时与浙菜同为南食的领袖菜。苏菜由南京、徐海、淮扬和苏南四种风味组成,其中淮扬菜系影响最大。苏菜以炖、焖、蒸、炒等见长,重视调汤,汤汁浓而不腻,淡而不薄。苏菜选料讲究,刀工精细,口味偏甜,造型讲究,特色鲜明。著名菜品有清炖蟹粉狮子头、金陵丸子、白汁鼋菜、黄泥煨鸡、盐水鸭、无锡肉骨头、沛县狗肉等。

⑤福建菜系,简称闽菜。闽菜是以福州、闽南、闽西三地区地方风味菜为主形成的菜系,以福州菜为代表。闽菜清鲜,淡爽,偏于甜酸,尤其讲究汤鲜、味美,汤菜品种多,具有传统特色。闽菜最突出的烹调方法有醉、扣、糟等,其中最具特色的是糟,有炝糟、醉糟等。闽菜中常使用的红糟,由糯米经红曲发酵而成,糟香浓郁、色泽鲜红。糟味调料具有很好的去腥膻、健脾肾、消暑火的作用。著名菜品有佛跳墙、七星鱼丸、闽生果、红糟鱼排等。

⑥浙江菜系,简称浙菜。浙菜已有两千多年的历史,宋代在南食中居首要地位。浙菜的原料十分广泛,并且注重原料的新鲜、合理搭配,以求味道的互补,充分发掘出普通原料的美味与营养。浙菜主要由杭州菜、绍兴菜、宁波菜组成。杭州菜擅长爆、炒、烩、炸,工艺精细、清鲜爽脆;绍兴菜擅长烹饪河鲜家禽,入口香酥绵糯,汤味浓重,富有乡村特色;宁波菜擅长蒸、烤、炖海鲜,咸鲜合一,讲究嫩、软、滑。浙菜著名菜品有东坡肉、西湖醋鱼、霉干菜焖肉、西湖莼菜、金华火腿等。

⑦安徽菜系,简称徽菜。徽菜主要由皖南菜、沿江菜、沿淮菜组成。徽菜擅长烤、炖,讲究火功,其特点是炙大油重。常用砂锅木炭煨炖,原锅上桌,浓香四溢;喜用火腿佐味,以冰糖提鲜,但放糖不觉其甜。徽菜善于保持原料的本味、真味,口感以咸、鲜、香为主,著名菜品有火腿炖甲鱼、徽州毛豆腐、腌鲜鳜鱼、黄山炖鸽等。

⑧湖南菜系,简称湘菜。湘菜特别讲究调味,油重色浓,特色是酸辣,以辣为主。湖南大部分地区气候温暖潮湿,辣椒则有开胃、祛湿、祛风之效,因此深受当地人

民喜爱。著名菜品有东安子鸡、剁椒鱼头、腊味合蒸、冰糖湘莲、红椒腊牛肉、发丝牛百叶、浏阳蒸菜、湘西外婆菜等。

（3）古代名宴。

①满汉全席。满汉全席起兴于清代，举办者是清代满室贵族及官府，规模庞大，程式复杂，是满汉两族风味肴馔兼用的盛大宴席。满汉全席不仅凸显满族菜点的特殊风味，同时还展示了汉族扒、炸、炒、熘、烧等烹调方式，既有宫廷菜肴的特色，又有地方风味之精华。菜式有咸有甜，有荤有素，取材广泛，用料精细，山珍海味无所不包。全席共有冷荤热肴196种，点心茶食124种，合计300余种。餐具选用全套粉彩万寿餐具，配以银器，富贵华丽，用餐环境古雅庄重，席间专请名师奏古乐伴宴。入席后先上冷盘，然后热炒菜、大菜、甜菜等依次上桌。满汉全席有中国古代宴席之最的美誉。

《满汉全席》，《满汉全席》节目组主编，青岛出版社，2011年版

《满汉全席·全国电视烹饪擂台赛》

②孔府宴。山东曲阜孔府是世袭"衍圣公"的世代嫡裔子孙居住的地方，有"天下第一家"之称。孔府宴是当年孔府为待贵宾、袭爵上任、祭日、生辰、婚丧特备的高级宴席。宴会菜品选料严格、制作精细，整个过程讲究礼仪，程式规范。孔府宴种类繁多，有寿宴、花宴、喜庆宴、迎宾宴、家常宴等。孔府宴有不同的规格。清朝以来，第一等为招待皇帝和钦差大人的"满汉宴"，这一清代国宴一桌宴席需餐具404件。全席上196道菜，有满族和汉族的各种名菜，还有全盒、火锅等。第二等是寿日、节日、待客的宴席，菜肴随宴席种类而定。孔府宴烹调手法多样，以炸、烧、炒、蒸为主，其名菜主要有神仙鸭子、一品海参、花揽鳜鱼、一品豆腐等。孔府宴集中国宴席之大成，独具风味，被誉为中国古代宴席的典范。

③文会宴。文会宴是中国古代文人进行文学创作和相互交流的重要形式之一，形式自由活泼，内容丰富多彩，追求雅致的环境和情趣，席间珍肴美酒，赋诗唱和，莺歌燕舞。文会宴把宴饮与吟诗作赋结合起来，以文会友，重在文会，席间之食品菜点主要起调节气氛的作用。王羲之的《兰亭集序》就写于兰亭文会上。

④烧尾宴。专指士子登科或官位升迁而举行的宴会。烧尾宴的风习，是从唐中

宗景龙（707—709年）时期开始的，玄宗开元中停止，仅仅流行二十年。关于烧尾的含义，说法不一：一说兽可变人，但尾巴还在，只有将其烧掉；二说新羊初入羊群，也是需要烧掉尾巴才会被接纳；三说鲤鱼跃龙门，也必须有天火将鲤鱼尾巴烧掉才能够化身为龙。以上三种说法均有升迁更新之意。实际上在唐代烧尾还有一种意思，即特指朝官荣升，宴请皇帝以表谢意。《辨物小志》有载唐自中宗朝，大臣初拜官，例献食于天下，名曰"烧尾"。

《舌尖上的中国（第三季）》第三集：宴

（三）服饰文化

观服可知俗，服饰是人类文明的标志之一，它不仅满足人们物质生活的需要，而且是人类物质进步的体现。服装的款式设计、面料选用、颜色组合等记录着特定时期的社会生产力水平，反映着人们特定的审美观念和风俗习惯。因此，服饰对于了解一个民族的生产生活状况、民族文化心理、手工艺水平都有积极意义。

1. 冠服制度

冠服制度是中国最早的服饰制度。这一制度在夏商时期初步建立，周代逐步完善，春秋战国之交被纳入礼制。冠服制度的表现是贵贱有等、衣服有别。帝王后妃、达官贵人及黎民百姓不同场合服饰各异。王室公卿在不同场合穿衣着裳各有其式：朝拜着朝服，祭祀着吉服，丧葬着凶服；地位不同，服饰的装饰纹样和颜色也各不相同。冠服制度对中国封建社会服饰发展产生了深刻的影响。

（1）冕服。

冕服是汉服的一大种类，是古代帝王、诸侯及卿大夫等在祭祀、登基、朝贺等重大仪式所穿戴的礼服。

冕冠是中国古代礼冠中最尊贵、最威严的一种，具有独特的形制，包括冕和冠两部分。

冕是冠上面的一块带有相关装饰的木板，木板呈长方形。冕前后还有彩色丝线串成的珠串。其中，彩色丝线为"藻"，彩线穿缀的珠串名为"旒"，因为珠串的材料多用玉石，又有"玉藻"之名，或称"冕旒"。一串珠玉为一旒。据佩戴者的身份，旒数有三、五、七、九、十二之分。旒数的多少据等级有严格规定，以十二旒最为

尊贵，为帝王专用。帝王以下诸侯百官则依等级尊卑递减。

冠则是冕下边戴在头上的部分。冠体的两边分别设置有两个对称的小孔，被称为纽，在冠被戴在头上后，会用一根玉笄从纽的一侧穿到另一侧，用来固定冠。之后，为了使冠戴得更加稳固，还会在玉笄的另一端系上一根叫作"纮"的丝带，从戴冠人的下颌绕过，向上系于冠的另一方。在冠底的边沿部分，也就是人的耳朵之上的位置，还会分别悬挂两根齐耳的丝带，名为"纨"。而纨的末端还会缀上一枚珠玉，或是棉球，名为"瑱"，别称为"充耳"，意在比喻戴冠人要对谗言充耳不闻。

玄衣、熏裳是冕服的主体：玄衣是黑色质料上衣，肩部织日、月、龙纹，背部织星辰、山纹，袖部织火、华虫、宗彝纹；熏裳则为绛色质料围裳，织藻、粉米、黼、黻纹各二。

冕服上衣和下裳中的这些图案被称为"章"，衣六章，裳六章，总数量为十二，即所谓的"十二章纹"（图12-1）。冕服上的这十二种图纹蕴含了美好的寓意，按照历代注疏《周礼·春官·司服》的封建学者们的解释：日月星辰，"取其明也"；山，"取其人所仰"；龙，"取其能变化"；华虫，"取其文理"（即取其五彩的外貌）；宗彝，取其忠孝，因有的绘成虎与猿形，虎，"取其严猛"，猿，取其"智"；藻，取其洁净；火，取其光明；粉米，取其"养人"（即取其滋养）；黼，取其"割断"（做事果断之意）；黻，取其"背恶向善"。而这些纹饰图案全部出现在冕服之上，意味着古人认为只有

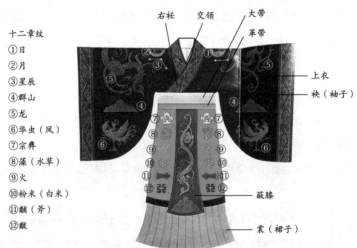

图12-1　汉代冕服的分解及十二章纹

兼具这些品质，才能称帝或者是封侯拜相。

第十一章 中国传统礼俗文化

冕服等级从高到低分为大裘冕、衮冕、鷩冕、毳冕、希冕、玄冕六种，主要以冕冠上旒的数量、长度与衣、裳上装饰的章纹种类、个数等相区别。

（2）服饰颜色。

先秦时期，人们认为尊贵、吉利的颜色为朱紫色及玄黑色。因此，当时王公贵族的官服及礼服也多为这两种颜色。

秦始皇时期以黑为最上，据说这是因为周人的图腾是火，秦认为是水灭掉了周的火，而黑色主水，所以以黑为尊。秦始皇还规定，三品以上的官员着绿袍，而一般庶人着白袍。

汉代官服通过绶带的颜色区分等级，颜色显然已成为身份等级的标志。官服的颜色还是以黑色为主。

魏晋南朝的官服颜色，大体还是沿袭以前的制度；北朝则不同，青、紫、绯、绿，不拘一色。

隋朝隋炀帝大业元年（605年），命令五品以上官员通服朱紫以区别低级官吏和平民百姓。大业六年（610年），又规定：五品以上，通服紫袍；六品以下，兼用绯绿；胥吏小官用青；平民百姓用白；屠夫商人用皂色；士兵则用黄色。此时以颜色区分身份等级的服色制度已经初步形成。

唐代官服的服色制度虽时有变更，但以紫、绯、绿、青四色为基本服色的等级序列已经确定下来，如三品以上着紫色官服，四品、五品着绯色官服，六品、七品着绿色官服，八品、九品则着青色官服。

宋代初期沿用唐代的品色服制。元丰年间，定郊祀冕服和诸臣服制，服色等级略有改动，体现为四品以上紫色，六品以上绯色，九品以上绿色。

元代官服基本采用汉族旧制。但有一种颇有特色的官服，被称为"质孙服"。质孙服以质料和颜色区分等级，质料以缀有大珠的织金锦为最高等级，也被称为"一色衣"。

明代的朝服恢复了唐代以品级定服饰等级的制度。明代的官服据服色和衣服上的花朵大小区分等级，四品以上着绯袍，七品以上着青袍，九品以上着绿袍。明洪武二十四年（1391年）规定，官服不许用玄、黄、紫三色。

清朝时期，官员和旗人贵族的官服颜色主要为蓝色和黑色。

（3）饰纹。

古代不同级别的官服不仅颜色不同而且其饰纹也有相当严格的规定。各朝各代的文武大臣的衣服上的饰纹大不相同,不同的花纹图案有着不同的含义,一看就可以知道官员的品级。鲜明的等级差异实际也是君主专制加强的表现。如元代以衣服上花朵的大小区分等级:一品用大独科花,直径5寸(约合16.7厘米);二品用小独科花,直径3寸(约合10厘米);七品以上用小杂花,直径1.5寸(约合5厘米);九品以上无花。明清时的官服补服,前胸及后背缀有用金线和彩丝绣成的"补子",用以区别官职差别,通常文官绣鸟,武官绣兽。各品补子的饰纹均有规定。

龙纹出现在中国古代服饰上虽然已有久远的历史,但过去更多是作为十二章纹中的一种用于冕服或者其他礼服。在汉魏时期,大臣也是可以将龙作为花样绣于自己的服饰之上。但自唐之后"真龙天子"的说法开始流行,龙纹被正式列入只有帝王才能用,此后绣有龙纹的龙袍成为历代皇帝的专用服装,龙袍加身就标志着皇权在握,所以龙袍只有皇帝才能穿戴,龙的图案成为帝王的专有标志。

2. 古朴典雅的汉服

汉服是"汉民族传统服饰"的简称,又被称为汉衣冠、汉装、华服等。它具有独特的汉民族风貌,而且明显区别于其他民族的传统服装和配饰体系。汉服是由衣裳、发式、面饰、鞋履、配饰等组合而成的一个整体衣冠系统,浓缩了纺织、蜡染、夹缬等杰出工艺,传承了三十多项非物质文化遗产。

汉服的款式虽然繁多复杂,但其整体结构可分为三大类:第一种是上衣下裳连在一起的深衣制;第二种是上衣下裳分开的深衣制;第三种为襦裙制,主要有齐胸襦裙、齐腰襦裙、对襟襦裙等,实际上也属于上衣下裳制,但是,这种方式没有很多的礼仪规定,一般用于常服。一套完整的汉服通常有三层:小衣(内衣)、中衣、大衣。

汉服作为中国的传统服饰,不仅美化了人们的生活,而且含有特有的形制及内涵。

①交领右衽。交领右衽是汉服的典型特征。交领是指衣服前襟左右相交;右衽指左前襟掩向右腋系带,将右襟掩覆于内,反之称左衽。交领右衽就是衣领直接与衣襟相连,衣襟在胸前相交叉,左侧的衣襟压住右侧的衣襟,像个Y字形。右衽是汉服始终保留的特点,左衽则被古时的汉人称为"蛮夷之服"。

②博衣广袖。汉服自古礼服博衣博带、常服短衣宽袖,这与有些民族的"窄身短

衣"有较大区别。汉服的袖子又称"袂",标准样式就是圆袂收祛,代表天圆地方中的天圆,也显示出雍容大度、典雅、庄重、飘逸灵动的风采。袖宽且长是汉服礼服袖型的主要特点,小袖、短袖在常服中比较多见。如军士将领的戎服、从事体力劳动的庶民的服装及要利用紧袖保暖的冬季服装等往往采用小袖、短袖。

③无扣系带,防止衣襟散开。汉服一般就是用带子打个结来系住衣服。通常情况下,汉服是不用扣子的,即使有用扣子的,也会将扣子隐藏起来。同时,在腰间还有宽带。带因材料不同,有革带、大带之分。革带为皮革做成,围在腰际,用来系鞁佩,大带一般是丝织的,加在革带之上,大带系结后,下垂部分称为"绅"。

二、节日礼俗

节日是指传统的用于庆祝或祭祀的日子,它被用于庆祝、纪念、重演某些农业、宗教、社会文化的重大事件。中国的传统节日源于农事,是在岁时节令的基础上发展起来的。中华民族的岁时节日系统并非形成于一时,而是经历若干时代累积而成。先秦之前的节日,量少俗异,宗教色彩浓厚;秦始皇统一六国后,文化趋于同一,节日习俗逐渐统一,大庆大典渐成普遍习俗,除夕、元宵、端午等节日在这一时期定型;汉代尊儒,道德伦理遂成节日主体并赋予其烦琐仪式;魏晋南北朝,南北融合,节日习俗愈益趋同;盛唐辉煌,中外交流,节日内涵更加丰富;两宋时期,城市发展,节庆礼仪逐渐定型且娱乐性逐渐增强,并在此之后在传承中发展,在发展中变异,构成中国传统文化中独具特色的节日文化。

中国传统节日繁多,礼俗各异。一年中主要有以下四大传统节日。

(一)春节

春节,俗称"过年",是农历的岁首,为中国最盛大、最隆重的传统节日。据说始于尧舜,源于古代一年农事完毕,为报答百神恩赐而举行的"腊祭"。自汉武帝太初元年(公元前104年)起,统一历法,定阴历正月初一为岁首日。这一天为岁之元、月之元、日之元,故古称"元日"或"元旦"。辛亥革命后中国改用阳历,为区别阴历年和阳历年,即将阴历年改称春节,阳历年定为元旦。在民间,春节持续时间较长,一般从腊月初八的腊祭或是腊月二十三或二十四的祭灶,一直持续到正月十五,其中以正月初一为高潮。春节是集祈福禳灾与娱乐宴饮于一身的民俗大节,节日内容丰富多彩,热闹喜庆,凝聚着中华文明的传统文化精华。中国地域辽阔,因地域文化有所不同，春节在各地存在着习俗内容或细节上的差异，但这一节日在传承发展中已形成了一些较为固定的习俗。

1. 小年与除夕

年末腊月二十三或二十四，在民间称为"小年"，从小年起人们便开始"忙年"了，揭开了春节的序幕。小年期间主要的民俗活动有扫尘、祭灶等。在清朝之前，民间传统的小年祭灶日是腊月二十四。从清朝中后期开始，腊月二十三帝王家举行祭天大典，为了压缩开支，就会同天祭拜灶王，于是北方地区的百姓纷纷效仿，多在腊月二十三过小年。南方大部分地区则仍然保持着腊月二十四过小年的老传统。

除夕又称大年夜、除夕夜、除夜等，是年尾的最后一个晚上，它与新年首尾相连，为新一年的前夕，是除旧迎新的重要时间。除夕以除旧布新、消灾祈福为活动主题，自古就有贴年红、拜神祭祖、吃年夜饭、守岁、发压岁钱等习俗。

（1）贴年红。贴年红就是贴春联、门神、年画、福字、窗花等。贴年红是中华传统过年习俗，它反映了民间的风俗和信仰，并寄予着人们对来年新生活的美好期盼。

（2）拜神祭祖。中华民族自古就有慎终追远的传统，过节总会祭拜祖先，报祭祖先的恩德。除夕之日，人们会摆上佳肴、倒上美酒，举行隆重的祭祀仪式，以此表达对先人的怀念并祈求祖先的庇佑。祭祖的地点及方式不尽相同，有的去宗祠拜祖，有的行至野外谒拜祖墓，而更多的祭祖则是将祖先牌位依次摆在家中正厅，牌位前陈列供品，之后祭拜者依长幼顺序上香跪拜。

（3）吃年夜饭。年夜饭又称团年饭、团圆饭等，是家人的团圆聚餐，是年尾最丰盛、最重要的一顿晚餐。年夜饭丰富多彩，讲究意头：席上一般有鱼寓意年年有余，有鸡寓意大吉，有发菜寓意发财，有腐竹寓意富足等，以求吉利。

（4）守岁。守岁又称守岁火、照岁、熬年等，民俗活动主要表现为点岁火、守岁火。除夕夜许多地区每个房间遍燃灯烛通宵不灭，全家围坐吃过团圆饭后等待新旧年的交接时刻，一起辞旧迎新。古时南北风俗各异，守岁的形式虽略有不同，但都既有对逝去岁月的惜别留念之情，又有对新的一年寄予美好希望之意。

（5）发压岁钱。压岁钱是由长辈派发给晚辈的。一般年夜饭后长辈将事先准备好的压岁钱派发给晚辈；有些地区是父母在夜晚待子女睡熟后，将压岁钱放在他们的枕头下。据说压岁钱可以压住邪祟，除夕这天长辈派发给晚辈压岁钱最初的希望是用压岁钱压祟驱邪、保佑孩子平平安安度过新的一年。

2. 正月初一的习俗

从正月初一开始便进入迎接新禧、祭祀神灵、祈求丰年等主题。

（1）开门炮仗。春节早晨，开门大吉，先放爆竹，叫作开门炮仗。爆竹声后，碎红满地，灿若云锦，称为"满堂红"。

（2）拜岁、拜年。"岁"，即"太岁"，为上古纪元星名，也是民间信仰的神灵。民间一般在岁首早上迎新岁，奉祀斋菜拜祭岁神，家家户户焚香致礼，敬天地、祭列祖，然后依次给尊长道贺新年，继而同族亲友相互拜年恭祝对方新年大吉大利。

正月初一有各种禁忌，最有趣的是有些地区禁用扫帚。据传正月初一是扫帚的生日，如果动了扫帚会招致霉运，而且容易散财。这一天也不能往外泼水倒垃圾，怕因此破财。

3. 元宵节的习俗

农历的正月十五，是传统春节的最后一天，又是一年中的第一个月圆之夜，也是一元复始、大地回春的日子，所以称元宵节。因元宵节有观灯习俗，所以又称灯节。元宵节的习俗活动主要有张灯观灯、吃汤圆、舞狮子等。

（1）张灯观灯。元宵节习俗自古以来就以热烈喜庆的观灯习俗为主，正月十五张灯观灯亦是一大盛事。同时灯与"丁"音近，因此，民间就有以送灯或偷灯祝愿生子的习俗。

（2）吃汤圆。汤圆最早叫浮元子，如今在北方叫元宵，在南方叫汤圆。汤圆以白糖、玫瑰、芝麻、核桃仁、枣泥等为馅，以糯米粉包成圆形，可荤可素，风味各异，也寓意团团圆圆。

（3）舞狮子。舞狮子又称"狮子舞"。一般由三人完成，二人装扮成狮子，一人当狮头，另一人充当狮身和后脚，还有一人当引狮人。舞法上又有文武之别：文狮表现狮子的温驯，有抖毛、打滚等动作，武狮表现狮子的凶猛，有腾跃、蹬高、滚彩球等动作。舞狮有南北之分，北方一般是人与狮斗，南方则一般是狮与狮斗。

（二）清明节

清明节，是以二十四节气命名的一个传统节日，又称踏青节、三月节、祭祖节等，既是一个扫墓祭祖的节日，也是人们踏青游玩、享受自然乐趣的节日。清明节历史悠久，源自上古时代的祖先信仰与春祭礼俗。

在古代，清明节前两天还有"寒食节"，寒食节是载入官方祀典的改火仪式与民间禁火寒食习俗相结合的产物。两节时间接近，唐开元廿四年（736年）四月，唐玄宗下诏允许官员寒食节扫墓，此后几代皇帝皆颁诏许可官员寒食节请假上坟，宋代以后，两节合一，寒食节逐渐被人们淡忘。扫墓祭祖与踏青郊游是清明节的两大礼俗主题。

1. 扫墓祭祖

清明祭祀是礼敬祖先、慎终追远的一种传统文化礼俗，主要表达祭祀者的孝道和对先人的思念之情。按祭祀场所的不同，清明祭祀分为墓祭、祠堂祭两种，最为普遍的是墓祭。墓祭一般在清明前后或者清明当日。按照习俗，一般在上午出发扫墓。拜祭的方式或项目各地有所不同，常见的做法一是整修坟墓，二是挂烧纸钱、供奉祭品。扫墓时先清除杂草，培添新土，整修坟墓，然后叩头行礼祭拜。这种行为一方面可以表达祭祀者对先人的孝敬，另一方面，在古人的意识里，祖先的坟墓关联着子孙后代的兴衰福祸，所以祭奠时不可轻忽的一项内容就是整修坟墓。供奉的祭品主要是食品，食品品种各地有所不同。

2. 踏青郊游

踏青又叫春游，古时亦叫探春、寻春等。清明时节，春暖花开，春和景明，正是人们出门郊游的好时节，所以人们将祭祖扫墓和郊游踏青结合起来，既缅怀了先人，又愉悦了身心。中国的踏青习俗由来已久，传说远在先秦时已形成，也有说始于魏晋，至唐代蔚然成风，《旧唐书》记载："大历二年二月壬午，幸昆明池踏青"；到了宋代，踏青之风盛行，黄庭坚的《清明》中就有"佳节清明桃李笑，野田荒冢只生愁。雷惊天地龙蛇蛰，雨足郊原草木柔"这类描写清明踏青习俗的句子。

古时人们清明踏青郊游，会相约一起采集百草、斗鸡、放风筝、荡秋千等等，这些活动不仅可以强身健体，而且还表达了人们对大自然的热爱及感恩之情。

（三）端午节

端午节在农历五月初五，又称端阳节、重午节、龙节、正阳节等。端午节起初源于自然天象崇拜，由上古时代的祭龙演变而来；后来又传说这一节日是为了纪念在五月五日跳汨罗江自尽的战国时期的爱国诗人屈原；个别地方也有纪念伍子胥、

【第十一章　中国传统礼俗文化】

曹娥及介子推等说法。由此可见，端午节是集拜祭龙祖、纪念屈原等历史人物于一身的传统佳节。端午节在传承发展中糅合了多种民俗，内容丰富。划龙舟与吃粽子是其最主要的习俗。

1. 划龙舟

划龙舟是端午节的一项重要活动，它是古代龙图腾祭祀的形式之一。龙舟最初是单木舟上雕刻龙的独木舟，后来发展为木板制作的龙形船。这种龙形船不同于普通船，它狭长、细窄，船头饰龙头，船尾饰龙尾，龙尾多用整木雕成，船身与船尾刻有鳞甲。

划龙舟历史悠久，是多人集体划桨竞赛。龙舟竞渡分为请龙、祭龙神、游龙和收龙等几个部分。龙舟竞渡前一般都要举行隆重的祭祀仪式，先要请龙、祭龙神，之后安上龙头、龙尾，最后再准备竞渡。在过去，人们祭祀龙神时气氛很肃穆，多祈求福佑、风调雨顺、去邪祟、攘灾异、事事如意。在屈原的家乡湖北秭归，也有划龙舟祭拜屈原的仪式流传。

2. 端午食粽

粽，即粽子，最初是用来祭祀祖先、神灵的贡品。主要材料为糯米及各种馅料，用箬叶、柊叶、苇叶等包裹而成，形状多样，有尖角状、四角状等，口味主要有咸和甜两大类。虽然我国地域辽阔，不同的自然条件使得各地食俗各异，但端午食粽这一食俗影响很大，覆盖面很广，千百年来不仅在中国长盛不衰，而且后来还流传到朝鲜、日本及东南亚各国。

（四）中秋节

农历八月十五为中秋节。农历八月为秋季的第二个月，古时称为"仲秋"，八月的望日，即八月十五又在"仲秋"之中，所以称"中秋"。中秋节又称为祭月节、八月节、月节、团圆节等。中秋节起源于上古时代，普及于汉代，定型于唐朝初年，盛行于宋朝以后。关于中秋节，民间广泛流传着嫦娥奔月的传说。实际中秋节源自天象崇拜，由上古时代秋分祭月演变而来。最初祭月节的节期是在干支历二十四节气秋分这一天，后来才调至农历八月十五，中秋节自古便有祭月与赏月、吃月饼等民俗。

1. 祭月与赏月

祭月实际上是古人对月神的一种崇拜活动。古人之所以视月亮为神，是因为月亮明亮而洁净，人们认为月神面容娇美、心地善良，能降福于人世间。我国很早就有"秋暮夕月"的习俗。夕月，即拜祭月神。拜月时，设供案，摆上瓜果、月饼、清茶及糖果等祭品，将月神牌位放在月亮所在的方向，点燃红烛，全家人依次拜祭月亮，追思、祈福，拜完后将祭品与家人分享。

赏月的风俗来源于祭月，严肃的祭祀变成了轻松的娱乐活动。现存文字记载民间中秋赏月活动约始于魏晋，盛行于唐代，咏月的诗句也在许多诗人的笔下得以呈现，如白居易的《八月十五日夜湓亭望月》中的描写："昔年八月十五夜，曲江池畔杏园边。今年八月十五夜，湓浦沙头水馆前。西北望乡何处是，东南见月几回圆。昨风一吹无人会，今夜清光似往年。"赏月在宋代、明代更具规模，已成为中国人渴望团聚、寄托对生活美好愿望的主要形态。

2. 吃月饼

月饼，又叫月团、丰收饼、团圆饼等。它不仅是祭月的祭品，也是中秋独有的时令食品。因其形状为圆，寓意着人们期盼团圆美满的心愿，后来人们逐渐把中秋赏月与品尝月饼作为家人团圆的象征。供月饼、吃月饼、赠月饼也成为中秋佳节的重要习俗。

三、婚姻礼俗

（一）古代婚姻礼仪

中国古代，夫妻结合的"婚礼"二字被写为"昏礼"。古人认为，黄昏是吉时，所以在黄昏行娶妻之礼，故而得名。婚礼在古代"五礼"之中属嘉礼，是继男子的冠礼或女子的笄礼之后人生的第二个里程碑。中国古代婚姻形式虽然多种多样，但处于主导地位的还是媒聘婚，即经过明媒正娶的婚姻形式。媒聘婚步骤较为烦琐，各地虽有一定的差别，但基本程序相近，主要包括议婚、订婚和结婚等过程。婚姻礼仪则是这些过程中应恪守的行为规范，主要分为成妻之礼、成妇之礼与成婿之礼。

1. 成妻之礼

成妻之礼指从议婚至完婚过程中的六种礼节，即纳采、问名、纳吉、纳征、请期、亲迎。这一娶亲程式，周代即已确立，最早见于《礼记·昏义》。

第十一章 中国传统礼俗文化

（1）纳采。纳采为婚仪六礼之首，即俗称的"说媒""提亲"。传统礼法中，青年男女的婚姻是由父母包办的。到当婚当嫁的时候，男家请媒人到女家说亲，得到女方应允后再派使者备礼物到女家正式向女家提出缔结婚姻的请求。提亲所带的礼品一般用雁，《仪礼·士昏礼》有言"昏礼，下达，纳采用雁"。纳采之所以用雁送礼据说原因有二：一是因为雁为候鸟，南迁北往都有定时。古代认为男属阳，女属阴，雁南来北往顺乎阴阳，以雁为礼象征一对男女阴阳和顺。二是大雁雌雄一旦配对成功，则终身相守，不会移情别恋，如其中一只死亡，另一只就不再择偶。所以以雁为礼象征爱情的忠贞，具有较好的寓意。

（2）问名。女家收下礼物，接下来就是问名，即男方遣媒人到女家询问女子的姓名、排行、属相、生辰等基本情况，后世称为"请八字"，有些地方称为"请庚帖"，所用礼物也为雁。取回庚帖后，后面会用来占卜吉凶。如果占卜的结果好，婚事就进行，不好再另当别论。有的地区则是把对方的"八字"供在厅堂神佛前放三天，如果在这三天期间，男女双方家中没有发生任何意外，便认为是大吉之兆，这门婚事就可以继续谈下去，也就是开始谈论聘金和嫁妆等。

（3）纳吉。纳吉是男方问名、合八字并获得吉兆以后，就派使者带着雁到女家报喜，叫作纳吉。行纳吉礼之后，婚约就算正式确定了。

（4）纳征。纳征也称纳成、纳财。就是男女双方合婚后，男家送聘礼给女家。民间称为下彩礼。男方要在纳吉得知女方允婚后才可行纳征礼的。行纳征礼不用雁，聘礼主要是物且有礼单详细列明，而且必须是双数，如银子八十两、珍珠八十粒、被面十幅、礼饼点心十盒、羊皮十张之类。聘礼根据双方的经济情况而定。

（5）请期。请期是男家择定完婚吉日后，去往女家征求女家同意，又称告期，俗称选日子或下日子。《仪礼·士昏礼》有云："请期用雁，主人辞，宾许告期，如纳征礼。"请期仪式历代大致相同：男家择定结婚吉期让媒人去女家请期、送礼，然后致辞，说明所定婚期，女父表示接受，最后媒人返回复命。在择吉期时，也同时选定了迎亲、送亲的人员，这些人员的属相及出生时辰不能与新人相冲；吉期一般选择双月双日，月、日同样不能与新人的生辰八字相冲。

（6）亲迎。亲迎又称迎亲，是新郎亲自迎娶新娘回家的仪式。《诗经·大雅·大明》："大邦有子，俔天之妹。文定厥祥，亲迎于渭。"此礼历代沿袭，形式亦多种多样。

2. 成妇之礼与成婿之礼

成妇之礼与成婿之礼是婚典后的礼俗，是新人认识熟悉姻亲双方家族亲属的仪式。在中国的婚俗上，成婚是完成了男女的结合，除举行迎娶、成妻和成夫的仪式外，还要举行成妇、成婿之礼。周代礼法是在成婚后的第二天新妇沐浴携礼见公婆，第三天公婆用一杯酒飨新妇。后世有"识大小"，即新娘子辨认识记丈夫家的长幼三代的礼俗。魏晋以来，新妇在成婚后第三日拜公婆，宾客列观。唐代在成婚后次日拜见公婆，并拜新郎的尊长与故旧，称"拜客"。在古代，如果公婆已不在世，新人要在三日后到寺庙行庙见礼，后世与庙见礼用意一致的仪俗有"上新坟"或"喜坟"，即成婚的三天后，新郎领新娘一起到祖坟烧纸供祭。

女家亦有成婿之礼，成婿之礼在民间俗称"回门"，时间是在婚典的第二天或第三天，新郎新娘回到女家，女家设宴款待宾客。一般说来，女家以此日为正，客人也是这一天来得最多。新郎在女家也要拜尊长，认大小。

（二）古代婚姻关系的解除

在男尊女卑的思想环境下，古代婚姻解除的决定权基本被男方及男方家长所操纵。"休妻"一词即代表了离婚的意思。西周时期建立的"七出三不去"就是一套相对比较完整的解除婚姻的制度。

"七出"又称"七去"，是西周男子可以休妻的七种理由：不顺父母，去；无子，去；淫，去；妒，去；有恶疾，去；多言，去；窃盗，去。只要有其中任何一项理由，丈夫就可以休妻。特别要说明的是以下三点：无子，是就妻子过了五十岁以后来说；多言，指拨弄是非、离间亲属；妒，更多是认为妻子对丈夫纳妾的妒忌有害于家族的延续；恶疾是指耳聋、眼瞎、腿残疾等严重的疾病。"七出"显示了封建礼制对夫权的维护。

但有以下三种情况之一，丈夫不得休弃妻子，即"三不去"：有所娶无所归（无娘家可归的），不去；与更三年丧（曾为公婆守孝三年的），不去；前贫贱后富贵，不去。"三不去"是作为"七出"规定的补充规范，但指出"恶疾及奸者不在此列"。即妻子如有"七出"中的"有恶疾"及"淫"则得不到"三不去"的保护。另外，若有义绝的情形，法律规定双方必须离婚，同样也得不到"三不去"的保障。"三不去"的规定虽然对稳定婚姻关系有一定的积极意义，但其主要还是为了维护礼制及宗法伦理秩序。

【第十一章 中国传统礼俗文化】

"七出三不去"对后世各朝与婚姻解除相关的法律制度的影响颇为深远,各朝在这一制度的基础上发展出符合时代特色的婚姻解除制度,但古代婚姻解除制度都不同程度地包含着压迫妇女的成分,已被现代婚姻制度所取代。

经典阅读

1. 杜甫《槐叶冷淘》(节选)

  青青高槐叶,采掇付中厨。　　新面来近市,汁滓宛相俱。
  入鼎资过熟,加餐愁欲无。　　碧鲜俱照箸,香饭兼苞芦。

2. 苏轼《惠崇春江晚景二首·其四》

    竹外桃花三两枝,春江水暖鸭先知。
    蒌蒿满地芦芽短,正是河豚欲上时。

3. 卢仝《走笔谢孟谏议寄新茶》(节选)

一碗喉吻润,二碗破孤闷。三碗搜枯肠,惟有文字五千卷。四碗发轻汗,平生不平事,尽向毛孔散。五碗肌骨清,六碗通仙灵。七碗吃不得也,唯觉两腋习习清风生。蓬莱山,在何处?玉川子,乘此清风欲归去。

4. 王心鉴《咏茶叶》

    千挑万选白云间,铜锅焙炒柴火煎。
    泥壶醇香增诗趣,瓷瓯碧翠泯忧欢。
    老聃悟道养雅志,元亮清谈祛俗喧。
    不经涅槃渡心劫,怎保本源一片鲜。

5. 陶渊明《饮酒·其七》

  秋菊有佳色,裛露掇其英。　　泛此忘忧物,远我遗世情。
  一觞虽独尽,杯尽壶自倾。　　日入群动息,归鸟趋林鸣。
  啸傲东轩下,聊复得此生。

6. 白居易《卯时酒》

  佛法赞醍醐,仙方夸沆瀣。　　未如卯时酒,神速功力倍。
  一杯置掌上,三咽入腹内。　　煦若春贯肠,暄如日炙背。

岂独肢体畅，仍加志气大。　当时遗形骸，竟日忘冠带。
　　　似游华胥国，疑反混元代。　一性既完全，万机皆破碎。
　　　半醒思往来，往来吁可怪。　宠辱忧喜间，惶惶二十载。
　　　前年辞紫闼，今岁抛皂盖。　去矣鱼返泉，超然蝉离蜕。
　　　是非莫分别，行止无疑碍。　浩气贮胸中，青云委身外。
　　　扪心私自语，自语谁能会。　五十年来心，未如今日泰。
　　　况兹杯中物，行坐长相对。

7. 孔尚任《甲午元旦》

　　　　萧疏白发不盈颠，守岁围炉竟废眠。
　　　　剪烛催干消夜酒，倾囊分遍买春钱。
　　　　听烧爆竹童心在，看换桃符老兴偏。
　　　　鼓角梅花添一部，五更欢笑拜新年。

8. 王安石《元日》

　　　　爆竹声中一岁除，春风送暖入屠苏。
　　　　千门万户曈曈日，总把新桃换旧符。

9. 李清照《永遇乐·落日熔金》

　落日熔金，暮云合璧，人在何处。染柳烟浓，吹梅笛怨，春意知几许。元宵佳节，融和天气，次第岂无风雨。来相召、香车宝马，谢他酒朋诗侣。

　中州盛日，闺门多暇，记得偏重三五。铺翠冠儿，捻金雪柳，簇带争济楚。如今憔悴，风鬟霜鬓，怕见夜间出去。不如向、帘儿底下，听人笑语。

10. 杜牧《清明》

　　　　清明时节雨纷纷，路上行人欲断魂。
　　　　借问酒家何处有？牧童遥指杏花村。

11. 舒頔《小重山·端午》

　碧艾香蒲处处忙。谁家儿共女，庆端阳。细缠五色臂丝长。空惆怅，谁复吊沅湘。往事莫论量。千年忠义气，日星光。离骚读罢总堪伤。无人解，树转午阴凉。

【第十一章 中国传统礼俗文化】

12. 辛弃疾《木兰花慢·可怜今夕月》

中秋饮酒将旦,客谓前人诗词有赋待月无送月者,因用《天问》体赋。

可怜今夕月,向何处,去悠悠?是别有人间,那边才见,光影东头?是天外,空汗漫,但长风浩浩送中秋?飞镜无根谁系?姮娥不嫁谁留?

谓经海底问无由,恍惚使人愁。怕万里长鲸,纵横触破,玉殿琼楼。虾蟆故堪浴水,问云何玉兔解沉浮?若道都齐无恙,云何渐渐如钩?

诵读音频

参考书目

◎许嘉璐.中国古代衣食住行[M].北京:北京出版社,2002.

◎诸葛铠,等.文明的轮回:中国服饰文化的历程[M].北京:中国纺织出版社,2007.

◎张征雁,王仁湘.昨日盛宴:中国古代饮食文化[M].成都:四川人民出版社,2004.

◎韩凝.中国文化概论[M].北京:中国工商出版社,2013.

◎邓云乡.红楼风俗谭[M].北京:中华书局,2015.

◎陈书禄.中国文化通论[M].南京:南京师范大学出版社,2007.

◎阮堂明,沈华.中国文化概论[M].广州:暨南大学出版社,2021.

思考与练习

1. 谈一谈中国古代冕服区别等级尊卑的元素及其具体体现。

2. 在现代生活中,如何传承中国的传统节日?

3. 请介绍你家乡的一道特色菜并谈一谈这道菜的食材、味道及烹饪方法。

第十二章　中国传统文化的近现代化

文化看台

材料一：

甲申文化宣言
2004年9月5日

　　当今几乎所有的政治家、思想家、科学家、企业家、作家、艺术家和人文学者都在关注和谈论全球化。这一显见的世界趋势既推动了人类现代文明特别是科技成就和企业经验的共享，也凸显出国家、民族、地区之间不同文明的差异、分歧和冲突。

　　鉴于此，我们响应许嘉璐、季羡林、任继愈、杨振宁、王蒙5位发起人的提议，应中华民族文化促进会邀请，于2004（甲申）年9月3日至5日在北京举行"2004文化高峰论坛"，愿借此向海内外同胞，向国际社会表达我们的文化主张。

　　文明多样性是人类文化存有的基本形态。不同国家和民族的起源、地域环境和历史过程各不相同，而色彩斑斓的人文图景，正是不同文明之间相互解读、辨识、竞争、对话和交融的动力。我们期待，经历过全球化的洗礼，原生状态的、相对独立的多样文明将获得更为广泛的参照，更为坚定的认同。文明既属于历史范畴，既已成为不同族群的恒久信仰、行为方式和习俗，则理应受到普遍的尊重。我们主张文明对话，以减少偏见、减少敌意，消弭隔阂、消弭误解。我们反对排斥异质文明的狭隘民族主义，更反对以优劣论文明，或者将不同文明之间的关系形容为不可调和的冲突，甚至认为这种冲突将导致灾难性的政治角力和战争。

　　文化既涵盖价值观与创造力，也包括知识体系和生活方式。文化多元化对于全球范围的人文生态，犹如生物多样性对于维持物种平衡那样必不可少。我们主张每个国家、民族都有权利和义务保存和发展自己的传统文化；都有权利自主选择接受、不完全接受或在某些具体领域完全不接受外来文化因素；同时也有权对人类共同面临的文化问题发表自己的意见。我们为世界上许多古老民族、经济次发达地区的文

【第十二章 中国传统文化的近现代化】

化命运深感忧虑。国家不论大小、历史不论长短、国力不论强弱，在文化交往和交流方面均享有平等权利。我们反对文化沙文主义和文化歧视，并认为此类行为是反文化的。

56个民族共同创造的中华文化，至今仍是全体中国人和海外华人的精神家园、情感纽带和身份认同。应当认识到，中华文化五千年生生不息、绵延不断的重要原因，在于她是发生于上古时代多个区域、多个民族、多种形态的文化综合体。她不但有自强的力量，而且有兼容的气度、灵变的智慧。当是时也，我们应当与时俱进，反思自己的传统文化，学习和吸收世界各国文化的优长，以发展中国的文化。我们接受自由、民主、公正、人权、法治、种族平等、国家主权等价值观。我们确信，中华文化注重人格、注重伦理、注重利他、注重和谐的东方品格和释放着和平信息的人文精神，对于思考和消解当今世界个人至上、物欲至上、恶性竞争、掠夺性开发以及种种令人忧虑的现象，对于追求人类的安宁与幸福，必将提供重要的思想启示。

我们呼吁包括中国政府在内的各国政府推行积极有效的文化政策：捍卫世界文明的多样性，理解和尊重异质文明；保护各国、各民族的文化传统；实现公平的多种文化形态的表达与传播；推行公民教育，特别是未成年人的文化、道德教育，以及激励国家、民族和地区间的文化交流。

文化价值的体现和文明的进步，还将有待于伟大的创造和成功的实践。我们愿与海内外华人一起，为弘扬中华文化而不懈努力，愿与世界各国人民一起，为促进人类文明与社会发展共同奋斗！

讨论：在全球化大潮下中华文化当向何处去？

材料二：

1. "唧唧复唧唧，木兰啃烧鸡"。近期，某喜剧演员在东方卫视某综艺节目出演的《木兰从军》小品中，身穿古装，嘴啃烧鸡走上舞台，将中国古代巾帼英雄花木兰，恶搞成贪吃、不孝、胸无大志、贪生怕死的傻大姐形象。节目播出后，立即引起众多网友和观众不满。中国木兰文化研究中心刊发公开信，要求该演员及剧组公开道歉。

2. 2015年7月18日，在《木兰从军》小品中扮演木兰的喜剧演员在微博中发表长文道歉。但不少网友却为该喜剧演员发起保卫战，声称她不必向花木兰道歉。

3. 《中国日报》2015年第934期对此事发表评论：认为不应该道歉一方认为，喜剧这种艺术形式允许恶搞。美国某插画家就曾恶搞憨豆先生和世界名画《蒙娜丽莎》。只要不超过道德和法律底线就无妨。相反，在发展迅速、竞争激烈的现代社会，恶搞还能减轻压力，带来愉悦。认为应该道歉的一方表示，娱乐没有限制，但是艺术要有底线。认为艺术就是让人发笑是误解。花木兰的故事激励了许多现代人。花木兰是一位意志坚强的年轻女性，被中国民众看作英雄。如果喜剧演员用扭曲花木兰形象的方法来取悦观众，那就是在挑战价值观底线，失去了职业道德。

讨论：你认为是否需要道歉？你认为应如何对待传统文化、如何对待历史公众人物？

知识聚焦

现代化是指人类社会从传统农业社会向现代工业社会转变的历史过程，它以工业化为推动力，引发整个经济领域以及政治、思想、文化、心理等各个方面发生深刻变化。其中，文化的现代化又是整个现代化过程的重要方面。任何一种文化，其现代化过程都不可避免地遭遇两类冲突：本土文化与外来文化的冲突，现代文化与传统文化的冲突。在中国文化的现代化进程中，这两类冲突是交织在一起的。

从19世纪中叶至20世纪中叶，伴随着西学东渐的过程，中国文化经历了物质、制度、社会心理及思想观念等三大层面的转型；之后，从20世纪末到21世纪初，中国文化又在全球化浪潮中面临西方文化的挑战和本土文化的重建。进入近代社会以来，中国传统文化遭遇了种种严峻的考验。相对封闭自足的独立发展模式被打破，赖以生存的社会经济、政治基础不断被削弱，乃至被摧毁。在中国社会走向现代化的历史进程中，如何看待曾经灿烂辉煌的中国传统文化，怎样处理中国传统文化与西方文化以及社会主义新文化之间的关系，不仅成为中国近现代社会文化发展论争的焦点，也是当下正处于转型期的中国社会重点关注的课题。

第一节 中国文化近代变革的历史轨迹

文化变革是社会总体变迁的重要组成部分。1840年鸦片战争以后，伴随着中国社会政治、经济的激变，中国文化开始了由传统向近代的变革，同时也开启了创造性转化的新纪元。

中国传统文化在近代走过急剧而艰难的变革历程。明中叶到清初，变革开始酝酿发端。西方文化对中国传统文化的影响在这一时期开始显现。1583年耶稣会士利玛窦

【第十二章 中国传统文化的近现代化】

来到广东肇庆传教,将西方的自然科学知识介绍给中国;与此同时,西洋的艺术、哲学等异质文明也强烈地吸引着好奇的中国人。明末清初的三大思想家黄宗羲、顾炎武和王夫之,主张政治上"公天下",经济上"工商皆本",思想上"习性""实践",痛斥"空谈性理"的玄虚学风。他们所表现出的质疑精神、反思意识和平民倾向,在长期沉闷的封建文化中具有振聋发聩的作用。文化起源的多元论开始影响人们的观念,传统的华夏中心主义出现了动摇的迹象。这一时期的中西文化交流是中国在保持着独立自主地位的前提下进行的,对待西方文化的正确或基本正确的态度占据着主流地位,中国传统文化的变革已然发端。但遗憾的是,这一良好开端并没有持续下去,接下来的是长期的闭关锁国。

鸦片战争爆发后,变革日益加剧,中国传统文化遭遇巨大冲击。这一时期是以鸦片战争的惨败为开端的。战败首先使中国人痛苦地认识到冷热兵器之间本质的差异,重新认识了坚船利炮所象征的西方近代科技的先进性,然后从追求富国强兵的中体西用开始,走上了企图变革社会政治体系的维新改良之路。魏源、林则徐是近代中国人最先睁眼看世界的代表,他们已经意识到中国传统文化在某些方面落后于"外夷"的事实。于是,"师夷长技以制夷"的口号得以提出,他们号召大家向西方学习,在物质及科学技术层面率先开启了中国文化的近代化历程。

19世纪50至60年代,太平天国运动和第二次鸦片战争的接连发生,对清王朝造成了巨大的打击,出于"御外夷、平内患"的双重目的,朝廷内一部分官吏发起了以引入西方科技、求强求富为主要内容的洋务运动。曾国藩、左宗棠、李鸿章等发起了一场为维护清政府封建统治而进行的近代社会的工业变革。在维新变法思潮中,康有为、梁启超、谭嗣同等人的大同思想蕴含浓厚的批判现实精神,具有民主启蒙作用,传统的大同思想不可与之同日而语。甲午战争的惨败和戊戌变法的悲惨结局,宣告了这些努力的失败。

辛亥革命和五四运动引领了中国新文化的建构。以孙中山为代表的资产阶级革命党人以西方资产阶级革命时期的"自由""平等""天赋人权"等学说为思想武器,通过武装斗争推翻了封建帝制,把西方资产阶级的民主政体移到中国,实现了中国在政治制度上由封建专制到资产阶级民主共和制的根本性跨越。辛亥革命推翻了清王朝,结束了君主专制,建立了中华民国。但是,袁世凯在帝国主义和封建势力的支持下窃取政权,实行独裁统治,搞帝制复辟。1915年以《新青年》杂志的创刊为标志，陈独秀、李大钊、鲁迅、蔡元培、胡适、钱玄同等人高扬"民主"和"科学"两面旗帜，掀起了新文化运动，对封建文化发起猛烈进攻。可以说，新文化运动既是一场精神层面的文化革命，又是一场中国近代史上空前的文化开放运动。它在政治上和思想上给专制主义以沉重的打击，动摇了传统礼教的思想统治地位，带来空前的思想解放，为马克思主义在中国的传播开辟了道路。第一次世界大战期间，欧洲列强无暇东顾，日本乘机加强对中国的侵略，严重损害了中国的主权，中国人民的反日情绪日益高涨。1919年在北京发起的五四运动，是一场以青年学生为主，广大群众、市民、工商人士等共同参与的，彻底的反对帝国主义、封建主义的爱国运动，它标志着新民主主义革命的伟大开端。

第二节　中国传统文化的创造性转化和创新性发展

与波澜壮阔的历史进程相伴随，中国传统文化在传承与创造性转化中彰显出独特的魅力和强大的生命力。尤其是新中国成立以来，中华优秀传统文化以其深厚的历史底蕴和丰富的时代内涵，在创造性转化与创新性发展中成为培育文化自信的基石。深刻理解这一点，持续弘扬文化自信，是全体中国人共同的责任与使命。

一、中国传统文化创造性转化的百年之旅

1919年爆发的五四运动是中国从旧民主主义革命走向新民主主义革命的转折点。新民主主义革命不仅对20世纪中国社会的发展产生了极为重要的影响，同时也标志着中国传统文化在传承中开启了创造性转化之旅，并为中华民族坚定文化自信奠定了坚实的思想基础。1921—1949年，中国共产党团结带领中国人民进行了二十八年浴血奋战，打败日本帝国主义，推翻国民党反动统治，完成新民主主义革命，建立了中华人民共和国，实现了中国从几千年封建专制政治向人民民主的伟大飞跃。伟大的革命实践孕育了伟大的革命文化。"革命文化是中国革命胜利的文化支撑和精神标识，它承载了党和人民对国家独立、民族解放、人民幸福的时代诉求和革命行动，传承和升华了中华优秀传统文化，积淀了社会主义先进文化的底蕴，是文化自信的重要源头。"[①]

[①] 朱喜坤：《革命文化是文化自信的重要源头》，《光明日报》2019年1月9日第11版。

【第十二章 中国传统文化的近现代化】

此后,中国共产党领导全体中华儿女确立社会主义基本制度,推进社会主义建设,完成了中华民族有史以来最为广泛而深刻的社会变革,实现了中华民族由不断衰落到根本扭转命运、持续走向繁荣富强的伟大飞跃。在探索过程中,虽然经历了严重曲折,但党在社会主义革命和建设中取得的巨大成就,为开创新的历史时期提供了宝贵经验,同时也为传统文化的创造性转化绘制了宏伟蓝图。

二、中华优秀传统文化的创造性转化和创新性发展

文化是一个国家、一个民族的灵魂,是一个国家综合国力和国际竞争力的深层支撑。在新时代,我们要推动中华优秀传统文化的创造性转化和创新性发展,继承革命文化,发展社会主义先进文化,不忘本来、吸收外来、面向未来,更好构筑中国精神、中国价值、中国力量,为人民提供精神指引。

2014年2月24日,习近平总书记在主持十八届中共中央政治局第十三次集体学习时明确指出了新形势下我们党对待传统文化的基本态度和"两创"的基本方针:"要处理好继承和创造性发展的关系,重点做好创造性转化和创新性发展。"[①] 要正确认识和准确把握"创造性转化"和"创新性发展"的原则要求和科学内涵,实现中华优秀传统文化在新时代的创造性转化和创新性发展,使之与时代发展潮流相一致,与全面建成社会主义现代化强国相适应,与社会主义先进文化相协调,为创造中华文化新辉煌、实现中华民族伟大复兴服务。

要使中华优秀传统文化实现现代转型,实现其现代价值,创造性转化和创新性发展是根本路径。所谓创造性转化是指以中华优秀传统文化的原有内涵及表现形式为转化对象,结合当今时代的特点和要求,以中华优秀传统文化的现代转型为目标指向,以发挥中华优秀传统文化的现实价值为旨归,对中华优秀传统文化的内涵加以补充、拓展、完善,增强其影响力和感召力。创造性转化需要在两方面进行:一是思想内涵的转化,对那些至今仍有借鉴价值的内涵,要结合时代要求进行调整、改造、补充和发展,为之注入新的时代内涵,使之焕发出新的时代精神,转化为当今时代需要的东西。二是表现形式的转化,某些陈旧的表现形式已经不符合当代实际,已经与时代脱节,需要进行转化才能符合现实要求并与时代接轨。可以借助创

---

① 习近平:《把培育和弘扬社会主义核心价值观作为凝魂聚气强基固本的基础工程》,《人民日报》2014年2月26日第1版。

意赋予中华优秀传统文化丰富多样的表现形式,增强其感染力与影响力;还可以借助前沿科技,如大数据、人工智能、元宇宙、虚拟现实等,创新、丰富优秀传统文化的表达方式,重塑传统文化的存在形态。

要实现创新性发展,我们一是要结合新的社会实践和时代发展的要求,站在当代立场上,为中华优秀传统文化注入新的时代精神,不断去更新、补充、拓展、丰富和发展优秀传统文化的内涵,而不是简单地照搬和复古;二是要不断创新发展中华优秀传统文化的话语表达,使之与时俱进,要积极采用现代社会的语言、话语方式及话语风格,来阐释和传播优秀传统文化,构建具有中国风格以及时代特色、开放多元的优秀传统文化话语体系,并且大力推进中华优秀传统文化的国际交流和跨文化传播;三是坚决抵制无视传统的历史虚无主义、死守传统的复古主义、为创新而创新的形式主义,以及市场经济条件下的唯利是图倾向。

◎数读习近平传统文化观,央视网,2016年6月9日

经典研读

1. 张之洞《劝学篇》序

君子曰:"不知其祸,则辱至矣,知其祸,则福至矣。"今日之世变,岂特春秋所未有,抑秦、汉以至元、明所未有也。语其祸,则共工之狂、辛有之痛,不足喻也。庙堂旰食,乾惕震厉,方将改弦以调琴瑟,异等以储将相。学堂建,特科设,海内志士发愤扼腕,于是图救时者言新学,虑害道者守旧学,莫衷于一。旧者因噎而食废,新者歧多而羊亡。旧者不知通,新者不知本;不知通则无应敌制变之术,不知本则有非薄名教之心。夫如是则旧者愈病新,新者愈厌旧,交相为愈,而恢诡倾危乱名改作之流,遂杂出其说以荡众心。学者摇摇,中无所主;邪说暴行,横流天下。敌既至,无与战;敌未至,无与安。吾恐中国之祸,不在四海之外,而在九州之内矣。

第十二章　中国传统文化的近现代化

2. 严复译《原强》节选

方今之计，为求富强而已矣，彼西洋诚富强者也，是以今日之政，非西洋莫与师。由是于朝也则建民主，立真相，于野也则通铁轨，开矿功。练通国之陆军，置数十百艘之海旅，此亦近似而差强人意矣。然使由今之道，无变今之俗，十年以往，吾恐其效将不止贫与弱而止也。盖一国之事，同于人身。今夫人身，逸则弱，劳则强者，固常理也。

诵读音频

参考书目

◎龚书锋.中国近代文化概论[M].北京：中华书局，1997.

◎罗荣渠.从"西化"到现代化[M].北京：北京大学出版社，1990.

◎鲁迅.拿来主义[M].成都：四川人民出版社，2017.

◎陈序经.中国文化的出路[M].长沙：岳麓书社，2010.

思考与练习

1. 在全球化时代如何处理中西文化的关系？
2. 在中国文化现代化的进程中如何处理传统与现代的冲突？
3. 中华优秀传统文化对于构建社会主义核心价值体系有什么作用？